互联网平台在大学生心理健康教育中的应用研究

李　进　崔小清　著

中国国际广播出版社

图书在版编目（CIP）数据

互联网平台在大学生心理健康教育中的应用研究/李进，崔小清著. --北京：中国国际广播出版社，2024.8. -- ISBN 978-7-5078-5633-0

Ⅰ. G444

中国国家版本馆 CIP 数据核字第 2024BX4774 号

互联网平台在大学生心理健康教育中的应用研究

著　　者	李　进　崔小清
责任编辑	韩　蕊
校　　对	张　娜
封面设计	万典文化

出版发行	中国国际广播出版社有限公司
电　　话	010-86093580　010-86093583
地　　址	北京市丰台区榴乡路 88 号石榴中心 2 号楼 1701
邮　　编	100079
印　　刷	唐山唐文印刷有限公司

开　　本	787 毫米×1092 毫米　1/16
字　　数	230 千字
印　　张	14.5
版　　次	2025 年 1 月第 1 版
印　　次	2025 年 1 月第 1 次印刷
定　　价	78.00 元

PREFACE

前　言

　　互联网平台在大学生心理健康教育中的应用研究逐渐成为关注的焦点，其主要体现在信息获取、互动交流、心理干预和自我管理等方面。首先，互联网平台提供了丰富的心理健康资源，使大学生可以随时随地地获取相关知识和支持。通过在线课程、心理健康文章、视频讲座等形式，学生可以轻松地了解心理健康的基本知识、应对策略以及情绪调节技巧，这为提高学生的心理健康素养奠定了基础。许多平台提供在线心理咨询服务，学生可以通过文字、语音或视频与专业心理咨询师进行沟通。这种形式打破了传统面对面咨询的时间和空间限制，使学生能够在更为隐私和舒适的环境中寻求帮助。此外，在线心理支持社区和论坛也为学生提供了一个分享和讨论心理健康问题的空间，增加了社交支持的机会。

　　基于大数据和人工智能技术的心理健康平台能够对学生的心理状态进行实时监测和分析，提供个性化的心理干预方案。例如，一些平台通过问卷调查和行为分析，能够及时识别学生的心理健康问题并推荐相应的工具和资源。此类技术的应用提高了干预的针对性和效率，为学生提供了更加精准的心理支持。许多平台提供自我评估工具、情绪追踪应用和心理健康管理程序，帮助学生进行自我监测和管理。这些工具通常包括情绪记录、压力管理技巧和健康行为跟踪功能，帮助学生掌握自己的心理状态，并及时采取相应的应对措施。这种自我管理能力的提升，使学生能够更主动地参与到自身心理健康的维护中。

　　本书旨在探讨如何利用互联网平台有效提升大学生的心理健康教育水平。随着科技的迅猛发展和互联网的普及，互联网平台在各领域的应用愈发广泛，特别是在心理健康教育方面，展现出前所未有的潜力和挑战。本书的价值在于全面梳理和分析了互联网平台在大学生心理健康教育中的应用实践，从理论和实证角度探讨其优势与局限，并提出了优化互联网心理健康教育的策略和建议。书中涵盖了互联网心理咨询、网络干预、在线心理健康评估、移动应用程序、游戏化教育和人工智能等多个方面的内容，旨在帮助读者深入了解和掌握这些前沿技术在心理健康教育中的应用。

笔者在写作本书的过程中，借鉴了许多前辈的研究成果，在此表示衷心的感谢。由于本书需要探究的层面比较深，对一些相关问题的研究可能不透彻，加之写作时间仓促，书中难免存在一定的疏漏之处，恳请前辈、同行以及广大读者斧正。

CONTENTS 目 录

第一章 互联网平台与大学生心理健康教育的现状

第一节 互联网平台的定义与类型

一、互联网平台的定义

互联网平台是指基于互联网技术构建的一种虚拟环境，通过统一的技术标准和规则，实现供需双方在此平台上进行信息交换、资源共享和价值转化的模式。这种平台不仅提供了便捷的交易、沟通和服务渠道，还促进了多方互动和经济活动的高效展开。其核心功能包括用户接入、信息处理、交易撮合等，广泛应用于电子商务、社交网络、在线教育等领域，成为推动经济数字化转型和社会互动方式创新的重要工具和基础设施。

二、互联网平台的类型

（一）电子商务平台

电子商务平台是现代商业发展的重要组成部分，涵盖了多种交易模式。B2B（企业对企业）模式在电子商务平台中占据了重要地位。此类平台通过提供一个集中化的市场，让企业可以方便地进行大宗商品的交易和采购。这不仅提高了交易的效率，还降低了成本。阿里巴巴作为 B2B 模式的典型代表，通过其平台连接了全球的供应商和采购商，极大地促进了国际贸易的发展。在这种模式中，企业直接面向终端消费者销售产品和服务。京东便是这一模式的成功例子，其通过自营和第三方卖家结合的方式，提供了种类繁多的商品，并利用强大的物流网络，保证了快速的配送服务。B2C 平台不仅便利了消费者购物，还为企业提供了广阔的市场和品牌展示的机会。

C2C（消费者对消费者）模式同样在电子商务平台中占据了一席之地。C2C平台为普通消费者提供了一个自由交易的空间，使得个体之间的交易变得更加便捷。像淘宝这样的C2C平台，通过提供拍卖、二手交易等多种功能，让用户可以轻松地买卖商品，同时也促进了资源的循环利用和共享经济的发展。电子商务平台不仅限于以上几种模式，还包括了O2O（线上到线下）等创新模式。这些模式通过线上平台与线下服务的结合，提供了更加多样化的消费体验。比如，美团和饿了么通过线上平台，让用户可以预订线下的餐饮和其他服务，大大提高了生活的便利性。

（二）社交网络平台

社交网络平台在当今数字时代扮演着至关重要的角色，成为人们交流、分享信息和建立社群的重要工具。Facebook作为全球最大的社交网络平台之一，通过其庞大的用户基数和多样化的功能，成功地连接了世界各地的人们。用户可以通过Facebook分享生活点滴、发表观点、参与群组讨论，甚至进行商务活动。Facebook不仅改变了人们的社交方式，还为信息传播提供了一个强有力的渠道，使得新闻和娱乐内容能够迅速传播。微信作为一款全能型社交应用程序，在中国及全球华人社区中享有极高的普及率。微信不仅仅是一个聊天工具，它还集成了朋友圈、公众号、小程序等多种功能，使得用户可以在一个平台上完成社交、购物、支付、办公等多种活动。通过朋友圈，用户可以分享照片、视频和文字，与朋友保持紧密联系；通过公众号，用户可以订阅各种内容，获取新闻资讯、学习知识；通过小程序，用户可以享受各种便捷服务，如购物、打车、点餐等。微信以其丰富的功能和便捷的用户体验，深刻影响了人们的日常生活。

微博作为中国领先的社交媒体平台，以其开放性和即时性吸引了大量用户。微博允许用户发布140字以内的短消息，配以图片、视频等多媒体内容，形成了一种快速传播信息的方式。明星、企业、媒体等各类用户在微博上活跃，发布最新动态、推广产品、回应公众关注，使得微博成为信息传播的重要阵地。同时，微博的热搜榜功能，通过实时展示热门话题，引导用户关注当前的热点事件和社会议题，极大地促进了信息的广泛传播和社会舆论的形成。社交网络平台不仅促进了个人之间的交流，还为企业和品牌提供了强大的营销工具。通过社交网络广告、品牌主页、社群营销等方式，企业可以精准地触达目标受众，开展互动营销，提升品牌影响力。Facebook 的广告系统通过大数据分析，能够为广告主提供精确的用户画像和投放建议，提高广告的投放效果；微信的朋友圈广告和公众号广告，通过社交关系链的传播，实现了良好的营销效果；微博的明星代言和话题营销，通过强大的社交传播力，为品牌带来了广泛的关注和认可。

不仅如此，社交网络平台还在社会公益和政治参与方面发挥着积极作用。通过社交平台，公益组织可以发起募捐活动，号召公众参与慈善事业；公民可以通过社交平台表达意见，参与公共事务讨论，推动社会进步。微博上的公益项目如"免费午餐"，通过社交媒体的传播，募集了大量善款，帮助了无数贫困儿童；Facebook 上的政治活动，如选举宣传和社会运动，通过社交网络的组织和动员能力，极大地增强了公众的参与度和影响力。

（三）在线教育平台

在线教育平台在现代教育体系中正发挥着越来越重要的作用，通过提供多样化的课程、丰富的学习资源和个性化的教育服务，改变了传统教育的模式。雨课堂作为一种创新的在线教育工具，结合了课堂教学和在线学习的优势，极大地提高了教学效果。雨课堂通过直播和录播相结合的方式，使学生能够随时随地进行学习，并通过互动功能加强了师生之间的交流。特别是在物理化学等复杂学科的教学中，雨课堂的多媒体功能和即时反馈机制，使得难点问题得到了更为清晰的讲解和答疑。学堂在线作为一个综合性的在线教育平台，提供了广泛的课程资源，涵盖了从基础教育到高等教育的各个阶段。学堂在线不仅与国内外知名大学合作，推出了大量的精品课程，还通过名师讲堂、专业证书项目等形式，满足了不同学习者的需求。对于职业教育领域，学堂在线的职业技能培训课程和证书项目，帮助学习者提升专业能力和就业竞争力，特别是针对如铁路运输等特定行业的培训，更是提供了实用性强的学习资源。

通过互联网的普及，偏远地区的学生也能享受到优质的教育资源，缩小了城乡教育差距。在线教育平台上的开放课程和免费资源，使得每一个有学习意愿的人都能获得知识和技能，体现了教育的公益性和普惠性。特别是对于职业技能提升和终身学习需求日益增加的现代社会，在线教育平台为人们提供了便利和高效的学习途径。在线教育平台还推动了教学模式的创新和教育理念的变革。通过大数据和人工智能技术，平台能够根据学习者的行为和成绩进行分析，提供个性化的学习方案和建议，提升学习效果和用户体验。比如，雨课堂的即时反馈和数据分析功能，帮助教师了解学生的学习进度和理解情况，及时调整教学策略；学堂在线的智能推荐系统，根据用户的学习兴趣和需求，推荐相关课程和资源，提高学习的针对性和有效性。

在线教育平台不仅在学术教育方面有所贡献，还在职业教育和技能培训中发挥着重要作用。随着社会经济的快速发展和科技的不断进步，职业技能的更新和提升变得尤为重要。在线教育平台通过提供灵活、多样化的职业培训课程，帮助学习者及时掌握新技能，适应职场变化。在如机械设计、制造与自动化等领域，在线教育平台通过虚拟实验室和模拟操作等方式，提供了实用性强的学习体验，帮助学习者更好地掌握专业技能。不仅如此，在线教育平台还在教育研究和实践中提供了丰富的案例和数据支持。通过平台的大规模用户数据和学习行为分析，教育研究者可以深入了解不同教学方法和学习模式的效果，为教育改革和创新提供科学依据。特别是在教育资源分配和师资管理方面，在线教育平台的数据分析功能，为教育管理者提供了决策支持，促进了教育资源的优化配置和教学质量的提升。

（四）共享经济平台

共享经济平台在当今社会的各个方面发挥着重要作用，通过资源共享和利用率优化，提升了经济效率和社会福利。滴滴出行作为共享经济的代表性平台，通过提供便捷的出行服务，大大改善了人们的日常交通体验。滴滴出行通过整合社会车辆资源，优化了出行路径，减少了空驶率，不仅提高了车辆利用率，还降低了出行成本。乘客可以通过手机 APP 快速叫车，实现了从家门口到目的地的无缝连接，极大地方便了生活。高德打车依托高德地图强大的地理信息系统，为用户提供精准的打车服务。通过实时路况分析和智能调度系统，高德打车能够在最短时间内为用户匹配到合适的车辆，提升了出行效率。与此同时，高德打车还提供了多种出行选择，如快车、专车、顺风车等，满足了不同用户的多样化需求。

共享经济平台不仅在交通领域有所作为，在住宿、办公等其他领域同样取得了显著的成就。以 Airbnb 为例，这一平台通过将个人闲置房源转化为短租房，为旅行者提供了更多样化的住宿选择。Airbnb 的出现，不仅增加了住房资源的利用率，还为房东创造了额外收入来源。同时，旅行者通过这一平台可以体验到更为个性化和本地化的住宿服务，提升了旅行体验。

通过共享车辆和共享单车的推广，减少了私人汽车的使用量，从而降低了碳排放和交通拥堵。共享单车平台如摩拜单车，通过提供便捷的短途出行选择，鼓励了绿色出行方式的普及。用户可以通过手机 APP 解锁单车，随骑随停，大大方便了城市短途出行，同时也减少了对环境的影响。不仅如此，共享经济平台在促进社会公平和资源普惠方面也有重要贡献。通过共享经济模式，更多的人可以获得以前难以享有的资源和服务。例如，共享汽车平台为无车一族提供了灵活的出行选择，共享办公平台为创业者提供了优质的办公资源，这些都在一定程度上缩小了社会资源分配的不平衡。在教育和知识共享领域，共享经济平台也带来了新的机遇。无论是专业技能提升还是兴趣爱好培养，这些平台都为用户提供了广泛的选择和灵活的学习方式，推动了教育的普及和知识的共享。

（五）内容创作与分享平台

内容创作与分享平台在数字时代日益成为信息传播和文化交流的重要载体，通过为用户提供发布、共享和获取内容的空间，极大地丰富了人们的生活。知乎作为一个知识分享平台，汇聚了大量专业人士和爱好者，通过问答和文章的形式，分享各自的见解和经验。知乎上有着丰富的高质量内容，涵盖了从科技、商业到生活、文化的各个领域。用户可以通过提出问题、回答问题、撰写专栏文章等方式，参与到知识的传播和交流中来。知乎的社区氛围鼓励理性讨论和深度思考，使得用户不仅能够获取信息，还能参与到知识的创造和分享中。

B 站（哔哩哔哩）作为一个综合性的视频弹幕网站，以其年轻化和多元化的内容吸引了大量的用户。B 站不仅有大量的二次元（动画、漫画、游戏）内容，还涵盖了生活、科技、娱乐、学习等多个方面。弹幕功能是 B 站的一大特色，用户可以在观看视频的同时，发送实时评论，与其他观众互动，增强了观看体验的参与感和互动性。B 站的创作者通过发布原创视频，积累了大量粉丝，并通过会员制度和打赏功能获得收入，实现了内容创作的良性循环。内容创作与分享平台不仅促进了个人创作和知识传播，还在商业和社会层面产生了深远的影响。通过这些平台，品牌和企业能够进行精准的内容营销，与目标受众进行互动，提升品牌知名度和忠诚度。B 站的 UP 主（内容创作者）通过与品牌的合作，将广告植入到视频内容中，达到了良好的营销效果。

在社会层面，内容创作与分享平台也为公益事业和社会活动提供了重要支持。公益组织和社会活动可以借助创作者的影响力，传播公益理念和活动信息，号召更多人参与到公益事业中来。比如，YouTube 上的公益广告和募捐视频，知乎上的公益问答和专栏文章，B 站上的公益直播和活动报道，都为公益事业提供了强有力的支持。内容创作与分享平台还在文化交流和多元化方面发挥了重要作用。用户可以接触到来自不同文化背景的内容，增进对其他文化的理解和认同。比如，YouTube 上的国际创作者，分享了各自国家的文化和生活方式；知乎上的跨文化问答，促进了不同文化之间的交流和对话；B 站上的海外番剧和纪录片，让用户了解了更多元的文化和视角。

（六）金融科技平台

金融科技平台在现代金融体系中扮演着越来越重要的角色，通过提供在线支付、借贷、投资等多样化的金融服务，极大地改变了人们的金融生活方式。支付宝作为全球领先的金融科技平台之一，凭借其便捷的在线支付功能，彻底改变了传统的支付方式。用户只需通过手机扫描二维码，即可完成支付，无需携带现金或银行卡。这种支付方式不仅在日常购物中广泛应用，还在各类线上线下场景中得到了普及，如水电煤缴费、交通出行、医疗支付等，极大地方便了用户的生活。微信支付作为另一大支付平台，同样在金融科技领域占据了重要地位。微信支付依托于微信庞大的用户基础，通过社交网络的传播效应，迅速成为主流的支付方式。用户可以在微信中直接进行支付、转账和理财等操作，形成了一个集支付与社交于一体的生态系统。微信支付不仅提高了支付的便捷性，还通过小程序、公众号等功能，为商家和用户提供了更多的互动和营销机会，进一步推动了数字经济的发展。

网贷平台作为金融科技的重要组成部分，为个人和中小企业提供了便捷的借贷服务。传统的银行借贷手续烦琐、审核周期长，而网贷平台通过互联网技术和大数据分析，简化了借贷流程，提高了审批效率。用户只需在线提交申请，平台即可快速匹配借款需求和资金供给方，实现资金的高效配置。这样的借贷方式不仅解决了个人和中小企业的资金需求，还促进了普惠金融的发展，使更多人享受到金融服务的便利。金融科技平台不仅在支付和借贷方面有所突破，还在投资理财领域取得了显著的进展。用户可以方便地进行各类投资操作，如基金购买、股票交易、理财产品选择等。以支付宝的"余额宝"为例，用户可以将闲置资金存入余额宝，享受比传统存款更高的收益，同时保持资金的灵活性。这样的投资方式不仅门槛低、操作简便，还为用户提供了更多的财富增值机会。

金融科技平台在技术创新和安全保障方面也取得了重要成就。通过区块链技术、生物识别技术和人工智能技术的应用，这些平台在提升用户体验的同时，增强了金融交易的安全性和可靠性。例如，支付宝和微信支付通过人脸识别技术，实现了更加安全的身份验证，防范了支付风险；网贷平台通过大数据风控技术，提高了风险管理能力，降低了借贷风险。金融科技平台还在国际化和跨境支付方面展现了强大的竞争力。随着全球经济一体化进程的加快，跨境支付需求不断增加。支付宝和微信支付通过与全球多个国家和地区的合作，逐步构建了覆盖全球的支付网络，为用户提供了便捷的跨境支付服务。这不仅促进了国际贸易和跨境消费，还推动了全球金融市场的融合和发展。不仅如此，金融科技平台在促进金融包容性和推动社会经济发展方面也发挥了积极作用。通过提供普惠金融服务，这些平台帮助了大量传统金融体系覆盖不到的用户，特别是低收入人群和农村地区居民。通过便捷的在线金融服务，这些用户能够更好地管理资金、进行投资和获得贷款，改善了他们的经济状况，提升了生活质量。

（七）物联网平台

物联网平台在现代科技发展的浪潮中扮演着至关重要的角色，通过连接物理设备和传感器，实现数据的采集、分析和控制，为各行各业带来了巨大变革。首先，智能家居控制平台是物联网应用的重要领域之一，通过将家中的各种设备连接到网络，实现了远程监控和智能控制。用户可以通过手机或语音助手来管理家中的照明、安防、温控等设备，提升了生活的便捷性和舒适度。例如，通过智能灯光系统，用户可以根据时间和情景调整灯光亮度和颜色，创造出理想的家庭氛围。工业物联网平台通过连接生产设备和传感器，实现了生产过程的自动化和智能化。通过实时监控和数据分析，企业可以提高生产效率，降低成本，并迅速响应市场需求。例如，工业物联网平台可以监测设备的运行状态和生产数据，及时发现和排除故障，避免停机和生产损失。此外，通过数据分析，企业还可以优化生产流程，提升产品质量和生产效率，增强市场竞争力。

通过连接城市中的各类基础设施和公共服务设备，实现数据的互联互通和智能化管理。智慧交通系统通过监控交通流量和车辆运行状态，优化交通信号控制，减少交通拥堵，提升出行效率；智慧环卫系统通过垃圾桶的智能监测和垃圾车的路径优化，提高了城市环卫工作的效率和效果；智慧照明系统通过实时监测和智能调控，实现了节能环保和城市景观的美化。物联网平台不仅在家庭和城市中应用广泛，在农业领域也展现出巨大的潜力。智慧农业通过连接农田中的传感器和农业设备，实现了精准农业和智能管理。通过土壤湿度传感器和气象站的数据采集，农民可以实时掌握农田的环境信息，科学地进行灌溉和施肥，提升作物产量和质量；通过智能农机的远程控制和自动化操作，农民可以提高农业生产效率，减少劳动力成本，实现农业的现代化和可持续发展。

物联网平台在医疗健康领域也带来了革命性的变化。通过连接医疗设备和健康监测设备，实现了患者健康数据的实时采集和智能分析。远程医疗系统通过实时监测和数据传输，使医生可以随时了解患者的健康状况，及时进行诊断和治疗；智能穿戴设备通过监测心率、血压、体温等健康指标，帮助用户进行健康管理和疾病预防，提高了生活质量和健康水平。通过连接运输车辆、仓储设备和物流节点，实现了物流全过程的可视化和智能化管理。企业可以优化运输路线，降低物流成本，提升物流效率；通过智能仓储系统的自动化管理，提高了仓储作业的效率和准确性，减少了人力成本和出错率，提升了供应链的整体效益。不仅如此，物联网平台在环境监测和能源管理中也有广泛应用。通过连接环境传感器和能源设备，实现了环境数据的实时监测和能源消耗的智能管理。环境监测系统通过实时采集空气质量、水质、噪声等环境数据，为环境保护和治理提供了科学依据；智能电网系统通过实时监控和智能调控，实现了能源的高效利用和合理分配，促进了节能减排和可持续发展。

第二节　互联网平台在心理健康教育中的应用

一、互联网平台在心理健康教育中的应用价值

（一）便捷性与可及性

互联网平台的迅猛发展大大拓展了心理健康服务的可及性和便捷性。通过互联网平台，心理健康服务打破了传统面对面咨询的时间和空间限制，使学生无论身处何地，只要有网络连接，就能随时随地获取所需的心理健康资源和服务。这种便捷性不仅节省了时间和成本，还极大地提高了服务的覆盖面。传统的心理健康服务通常受限于工作时间和地点，而互联网平台可以 24 小时不间断地提供服务，这对那些在非工作时间需要帮助的学生来说尤为重要。学生可以通过互联网平台随时进行心理咨询、参加在线课程或访问心理健康资源，而无需担心时间限制。这种全天候的服务方式极大地提升了心理健康服务的灵活性和可及性。

过去，许多学生由于地理位置偏远或当地缺乏专业心理资源而无法获得及时的心理支持。现在，任何有网络连接的地方都可以成为心理健康服务的接入点。学生可以通过智能手机、平板电脑或电脑等设备，轻松访问各种心理健康资源和服务，无需长途跋涉或等待很长时间。这种普及性使得更多学生能够获得所需的心理支持，从而有效改善他们的心理健康状况。此外，互联网平台还提供了多种形式的心理健康服务，满足了不同学生的需求。通过视频通话、文字聊天、电子邮件等多种渠道，学生可以根据自己的喜好和需要选择合适的咨询方式。这种多样化的服务形式不仅增加了服务的灵活性，还能让学生在更舒适和安全的环境中表达自己的问题和困扰。对于那些不愿面对面交流或感到尴尬的学生来说，文字聊天和电子邮件等非面对面的咨询方式尤为有用。

互联网平台的便捷性还体现在其资源的丰富性和多样性上。学生可以访问海量的心理健康资源，如心理学书籍、研究文章、自助指南、在线测评工具等。这些资源不仅可以帮助学生了解和解决自己的心理问题，还能提高他们的心理健康知识和技能。

此外，许多互联网平台还提供系统化的心理健康课程和培训项目，涵盖压力管理、情绪调节、时间管理、人际关系等方面，帮助学生全面提升心理素养。互联网平台的另一个显著优势是其高效的资源整合和共享能力。通过互联网，心理健康服务机构和专业人士可以方便地共享最新的研究成果和最佳实践经验，从而不断提升服务质量和效果。学生也可以通过互联网平台参与到各种心理健康社区和支持小组中，与其他有相似经历的人交流和分享，获得更多的支持和帮助。这种资源整合和共享不仅有助于提升心理健康教育的整体水平，还能促进学生的心理健康发展。互联网平台在心理健康服务中的便捷性和可及性还体现在其低成本和高效性上。传统的心理健康服务通常需要较高的费用和时间成本，而互联网平台提供的许多服务是免费的或低成本的，且可以节省大量的交通和时间开销。对于经济条件有限或时间紧张的学生来说，互联网平台无疑提供了一个更为经济和高效的选择。

（二）资源的多样性与丰富性

互联网平台为心理健康教育提供了一个前所未有的资源汇集和分发渠道。这个平台不仅集合了海量的心理健康资源，如视频、文章、在线课程、心理测试等，还提供了多样化的学习和自助工具，能够满足不同学生的需求，促进他们的心理健康发展。互联网平台上的视频资源丰富多样，包括心理健康讲座、专家访谈、案例分析等。这些视频资源由专业的心理健康专家和学者录制，内容涵盖广泛，从基础的心理健康知识到具体的心理问题解决方案，无所不包。学生可以根据自己的兴趣和需求，选择观看不同类型的视频，从中获取有价值的信息和指导。这种直观、生动的学习方式，不仅提高了学生对心理健康知识的理解和掌握，还增强了他们的学习兴趣和积极性。

各种心理健康文章不仅包括学术研究论文，还涵盖了通俗易懂的科普文章、心理健康指南、个人成长故事等。这些文章资源为学生提供了不同深度和广度的阅读材料，帮助他们从多个角度了解和认识心理健康问题。学术研究论文可以帮助有志于深入研究心理健康的学生获取最新的研究成果和理论支持，而科普文章和心理健康指南则可以帮助更多的学生在日常生活中提高心理健康素养，掌握实用的心理调适方法。学生可以参加各种心理健康在线课程，这些课程通常由知名的心理学专家和教育机构提供，内容涵盖心理学基础、心理健康教育、情绪管理、压力应对等多个方面。在线课程不仅提供系统学习内容，还通常伴有互动环节和练习，帮助学生更好地理解和应用所学知识。通过在线课程，学生可以在灵活的时间和地点进行学习，逐步提升自己的心理健康水平。

心理测试工具是互联网平台上的一大特色资源。这些心理测试工具包括各种心理健康自评量表、情绪状态测评、人格测试等，通过科学的测试方法，帮助学生了解自己的心理状态和潜在问题。这些测试工具通常经过专业的设计和验证，具有较高的可信度和有效性。通过定期进行心理测试，学生可以及时发现自己的心理问题，采取相应的措施进行调整和干预，保持良好的心理健康状态。互联网平台还提供了丰富的自助工具，如心理健康应用程序、冥想和放松训练音频、情绪管理游戏等。这些自助工具设计简便实用，帮助学生在日常生活中随时进行心理调适和自我管理。例如，冥想和放松训练音频可以帮助学生在紧张和压力大的时候放松身心，恢复平静；情绪管理游戏则通过有趣的互动方式，帮助学生提高情绪调节能力。这些自助工具不仅增强了学生的心理健康技能，还提升了他们的自主学习和自我管理能力。

互联网平台的资源整合和更新速度非常快。新的心理健康研究成果、教育资源和自助工具可以迅速上传和分享，确保学生能够获取最新、最前沿的心理健康信息和服务。这种资源的及时更新，不仅提高了心理健康教育的时效性和科学性，还使学生能够与时俱进，掌握最新的心理健康知识和技能。互联网平台还提供了心理健康社区和论坛，学生可以在这里交流经验、分享感受、寻求帮助和支持。这些社区和论坛由专业的心理健康团队进行管理和指导，确保交流的内容科学、健康、有益。通过参与社区活动，学生不仅可以获得更多的心理支持，还能增强归属感和互助精神，促进心理健康的全面发展。

（三）隐私保护与匿名性

互联网平台在心理健康教育中的应用，不仅极大地提高了服务的便捷性和可及性，同时也在隐私保护和匿名性方面提供了重要保障。这种保障在很大程度上降低了学生寻求心理帮助时的心理障碍，使得更多学生愿意主动寻求心理支持，从而有效促进了心理健康教育的发展。互联网平台能够提供高度匿名的心理咨询服务。在传统的面对面心理咨询中，许多学生由于担心隐私泄露、害怕被同学或老师知道自己的心理问题而不愿意寻求帮助。而通过互联网平台，学生可以使用匿名身份进行心理咨询，无需透露个人信息，这大大降低了他们的心理负担和顾虑。匿名咨询不仅使学生感到更加安全和放心，还能够让他们更坦诚地表达自己的困惑和问题，从而获得更有效的心理支持和指导。许多心理健康平台都采取了严格的信息保密措施，确保学生的个人信息和咨询内容不会被泄露。例如，平台会对所有用户的数据进行加密处理，只有授权的专业心理咨询师才能访问这些数据。同时，平台还会定期进行安全审查和漏洞修补，以防止任何形式的数据泄露和安全威胁。通过这些措施，学生可以放心地在平台上进行心理咨询和自助服务，而无需担心隐私问题。

互联网平台还提供了多种匿名自助服务，帮助学生在保密的环境中进行心理健康管理。这些自助服务包括匿名心理测试、在线心理健康自助指南、匿名支持小组等。学生可以通过这些服务自行评估自己的心理状况，获取针对性的建议和指导，或者与其他有相似经历的学生进行交流和互助。这些匿名自助服务不仅保护了学生的隐私，还增强了他们的自我管理和自我调适能力，使他们能够在不暴露个人信息的情况下获得有效的心理支持。另外，互联网平台的匿名性还为学生提供了一个更加开放和包容的交流环境。在匿名社区和论坛中，学生可以自由地分享自己的心理困扰、寻求他人的支持和建议，而无需担心被识别或评价。这种匿名交流不仅有助于减轻学生的心理压力，还能够促进他们之间的相互理解和支持，形成一个积极健康的心理支持网络。

互联网平台的隐私保护和匿名性还促进了心理健康教育的广泛普及。由于隐私保护和匿名性的保证，更多的学生愿意主动参与到心理健康教育中来，接受心理咨询和自助服务。这种积极参与不仅有助于提高学生的心理健康水平，还能够促进整个学校或社区的心理健康氛围。通过互联网平台的隐私保护和匿名服务，心理健康教育正在变得更加普及和大众化，让更多学生受益。互联网平台的隐私保护和匿名性也对心理健康服务的专业性和可信度提出了更高的要求。平台需要不断提升服务质量，确保咨询师的专业水平和服务的有效性，以赢得学生的信任和依赖。同时，平台还需要加强对隐私保护的宣传和教育，提高学生的隐私保护意识，使他们能够更加自信地利用互联网平台进行心理健康管理。

（四）个性化与精准干预

东部高校管理专业的毕业生积极投身于西部地区的管理工作，特别是在政府部门、企事业单位等领域，为西部地区注入了新鲜的管理力量和创新思路。东部高校管理专业毕业生凭借扎实的专业知识和实践经验，在西部地区的政府部门中发挥了重要作用。这些毕业生在东部高校接受了系统的管理教育，掌握了先进的管理理论和方法，具备较强的实际操作能力。例如，许多东部高校的管理专业毕业生在西部地区的政府部门担任重要职务，他们通过引入先进的管理理念和方法，提升了当地政府的管理效率和服务水平。这种人才输送不仅改善了西部地区的政府管理水平，也为地方治理注入了新的活力。在企事业单位方面，东部高校管理专业毕业生同样发挥了积极作用。他们在东部高校接受了系统的企业管理教育，具备了丰富的企业管理知识和实践经验，能够帮助西部企业提升管理水平和市场竞争力。例如，一些东部高校的管理专业毕业生在西部的中小企业担任管理职务，通过引入先进的管理模式和创新思路，帮助企业优化内部管理流程，提高生产效率和市场竞争力。这种人才输送不仅促进了西部企业的发展，也为当地的经济增长提供了有力支持。

东部高校管理专业的毕业生还积极参与到西部地区的教育和科研工作中，帮助提升当地的管理教育水平和科研能力。例如，一些毕业生选择到西部的高校和科研机构任教，他们将东部先进的管理教育理念和教学方法带到西部，帮助当地高校提升管理专业的教学质量和科研水平。这种人才输送不仅促进了西部高校的教育发展，也为东西部高校之间的学术交流和合作提供了桥梁。通过各种形式的实践活动，东部高校管理专业毕业生还积极参与到西部地区的社会公益和扶贫工作中。例如，一些毕业生选择到西部的贫困地区工作，帮助当地开展扶贫项目和社会服务活动。他们利用自身的管理知识和技能，帮助贫困地区制定和实施扶贫计划，提高当地居民的生活水平。这种人才输送不仅体现了毕业生的社会责任感，也为西部地区的社会发展做出了重要贡献。

为了鼓励和支持管理专业毕业生到西部工作，国家和地方政府还出台了一系列政策措施。例如，通过设立专项基金和提供生活补贴，国家鼓励更多的东部高校毕业生到西部工作。地方政府则通过提供住房、子女教育等优惠政策，吸引和留住管理人才。这些政策措施有效地促进了人才输送，增强了西部地区对高素质管理人才的吸引力。在未来的发展中，随着东西部协作的深入推进，东部高校管理专业毕业生在西部地区的作用将更加突出。通过不断优化人才培养模式，提升毕业生的实践能力和综合素质，东部高校将继续为西部地区输送更多的高素质管理人才。与此同时，国家和地方政府也将继续完善政策措施，为人才输送提供更好的支持和保障，确保东西部协作机制的顺利实施和持续发展。

二、互联网平台在心理健康教育中的应用策略

（一）建设高质量的在线心理咨询服务

互联网平台借助大数据和人工智能技术，能够有效分析学生的心理状况，从而提供个性化的心理健康方案和精准干预，提升了心理健康教育的效果。这一技术的应用，使得心理健康服务更加符合每个学生的具体需求，提供了更具针对性支持和帮助。大数据技术在心理健康教育中的应用，使得对学生心理状况的全面了解成为可能。互联网平台通过收集和分析学生在平台上的各种行为数据，如参与在线课程、进行心理测试、参与社区互动等，能够构建出学生的心理画像。这种基于大量数据的分析方法，不仅能够揭示学生的心理状态和变化趋势，还能识别出潜在的心理问题。通过对这些数据的深度挖掘，平台可以提供个性化的心理健康方案，帮助学生有效应对自己的心理问题。

人工智能技术在心理健康教育中的应用，则进一步提升了个性化和精准干预的水平。通过机器学习算法，人工智能可以分析大量学生的数据，识别出不同学生在心理健康方面的共性和个性需求。基于这些分析结果，人工智能能够为每个学生量身定制个性化的心理健康方案。例如，对于压力较大的学生，人工智能可能会推荐一些放松训练和时间管理的课程；对于情绪波动较大的学生，则可能会推荐情绪调节和情感表达的训练。这种个性化的干预方案，不仅更加符合学生的具体需求，还能够显著提升干预的效果。此外，大数据和人工智能技术还可以实现对学生心理健康状况的实时监测和预警。通过对学生行为数据的持续跟踪和分析，平台能够及时发现学生心理状况的异常变化，并发出预警信号。例如，如果某个学生的情绪评分持续下降，或者社交互动明显减少，平台可以自动提醒心理咨询师进行干预，或者向学生推荐相关的心理健康资源和服务。这样的实时监测和预警机制，能够在问题初现时就进行干预，防止心理问题的进一步恶化。

个性化和精准干预还体现在对学生心理健康教育内容的定制上。通过对学生心理状况和学习需求的分析，平台可以为每个学生定制适合他们的心理健康教育课程。这些课程不仅内容丰富、形式多样，还能根据学生的学习进度和反馈进行动态调整。例如，平台可以根据学生的测试结果，推荐相应的学习材料和训练计划，帮助他们逐步提升心理健康素养。这种个性化的教育方案，不仅提升了学生的学习效果，还增强了他们的参与感和成就感。互联网平台的个性化和精准干预，不仅体现在心理健康教育中，还可以扩展到其他教育和生活领域。通过对学生整体状况的综合分析，平台可以提供全面的个性化支持和服务，帮助学生在学业、生活和心理方面取得全面发展。例如，平台可以根据学生的学习成绩和心理状态，推荐合适的学习策略和时间管理方法；根据学生的兴趣和特长，推荐相关的社团活动和发展机会。这种全方位的个性化支持，不仅提升了学生的整体素质，还促进了他们的全面发展。

大数据和人工智能技术在心理健康教育中的应用，还带来了许多新的研究和创新机会。通过对大量数据的分析和挖掘，研究者可以发现新的心理健康问题和解决方案，推动心理学和教育学的发展。同时，人工智能的不断进步，也为心理健康服务的自动化和智能化提供了可能。例如，智能聊天机器人可以为学生提供初步的心理咨询和指导，帮助他们解决一些简单的心理问题，减轻心理咨询师的工作负担，提高服务的覆盖面和效率。

（二）开发系统化的心理健康教育课程

设计并上线一系列涵盖压力管理、情绪调节、时间管理、人际关系等方面的心理健康教育课程，可以帮助学生全面提升心理素养，为他们的成长和发展提供坚实的心理基础。系统化的心理健康教育课程需要有科学的结构和系统的内容设计。每一个课程模块都应以学生的心理健康需求为导向，结合最新的心理学研究成果，设计出具体的教学目标和教学内容。例如，在压力管理方面，可以设置认识压力、压力应对策略、放松训练等多个子模块；在情绪调节方面，可以包含情绪识别、情绪表达、情绪管理技巧等具体内容。通过这样系统化的课程设计，学生能够循序渐进地掌握心理健康知识和技能，逐步提升心理素养。

互联网平台提供了丰富的互动工具，如在线讨论、互动游戏、案例分析等，这些工具可以增强学生的学习体验和参与度。在课程设计中，应充分利用这些互动工具，设置各种互动环节，激发学生的学习兴趣。例如，在情绪调节课程中，可以设计情景模拟游戏，让学生在虚拟环境中练习情绪管理技巧；在时间管理课程中，可以设置时间管理挑战赛，帮助学生实际应用所学知识。这些互动环节不仅提高了课程的趣味性，还增强了学生的实践能力。每个学生的心理健康状况和学习需求都不尽相同，系统化的课程应能够提供个性化的学习路径和支持。例如，通过初步的心理健康评估，了解学生的具体需求和问题，针对不同的学生设计个性化的学习方案和任务。课程中可以设置不同难度和深度的学习内容，满足不同学生的学习需求。个性化教学不仅提升了学习效果，还增强了学生的学习动机和积极性。

理论知识固然重要，但实际的心理健康技能训练和应用更为关键。应加入大量的实践活动和应用任务，帮助学生在实际生活中应用所学知识和技能。例如，在压力管理课程中，可以设置实际的放松训练和压力应对计划；在人际关系课程中，可以安排角色扮演和人际交往技能训练。这些实践活动不仅巩固了学生的学习成果，还提高了他们的实际应用能力。系统化的心理健康教育课程可以通过互联网平台广泛推广，学生可以在任何时间、任何地点进行学习，极大地方便了学生的学习安排。平台还可以提供多种学习方式，如视频课程、音频讲座、在线测试等，满足不同学生的学习偏好。学生可以根据自己的时间和兴趣，自主选择学习内容和学习进度，灵活安排学习计划。

课程结束后，平台应提供持续的学习资源和支持服务，如定期的心理健康讲座、在线答疑、学习社区等，帮助学生巩固和拓展所学知识。平台还可以通过数据分析，了解学生的学习进展和反馈，及时调整课程内容和教学方法，提高教学效果。通过科学的课程设计、丰富的互动环节、个性化教学和实际应用训练，学生能够全面提升自己的心理健康水平。同时，互联网平台的优势使得这些课程能够广泛传播和便捷学习，为更多学生提供心理健康教育的机会。系统化的心理健康教育课程将继续优化和完善，为学生的心理健康保驾护航，促进他们的全面发展。

（三）利用大数据进行心理健康监测

在现代教育中，利用大数据进行心理健康监测已经成为提升学生心理健康服务精准性和有效性的重要手段。通过收集和分析学生在平台上的行为数据和心理测试结果，可以及时发现潜在的心理问题，并提供个性化的干预措施，从而大大提高心理健康服务的质量和效果。大数据技术可以全面收集学生在互联网平台上的行为数据，包括他们的学习习惯、课程参与情况、互动交流记录等。这些数据能够反映出学生的心理状态和行为模式。例如，学生的学习时间、学习频率、学习内容的选择，以及在互动环节中的表现，都可以提供重要的心理线索。如果某个学生的学习时间突然大幅减少，或者在互动交流中表现出明显的情绪波动，这些异常行为可能预示着其心理状态的变化。通过对这些行为数据的分析，平台可以及时识别出学生潜在的心理问题。

互联网平台可以定期进行各种心理测试，如焦虑测试、抑郁测试、压力测试等，通过这些测试结果，可以进一步了解学生的心理健康状况。大数据技术可以将这些测试结果与学生的行为数据相结合，进行综合分析。例如，当一个学生的焦虑测试分数较高，同时其学习行为也表现出不正常的波动，这样的综合分析能够更加准确地判断学生的心理问题，并提供有针对性的干预建议。利用大数据进行心理健康监测的另一个重要优势是其实时性和持续性。传统的心理健康监测往往依赖于定期的面谈和调查，无法做到实时监测。而大数据技术可以对学生的行为数据和心理测试结果进行实时采集和分析，及时发现问题，并迅速采取干预措施。这种实时监测和干预不仅可以在问题初现时就进行处理，防止问题的进一步恶化，还可以提供持续的心理健康支持，帮助学生长期维持良好的心理状态。

通过对大量学生数据的分析，平台可以识别出不同学生的个性化需求和问题。例如，对于焦虑水平较高的学生，可以推荐一些放松训练和压力管理课程；对于社交能力较弱的学生，则可以推荐一些社交技能训练和人际关系课程。这样，平台不仅可以提供普适性的心理健康教育，还能够根据每个学生的具体情况，提供有针对性的个性化干预，显著提高干预的效果和学生的参与度。此外，大数据技术在心理健康监测中的应用还可以促进心理健康教育的研究和发展。通过对大规模数据的分析，研究者可以发现新的心理健康问题和趋势，探索心理问题的成因和干预策略，为心理学和教育学的研究提供丰富的数据支持。同时，这些数据分析结果也可以为教育管理者和政策制定者提供科学依据，帮助他们制定更加有效的心理健康教育政策和措施，全面提升学校的心理健康教育水平。

（四）构建心理健康互动社区

构建一个安全、支持性强的心理健康互动社区对于学生的心理健康教育具有重要意义。这样的社区不仅可以让学生分享经验、寻求帮助和支持，还能形成互助互爱的网络，从而增强心理健康教育的效果。学生在分享个人经历和情感时，最担心的就是隐私泄露和受到负面评价。因此，社区平台必须采取严格的隐私保护措施，确保学生的个人信息和交流内容不会被外泄。同时，平台需要设立明确的社区规范，防止任何形式的歧视、欺凌和负面评论，营造一个友好、包容的交流氛围。这种安全感能够让学生放心地在社区中分享自己的困惑和问题，寻求同伴和专业人士的帮助。

社区中的支持不仅来自专业的心理健康顾问和咨询师，还包括学生之间的相互支持。心理健康顾问和咨询师可以在社区中定期发布专业的心理健康知识和指导，回答学生的问题，提供个性化的建议。而学生之间的支持则可以通过经验分享、互相鼓励和集体活动来实现。通过这种多层次的支持，社区能够为学生提供全面的心理健康服务，帮助他们更好地应对生活中的各种挑战。学生在社区中分享自己的心理健康经历，不仅可以帮助其他有类似经历的学生找到共鸣和安慰，还能增强分享者自身的心理韧性。通过分享，学生可以更好地理解和接纳自己的情感和经历，从而促进自我成长。社区平台可以设置各种分享主题和活动，如心理健康故事征文、经验交流会、互助小组等，鼓励学生积极参与和互动。这种互助互爱的氛围不仅增强了社区的凝聚力，还提高了学生的参与感和归属感。

除了传统的文字交流，社区平台还可以引入视频聊天、音频对话、虚拟活动等多种互动形式，丰富学生的交流体验。例如，通过视频聊天，学生可以进行更加直观和真实的互动，建立更深层次的联系；通过虚拟活动，学生可以在轻松愉快的氛围中进行心理健康训练和体验。这些多样化的互动方式不仅增加了社区的活力，还能满足不同学生的交流需求。平台需要不断更新和优化社区内容和功能，保持社区的吸引力和新鲜感。例如，定期引入新的心理健康课程和活动，邀请心理学专家和知名人士开展讲座和互动，发布最新的心理健康研究和资讯等。此外，平台还可以了解学生的兴趣和需求，针对性地调整社区内容和活动安排，提高学生的参与度和满意度。

（五）引入虚拟现实和增强现实技术

虚拟现实（VR）和增强现实（AR）技术在心理健康教育中的应用，能够提供沉浸式的心理训练和治疗体验，有助于学生更好地应对现实中的心理挑战。这些技术的引入，不仅丰富了心理健康教育的手段，还显著提升了其实际效果。VR和AR技术可以创造出逼真的虚拟环境，帮助学生在安全可控的情况下进行心理训练。通过虚拟现实技术，学生可以置身于模拟的压力情境、社交场景或恐惧环境中，逐步适应和应对这些挑战。例如，社交恐惧症患者可以在虚拟的社交场景中练习与他人交流，逐步减轻社交恐惧；患有恐高症的学生可以在虚拟的高空环境中进行暴露疗法，逐步克服对高度的恐惧。这样的沉浸式体验，不仅增强了学生的应对能力，还减少了训练过程中的风险和不适。

增强现实技术能够将虚拟元素与现实环境相结合，为学生提供更加直观和互动的心理健康教育体验。通过增强现实技术，学生可以在日常生活环境中看到虚拟的心理辅导员、情绪调节工具或放松训练指导，这些虚拟元素可以实时提供指导和支持，帮助学生在现实情境中应用所学的心理健康技能。例如，学生在感到压力时，可以通过AR设备看到并听到虚拟辅导员的放松指导，及时进行放松训练，缓解压力。这种结合现实与虚拟的方式，不仅提高了学习的实用性和有效性，还增强了学生的自主调节能力。通过这些技术，教育者可以设计各种虚拟情境，模拟不同的心理应对场景和挑战，帮助学生进行模拟训练和评估。例如，VR技术可以模拟面试场景，帮助学生练习和提高面试技巧；AR技术可以模拟考试环境，帮助学生进行考试压力管理训练。这些模拟训练和评估，不仅可以帮助学生更好地准备现实中的挑战，还能提供实时的反馈和改进建议，促进学生的持续进步。

VR和AR技术在心理健康治疗中的应用也具有显著的效果。许多心理治疗方法，如认知行为疗法、暴露疗法、放松训练等，都可以通过虚拟现实技术实现更高效和更直观的治疗过程。患者可以在虚拟环境中进行暴露训练，逐步面对和克服恐惧；通过虚拟现实技术进行放松训练，患者可以更加深入地进入放松状态，缓解焦虑和压力。这些技术的应用，不仅提高了治疗的效果，还增加了治疗的接受度和参与度。虚拟现实和增强现实技术还为心理健康教育提供了更多的创新和发展机会。教育者可以利用这些技术设计和开发新的心理健康教育课程和工具，探索更加有效的教育方法和手段。例如，开发基于 VR 技术的心理健康游戏，通过有趣的互动方式，让学生在游戏中学习和应用心理健康知识；设计基于 AR 技术的心理健康应用程序，提供个性化的心理健康指导和支持。这些创新和发展，不仅丰富了心理健康教育的内容和形式，还增强了其吸引力和影响力。

（六）推广心理健康移动应用

这些应用不仅能够提供便捷的心理健康服务，还可以通过游戏化学习和互动功能来吸引学生的注意力。通过利用移动应用，学生可以随时随地获得心理健康知识和支持，这对于现代学生的心理健康教育来说无疑是一种创新和有效的方式。游戏化学习是一种通过将游戏元素融入教育内容中的方法，使学习过程更加有趣和互动。通过设置各种任务、奖励和挑战，这些应用可以激发学生的兴趣，促使他们主动参与心理健康教育。游戏化的设计不仅能够增加学生的学习动力，还可以帮助他们更好地理解和掌握心理健康知识。

通过实时聊天、虚拟咨询和社区互动等功能，学生可以随时与心理健康专家和其他学生进行交流。这种互动不仅能够提供即时的心理支持，还可以帮助学生建立一个互助的社区。在这个社区中，学生们可以分享经验、互相鼓励，共同成长。这种互动体验不仅能够增强学生的参与度，还可以提升他们的心理健康素养。此外，心理健康移动应用还可以提供个性化的心理健康服务。通过数据分析和智能推荐，这些应用可以根据学生的个体需求提供定制化的心理健康方案。例如，应用可以根据学生的情绪状态、学习压力等因素，推荐适合的心理健康课程和活动。这种个性化的服务不仅能够提高教育的针对性和有效性，还可以帮助学生更好地管理自己的心理健康。

在推广心理健康移动应用的过程中，学校和教育机构应积极参与。一方面，学校可以通过宣传和教育活动，向学生介绍和推广这些应用。另一方面，教育机构可以与应用开发者合作，开发适合学生需求的心理健康应用。通过这种合作，教育机构可以确保应用的内容和功能符合教育目标和学生的实际需求，从而提高应用的使用效果。

（七）实施远程心理危机干预

在现代社会中，心理危机的发生频率不断增加，建立远程心理危机干预机制变得尤为重要。这一机制的建立，可以在学生突发心理危机的情况下，迅速提供紧急心理援助，帮助他们渡过难关，减少心理危机对身心健康的负面影响。通过互联网和现代通信技术，心理健康专业人员可以随时随地与学生进行交流和干预。这样的技术平台应具备高效、稳定、安全的特点，确保在任何时间和地点都能够进行无障碍沟通。通过视频、语音或文字等多种方式，专业人员可以及时了解学生的心理状态，并提供相应的支持和帮助。在实际操作中，远程心理危机干预需要专业团队的支持。这些团队应由具备丰富经验和专业知识的心理健康专家组成，能够在第一时间对学生的心理危机做出评估和应对。他们需要接受专门的培训，掌握远程干预的技巧和方法，确保在紧急情况下能够提供有效帮助和指导。团队成员的专业素养和心理援助经验是干预机制成功的关键。

　　远程心理危机干预的实施还需要建立一套完善的应急预案。这些预案应详细规定在不同类型和程度的心理危机下，如何进行快速反应和干预。通过明确的流程和步骤，确保心理健康专业人员能够迅速启动干预措施，避免因延误而导致学生心理状况恶化。同时，应急预案还应包括后续跟踪和评估的内容，确保在初步干预后，学生能够继续得到必要的心理支持和帮助。另外，远程心理危机干预的成功实施离不开学校和家庭的共同努力。学校应建立心理危机干预的相关制度和机制，定期开展心理健康教育和培训，提高全体师生对心理危机的认识和应对能力。家庭则应积极配合学校和专业机构，关注孩子的心理健康状况，及时发现和反馈潜在的心理问题，共同营造一个支持和关爱的环境。远程心理危机干预还需要社会的广泛支持和参与。政府和社会各界应加大对心理健康服务的投入，提供必要的资金和资源支持。同时，应该通过多种形式的宣传和教育，提升全社会对心理健康的重视程度，营造一个关爱和支持心理健康的社会氛围。

（八）定期开展心理健康宣传与教育活动

　　随着互联网技术的飞速发展，利用互联网平台定期举办心理健康宣传和教育活动成为一种重要的方式。通过在线讲座、主题讨论、心理健康日等多种形式，可以普及心理健康知识，提升学生对心理健康的重视和认知。这种形式不仅具有广泛的覆盖面，还能提供便捷的参与渠道。邀请心理学专家、知名学者和临床心理师通过互联网平台开展讲座，可以使学生接触到最新的心理健康理论和实践知识。这些专家可以分享他们的研究成果和实际经验，解答学生在心理健康方面的疑问。学生可以在家中或任何方便的地方参与学习，极大地方便了知识的传播和获取。

通过设置特定的心理健康话题，如压力管理、情绪调节、人际关系等，组织学生进行在线讨论和交流，能够帮助他们深入了解这些问题，并找到解决方案。主题讨论可以采取论坛、微信群、QQ群等多种形式，鼓励学生积极参与、互相分享，增强他们对心理健康问题的理解和认同感。在特定的日期，通过互联网平台开展一系列心理健康宣传和教育活动，如专家讲座、心理测试、心理游戏等，可以引起学生对心理健康问题的关注。这种集中宣传的方式不仅能够有效传递心理健康知识，还可以营造良好的心理健康氛围，提升学生对心理健康的重视程度。

定期开展心理健康宣传与教育活动，不仅有助于普及心理健康知识，还能够增强学生的心理健康意识。通过持续不断宣传教育，学生可以逐渐形成正确的心理健康观念，学会如何应对和解决心理问题。这对于他们的学业、生活和未来的发展都具有重要意义。学校和教育机构应积极利用各种互联网平台，灵活运用多种宣传和教育形式，确保活动的丰富性和多样性。同时，应充分考虑学生的实际需求和兴趣，通过调查问卷、反馈意见等方式，不断改进和优化宣传教育内容和形式，提升活动的效果和吸引力。在开展心理健康宣传与教育活动的过程中，还应注重与家庭和社会的合作。家庭是学生心理健康的重要支持力量，学校可以向家长宣传心理健康知识，提供家庭心理健康教育的指导。社会各界也应积极参与，共同推动心理健康教育事业的发展，形成全社会关心和支持心理健康的良好氛围。

第三节　大学生心理健康的现状分析

一、心理问题识别难度大

大学生群体中，心理问题的识别难度较大。许多学生对心理健康知识了解不足，无法正确识别自己的心理问题。即使有些学生意识到自己存在心理问题，也往往因为羞耻感或者害怕被歧视而不愿意主动寻求帮助。此外，一些心理问题如轻度抑郁和焦虑，症状较为隐蔽，不易被察觉，这进一步增加了识别难度。

二、心理健康服务资源不足

尽管高校普遍设有心理咨询中心，但心理健康服务资源仍显不足。心理咨询师数量有限，难以满足全校学生的需求，特别是在考试期间和毕业季等心理压力较大的时段，心理咨询中心往往供不应求。此外，一些高校的心理健康服务覆盖面不够广，无法为所有需要帮助的学生提供及时和有效的支持。

三、心理健康教育缺乏系统性

当前，高校的心理健康教育仍然存在系统性不足的问题。许多学校虽然开展了一些心理健康讲座和宣传活动，但这些活动往往是零散的，缺乏系统性和连续性，无法形成有效的教育体系。此外，心理健康教育课程设置较少，学生接触到系统心理健康知识的机会有限，导致整体心理健康教育效果不佳。

四、学生心理压力源多且难以缓解

大学生面临的心理压力源多且难以有效缓解。学业压力、就业压力、人际关系问题、经济压力等多方面的压力常常让学生感到不堪重负。然而，学校提供的压力缓解措施和心理支持手段相对有限，许多学生难以找到有效的减压方法，长期处于高压力状态下，容易引发各种心理问题。

五、心理健康意识薄弱

尽管心理健康教育有所普及，但仍有不少大学生对心理健康问题认识不足。许多学生对心理问题存在误解，认为心理问题是"丢脸"的事情，不愿意承认和面对自己的心理困扰。这种心理健康意识的薄弱，不仅妨碍了学生主动寻求帮助，也阻碍了学校心理健康服务的有效开展。

六、数字化心理健康服务效果待验证

随着科技的发展，数字化心理健康服务逐渐被引入高校。然而，这些服务的实际效果还有待进一步验证。虽然数字化平台可以提供便捷的心理健康支持，但其隐私保护、干预效果和用户体验等方面仍存在诸多挑战。一些学生对数字化服务的信任度较低，使用意愿不强，导致其推广和应用效果有限。

七、社会支持体系不健全

大学生心理健康不仅需要学校的支持，还需要家庭和社会的共同努力。然而，目前社会支持体系还不够健全。许多家长对孩子的心理健康关注不足，缺乏必要的心理健康知识，无法提供有效的支持和帮助。社会各界对大学生心理健康问题的重视程度不够，缺乏统一协调的支持机制，导致心理健康服务和资源分散，整体效应不明显。

第四节 大学生使用互联网平台的心理健康需求

一、便捷的心理咨询服务

大学生希望通过互联网平台获得便捷的心理咨询服务。由于课业繁忙和时间不固定，许多学生难以预约和参加线下的心理咨询。因此，在线心理咨询成为他们的重要需求。互联网平台可以提供灵活的预约时间、匿名咨询和多种交流方式（如文字、语音、视频），使学生能够方便地获取专业的心理帮助。

二、多样化的心理健康资源

大学生对多样化的心理健康资源有着强烈需求。互联网平台应提供丰富的心理健康内容，包括心理学知识、应对策略、自助工具和案例分享等。这些资源可以以文章、视频、音频、互动游戏等形式呈现，满足不同学生的学习习惯和偏好。同时，平台还应定期更新内容，保持学生的持续关注和参与。

三、匿名交流与支持

隐私保护是大学生在使用心理健康服务时非常重视的一点。许多学生在面临心理问题时不愿意公开自己的身份，希望通过匿名的方式获取帮助。互联网平台可以提供匿名交流的社区或论坛，让学生可以自由表达自己的困扰，与同龄人互相支持和鼓励。这种匿名性不仅可以保护学生的隐私，还能促进他们积极参与和分享。

四、实时危机干预

在突发心理危机情况下，大学生需要互联网平台提供实时的危机干预服务。平台应设立 24 小时的紧急热线和在线即时聊天功能，确保学生在遇到心理危机时能够立即获得专业帮助。这种实时干预可以有效防止危机进一步恶化，帮助学生及时缓解心理压力，渡过难关。

五、个性化的心理健康方案

每个学生的心理健康需求和问题各不相同，互联网平台应能够提供个性化的心理健康方案。通过智能评估工具和数据分析，平台可以根据学生的心理状态、兴趣和需求，推荐合适的心理健康课程、活动和资源。个性化服务不仅能够提高学生的参与度和满意度，还可以提高心理健康干预的有效性。

六、心理健康教育与培训

大学生对系统的心理健康教育与培训有着较高的需求。互联网平台可以开展在线心理健康课程、专题讲座和工作坊，帮助学生系统学习心理健康知识，掌握应对心理问题的技巧。这些教育与培训活动应包括心理自助、情绪管理、压力应对、人际关系等多方面内容，提升学生的心理健康素养。

七、社区支持与互动

心理健康不仅需要个人的努力，也需要集体的支持。大学生希望通过互联网平台参与到一个支持性的社区中，与其他学生分享经验、互相支持。平台可以组织线上讨论、心理健康日活动、团体辅导等，促进学生之间的互动和联系，营造一个关爱和支持的心理健康氛围。

八、跟踪与评估服务

持续的心理健康跟踪与评估服务也是大学生的重要需求。互联网平台应能够提供定期的心理健康评估，跟踪学生的心理状态变化，及时发现潜在问题。通过数据分析和反馈机制，平台可以为学生提供持续的心理健康建议和支持，帮助他们长期维持良好的心理状态。

第二章　互联网平台对心理健康教育的影响

第一节　互联网平台的优势与局限

一、互联网平台的优势

（一）广泛的覆盖范围

互联网平台在当今社会中的广泛覆盖范围无疑是其最显著的优势。它突破了传统传播方式的地域限制，使信息能够在瞬间跨越国家和地区的边界，传播到全球的每一个角落。无论是一个小型企业还是个人创业者，只要通过互联网平台，就可以将自己的产品和服务展示给全球的潜在用户和客户。这种无缝连接不仅大大扩大了市场的潜力，也为各行各业提供了前所未有的商业机会。互联网平台打破了时间的限制，提供了全天候的服务。无论是白天还是黑夜，无论身处哪个时区，用户都可以随时随地访问互联网平台获取所需的信息和服务。这种全天候的可访问性极大地提升了用户体验，满足了现代社会中人们对即时性和便利性的需求。同时，企业也可以通过互联网平台实时地与客户互动，及时回应客户的问题和需求，提升客户满意度。

平台可以深入分析用户的行为和偏好，提供高度个性化的内容和服务。这种个性化的用户体验不仅增加了用户的黏性，也提高了客户的忠诚度，使企业能够更加精准地进行市场营销和业务拓展。此外，互联网平台还可以通过社交媒体、电子邮件等多种渠道进行精准的广告投放，将信息精准地传递给目标受众，最大化广告的效果和投资回报率。在线教育平台通过互联网将优质的教育资源传播到世界各地，弥合了教育资源分配不均的鸿沟，使更多的人有机会接受高质量的教育。这不仅促进了个人的发展，也推动了社会的进步。学习者可以自由选择学习时间和地点，极大地提高了学习的灵活性和效率。

不同地区、不同文化背景的人们可以通过互联网平台交流思想、分享经验、合作创新。这种全球化的交流和合作为解决全球性问题提供了新的思路和方法，推动了科技进步和社会发展。无论是在科研、文化、艺术还是商业领域，互联网平台都发挥着重要的桥梁作用，连接着全球的智慧和资源。企业通过互联网平台不仅可以开拓国际市场，还能够通过平台获取全球的最新市场动态和行业趋势，及时调整业务策略。互联网平台的实时数据分析和市场监测功能，为企业的决策提供了重要的参考，帮助企业在竞争激烈的市场中保持领先地位。此外，互联网平台的广泛覆盖还为个人创造了更多的发展机会。个人可以通过平台展示自己的才华和技能，寻找工作机会，开展创业项目，甚至成为全球网络中的一员，参与到全球化的经济活动中。这种前所未有的开放性和包容性，为个人的发展提供了无限的可能。

（二）低成本高效传播

互联网平台在信息传播和营销方面展现出显著的低成本和高效益特征。互联网平台大大降低了信息传播的物理成本。与传统的印刷媒体不同，数字化传播不需要纸张、印刷和物流等物理材料，这不仅节省了大量的资源和费用，还减少了对环境的负担。此外，互联网平台的传播速度极快，信息可以在几秒钟内传递到全球各地，无需等待印刷和配送的时间，从而大幅提升了传播效率。传统媒体的广告投放通常需要高昂的费用，如电视广告、报纸广告和户外广告等。而互联网平台通过精准的广告投放，可以将广告信息直接传递给目标受众，避免了广泛撒网式的浪费。平台能够分析用户的行为和偏好，精确定位潜在客户，从而提高广告的投放效果和投资回报率。企业可以通过互联网平台以较低的成本进行大规模的市场推广，获得更好的营销效果。

在传统媒体上发布的广告一旦印刷或播出，就难以修改和调整，而互联网平台上的广告可以根据市场反馈和数据分析进行实时调整，确保信息的准确性和时效性。这种灵活性不仅提高了广告的效果，还减少了因信息不准确或过时带来的损失。此外，互联网平台还提供了多种多样的营销工具和渠道，如社交媒体、搜索引擎优化（SEO）、内容营销和电子邮件营销等。这些工具不仅丰富了企业的营销手段，还使企业能够以较低的成本覆盖更多的受众。通过社交媒体平台，企业可以与客户进行互动，建立品牌忠诚度；通过内容营销，企业可以展示专业知识，提升品牌形象；通过电子邮件营销，企业可以直接向目标客户推送定制化的信息和优惠，增强客户黏性。

互联网平台还使得中小企业和个人创业者能够以低成本进入市场。传统媒体的高昂广告费用常常令中小企业望而却步，而互联网平台提供了相对低廉的广告投放选项，使得这些企业也能够进行有效的市场推广。个人创业者通过互联网平台可以低成本地展示自己的产品和服务，快速建立品牌知名度，甚至无需租赁实体店面，从而极大地降低了创业成本。互联网平台的高效传播还体现在数据分析和效果评估上。企业可以实时监测广告的投放效果，获取详细的数据报告，如点击率、转化率和用户行为等。这些数据不仅帮助企业评估广告的效果，还为下一步的营销策略提供了重要依据。企业可以不断优化广告投放，提高营销效率，最大化投资回报率。

（三）实时互动和反馈

互联网平台在实时互动和反馈方面展现了独特的优势。这种即时性使得企业能够迅速响应市场需求和客户问题，提高客户满意度。在传统的商业模式中，客户反馈往往通过电话、邮件或面对面的形式传达，这些方式不仅耗时长，而且效率低。而在互联网平台上，客户可以通过评论、即时消息、在线聊天等多种方式直接与企业进行沟通。这种即时的互动渠道不仅提高了客户体验，还使企业能够及时了解客户的需求和意见，迅速做出调整和改进，从而提升服务质量和客户满意度。互联网平台上的用户评价和口碑传播在很大程度上影响着其他用户的决策。当一个用户在平台上分享积极的体验或提出建设性的反馈，其他潜在客户会参考这些评价，从而对平台和企业产生信任感。这种信任感不仅有助于吸引新客户，还能够提高现有客户的忠诚度和使用频率。用户之间的互动不仅限于评价和反馈，还包括讨论、分享和推荐，这些互动行为增加了平台的活跃度和用户黏性，形成一个良性循环。

企业可以迅速收集大量用户的意见和建议，了解市场趋势和消费者偏好。这些宝贵的数据为企业的产品开发和市场策略提供了重要依据，使企业能够更加精准地定位市场，提高竞争力。与此同时，企业也可以通过平台发布调查问卷、进行在线讨论等方式，与用户进行更深入交流和互动，获取更加详尽和具体的反馈信息。通过即时通信工具，企业可以为客户提供 7x24 小时的在线支持，解决客户的疑问和问题。这样的互动不仅缩短了客户等待的时间，还增加了客户的信任和满意度。实时互动还为企业提供了与客户建立情感联系的机会，通过个性化的服务和关怀，企业可以增强客户的归属感和忠诚度。

实时反馈机制帮助企业迅速发现和解决潜在问题，防止小问题演变成大问题。在传统的商业环境中，问题的发现和解决往往存在滞后性，导致客户的不满和投诉。客户的问题可以实时反映到企业，企业能够迅速采取措施，解决问题并安抚客户情绪。这种快速响应机制不仅避免了问题的扩大化，还提升了客户的信任和满意度。互联网平台的实时互动和反馈功能还增强了用户的参与感和积极性。用户在平台上发表意见、参与讨论、提供建议，会感受到自己的声音被听到和重视。这种参与感不仅增加了用户的活跃度，还增强了用户对平台的归属感和认同感。平台也可以通过举办各种线上活动、设置奖励机制等方式，鼓励用户参与互动和反馈，进一步提升平台的活跃度和用户黏性。

（四）数据驱动的决策支持

互联网平台能够收集海量的用户数据，这些数据涵盖了用户的行为、偏好、消费习惯等各个方面。通过大数据分析，企业可以从中挖掘出有价值的信息和洞见。这些数据不仅能够反映用户的当前需求和行为模式，还能帮助企业预测未来的市场趋势和用户需求，从而制定更加精准和有效的市场策略。通过对用户反馈和使用数据的分析，企业可以发现产品和服务中的不足之处，并及时进行改进。例如，电商平台可以通过分析用户的浏览和购买记录，了解哪些产品最受欢迎，哪些产品存在问题，从而优化商品推荐和库存管理。服务行业可以通过分析客户的评价和反馈，改进服务流程和质量，提高客户满意度和忠诚度。

数据驱动的决策支持还可以提升企业的市场竞争力。在激烈的市场竞争中，数据分析能够帮助企业快速反应，抓住市场机遇。通过实时监测市场动态和竞争对手的动向，企业可以及时调整市场策略，避免被动局面。同时，数据分析还可以帮助企业识别市场中的潜在机会和威胁，提前做好应对措施，从而在竞争中占据有利位置。此外，互联网平台的数据分析还能够提供精确的市场预测和战略规划。通过对历史数据的分析，企业可以预测未来的市场需求和趋势，制定长期的发展战略。例如，零售企业可以通过对季节性销售数据的分析，预测未来的销售高峰和低谷，从而制定合理的采购和库存计划。金融企业可以通过对市场行情和交易数据的分析，预测市场的波动和风险，制定相应的投资策略和风险管理措施。

互联网平台的数据分析能力还可以帮助企业进行精准的客户细分和营销。通过对用户数据的分析，企业可以将客户群体进行细分，根据不同客户群体的需求和偏好，制定差异化的营销策略。例如，电商平台可以根据用户的购买历史和浏览记录，向不同的客户群体推荐个性化的产品和服务，提高营销效果和客户满意度。社交媒体平台可以根据用户的兴趣和行为，推送定制化的内容和广告，提高用户的参与度和广告的转化率。通过对运营数据的分析，企业可以优化资源配置和业务流程，降低运营成本。例如，物流企业可以通过对运输数据的分析，优化运输路线和调度计划，提高运输效率和准时率。制造企业可以通过对生产数据的分析，优化生产流程和设备维护计划，提高生产效率和产品质量。

数据驱动的决策支持还能够帮助企业进行创新和研发。通过对市场和用户数据的分析，企业可以发现新的需求和市场空白，推动产品和服务的创新。例如，科技企业可以通过对用户使用数据的分析，了解用户对新技术和新产品的接受度，从而进行技术创新和产品研发。医药企业可以通过对临床数据和患者反馈的分析，开发新药和改进治疗方案，提高医疗水平和患者满意度。

（五）多样化的商业模式

互联网平台为企业提供了多种商业模式的可能性，使其能够灵活选择最适合自身发展的盈利方式。广告收入是许多互联网平台的重要收入来源。通过展示广告、搜索广告和社交媒体广告等形式，企业能够将其产品和服务推广给广泛的受众。互联网平台利用大数据和精准投放技术，可以将广告精确传递给目标用户，提高广告的效果和投资回报率。这种商业模式适用于用户流量大、访问频繁的平台，如搜索引擎、社交媒体和新闻网站等。通过提供优质的内容或独特的服务，平台可以吸引用户支付订阅费用以获得持续的服务。例如，流媒体平台通过提供电影、电视剧和音乐等内容，吸引用户订阅；在线教育平台通过提供专业课程和培训服务，吸引用户付费学习。订阅服务模式不仅为平台提供了稳定的收入来源，还能通过高质量的内容和服务提高用户的忠诚度和留存率。

通过搭建在线商城，企业可以直接面向消费者销售产品和服务。这种模式不仅减少了中间环节，降低了运营成本，还扩大了市场覆盖范围，使企业能够接触到全球的潜在客户。电子商务平台通常还提供多种辅助工具和服务，如支付系统、物流配送和客户服务等，帮助企业简化销售流程，提高运营效率。此外，社交电商和直播带货等新兴电子商务形式，也为企业提供了更多的市场机会。通过与其他企业建立合作关系，平台可以拓展业务领域，丰富产品和服务种类。例如，一些互联网平台通过与品牌商合作，开展联合营销活动，提升品牌影响力和市场份额；一些技术平台通过与软件开发商合作，提供集成解决方案，提升产品的竞争力和用户体验。合作伙伴关系不仅可以为平台带来直接的经济收益，还能通过资源共享和协同效应，实现更大的市场拓展和业务增长。

互联网平台还可以通过数据服务、技术授权和增值服务等多种方式实现盈利。数据服务是利用平台收集的海量数据，为企业提供市场分析、用户行为分析等专业服务，帮助企业制定更加科学的市场策略和决策。技术授权是将平台的核心技术授权给其他企业使用，如云计算服务、人工智能技术等，获取授权费用和服务费用。增值服务是指平台在基础服务的基础上，提供额外的高级服务或个性化服务，收取相应的费用。例如，一些互联网平台提供高级会员服务，用户支付额外费用可以享受无广告、优先服务等特权。多样化的商业模式使得互联网平台能够根据自身情况和市场需求灵活选择最适合的盈利方式，实现业务目标。这种灵活性不仅提升了平台的经济效益，还增强了平台的市场竞争力和抗风险能力。平台可以通过不断创新商业模式，探索新的市场机会，保持业务的持续增长和发展。

（六）更高的用户参与度

社交媒体的普及使得用户能够随时随地分享自己的生活、观点和兴趣，从而形成强大的社交网络。这种高频次的互动不仅增加了用户对平台的黏性，还使得平台上的内容不断更新，充满活力。用户在社交媒体上发布的照片、视频、评论等，都是平台宝贵的内容资源，不仅丰富了平台的内容库，还吸引了更多用户的关注和参与。互联网平台通过论坛和在线社区的形式，进一步增强了用户的互动性和参与度。在论坛和社区中，用户可以就某一特定话题展开讨论，分享经验和见解。这种交流不仅满足了用户的社交需求，还使他们在互动中获得了知识和乐趣。例如，技术论坛可以汇集大量专业人士分享技术经验和解决方案，兴趣社区可以让志同道合的人分享爱好和活动。这种用户生成内容（UGC）不仅为平台提供了丰富的内容资源，还增加了平台的专业性和权威性。

UGC不仅增加了内容的多样性和丰富性，还能为其他用户提供参考和帮助。通过阅读和参考其他用户的内容，新用户可以更快地了解平台的功能和价值，从而提升他们的使用体验和参与意愿。此外，UGC还能够反映用户的真实需求和意见，帮助平台更好地了解用户，优化产品和服务。平台可以通过分析用户生成内容，发现用户的偏好和痛点，从而进行针对性改进和调整。为了进一步提升用户参与度，互联网平台还推出了各种激励机制。例如，许多平台通过积分、徽章、排行榜等方式激励用户参与和贡献内容。这些激励机制不仅增加了用户的参与积极性，还增强了他们的成就感和归属感。用户在获得奖励和认可的同时，更愿意持续地参与平台活动，贡献优质内容。此外，一些平台还通过定期举办线上活动和竞赛，吸引用户参与和互动。这些活动不仅增加了平台的活跃度，还为用户提供了展示自我和互动交流的机会。

更高的用户参与度不仅有助于增加平台的活跃用户数，还能提升平台的整体价值。通过积极参与和互动，用户在平台上建立了强大的社交关系和信任网络，这不仅提高了用户的留存率，还吸引了更多新用户的加入。平台上活跃的用户社区和丰富的内容资源，也吸引了更多的广告主和合作伙伴，增加了平台的商业价值。同时，用户参与度的提升还为平台的产品开发和服务改进提供了重要的反馈和数据支持。通过分析用户的行为数据和互动内容，平台可以更好地了解用户的需求和偏好，及时调整和优化产品和服务。用户的积极反馈和建议也为平台的创新和发展提供了宝贵的灵感和参考。

（七）快速创新和迭代

互联网平台使企业能够迅速测试和调整产品或服务，从而大幅缩短了产品开发周期。在传统的产品开发流程中，从概念设计到产品上市往往需要经历漫长的周期，包括市场调研、产品设计、生产测试等多个环节。企业可以通过发布测试版或小范围试用，快速收集用户反馈，根据反馈进行及时调整和优化。这种快速迭代的方式，不仅加速了产品的开发进程，还确保了产品更符合用户需求和市场趋势。互联网平台提供了丰富的工具和资源，支持企业进行快速创新和实验。通过平台提供的开发工具、数据分析和用户反馈系统，企业可以低成本地进行各种创新实验。例如，互联网平台上的 A/B 测试功能，使企业能够同时测试多个版本的产品或服务，比较其效果，选择最优方案进行推广。这样，企业可以在短时间内进行多次实验和调整，快速找到最佳解决方案，提高产品和服务的质量和竞争力。

市场环境和用户需求在不断变化，企业需要具备快速响应的能力才能保持竞争优势。互联网平台使企业能够实时监测市场动态和用户行为，及时发现市场变化和用户需求的变化。通过快速迭代，企业可以迅速调整市场策略和产品设计，满足用户的新需求，抢占市场先机。例如，当用户的兴趣和偏好发生变化时，企业可以通过互联网平台及时调整广告投放策略和产品推荐，提高营销效果和用户满意度。平台上的用户和开发者可以自由分享经验、交流思想、合作创新，这种开放的生态环境为企业提供了丰富的创意和资源。通过与用户和合作伙伴的紧密互动，企业能够获取更多的创新灵感和市场洞察，加速创新进程。例如，开源社区的共享和协作使得企业能够快速获取和应用最新的技术成果，降低研发成本，提高创新效率。

在瞬息万变的市场环境中，企业需要具备迅速调整和适应的能力才能应对各种挑战和机遇。互联网平台的快速迭代使企业能够灵活应对市场变化，及时调整战略和战术，保持市场竞争力。企业可以通过快速试错，不断优化产品和服务，确保始终处于市场的领先地位。此外，快速的创新和迭代还带来了显著的经济效益。通过缩短产品开发周期和加速市场响应，企业可以更快地将产品推向市场，获取收益。快速迭代还使企业能够及时纠正错误，避免长期积累的问题和损失，提高资源利用效率和经济效益。例如，互联网金融平台通过快速迭代，不断优化用户体验和风险控制，迅速拓展市场，取得了显著的商业成功。

二、互联网平台的局限

（一）数据隐私和安全问题

互联网平台的大规模数据收集和处理不可避免地带来了隐私和安全隐患。用户在互联网平台上留下的大量个人信息和行为数据，极易成为不法分子窃取和滥用的目标。这些数据一旦落入黑客之手，可能被用于身份盗窃、金融欺诈等犯罪活动，给用户造成严重的隐私泄露和财产损失。互联网平台本身的安全漏洞也成为数据泄露的重大隐患。尽管许多平台采取了多层次的安全防护措施，但由于技术复杂性和不断变化的网络攻击手段，完全杜绝安全漏洞几乎是不可能的。一旦平台的数据库被攻破，大量敏感信息将被泄露，可能涉及数百万用户，影响范围广泛。这样的安全事件不仅损害用户的信任，还会对平台自身的声誉和业务造成难以估量的损失。

许多平台在数据收集和处理时，缺乏透明度和必要的安全防护措施，导致用户数据在传输和存储过程中暴露于风险之中。例如，一些平台在数据加密、访问控制和日志审计等方面的不足，增加了数据被截获和篡改的可能性。这些隐患如果不及时解决，可能引发严重的数据泄露事件。除了技术层面的风险，数据隐私和安全问题还涉及法律和监管的挑战。不同国家和地区对数据保护的法律法规各不相同，互联网平台需要在全球范围内遵守不同的法律要求，增加了数据管理的复杂性。一些平台由于合规意识不足或疏于管理，可能面临法律诉讼和巨额罚款，进一步加剧了数据隐私和安全问题的严重性。

（二）信息过载和虚假信息

互联网平台上的信息量巨大，用户常常面临信息过载的困境，难以有效地筛选出有用的信息。每天数以百万计的新内容在各种平台上涌现，用户在海量信息中寻找所需内容时，往往感到无所适从。这种信息过载不仅耗费了用户大量的时间和精力，还可能导致信息筛选效率低下，使用户难以获取真正重要和有价值的信息。此外，互联网平台上的虚假信息、谣言和误导性内容泛滥，也给用户带来了极大的困扰和风险。这些虚假信息常常伪装成真实的新闻和报告，以迷惑用户，误导其判断和决策。社交媒体上的假新闻和谣言传播速度尤其快，常常在短时间内引发广泛关注和讨论，进而对公众舆论产生重大影响。例如，虚假医疗建议和谣言的传播导致公众恐慌，甚至影响到社会的正常秩序。

虚假信息的泛滥不仅影响个人的决策，还可能引发更为广泛的社会问题和矛盾。当谣言和误导性内容在社交媒体上广泛传播时，往往会引发公众的误解和对立，甚至导致社会分裂和冲突。特别是在政治敏感时期，虚假信息的传播更是容易被别有用心的人利用，煽动公众情绪，干扰社会秩序。面对信息过载和虚假信息的问题，互联网平台需要采取有效的应对措施。一方面，平台可以通过技术手段，如算法优化和人工智能，帮助用户过滤和推荐高质量的信息，提升信息获取的效率和准确性。另一方面，平台应加强对虚假信息的监控和治理，建立健全的信息审核机制，及时识别和处理虚假内容，减少其传播范围和影响。

（三）依赖算法导致的偏见

互联网平台在内容推荐和广告投放中广泛依赖算法，尽管这种方式提高了效率，但也带来了显著的偏见和歧视问题。算法依赖于历史数据和用户行为，这些数据中往往包含了已有的偏见和不平等。例如，如果某类用户在过去的行为中表现出特定的偏好，算法就会倾向于继续推荐相似的内容，从而强化原有的偏见。这种机制不仅会加剧信息的不平衡，还可能使某些群体受到不公平对待和忽视。依赖算法的内容推荐容易导致信息茧房效应。算法根据用户的历史行为和兴趣进行推荐，虽然能提供用户感兴趣的内容，但也使用户接触到的信息更加单一化。长期以来，用户接收到的都是符合其既有观点和偏好的信息，难以获得多样化的视角和观点。这种信息茧房效应不仅限制了用户的认知范围，还可能导致极端化思维和意见的形成，使社会变得更加分裂和对立。

基于用户的行为和偏好，算法可以精准地投放广告，虽然这种方式提高了广告的效率，但也可能导致歧视性结果。例如，某些职业和教育机会的广告可能更多地投放给某些特定群体，而忽视了其他群体，这样不仅会加剧社会的不平等，还可能违反法律法规和道德准则。为了应对算法导致的偏见问题，互联网平台需要采取多方面的措施。一方面，平台应该加强对算法的透明度和问责机制，确保算法的设计和应用符合公平和公正的原则。另一方面，平台可以引入多样化的数据和视角，避免过度依赖历史数据，通过引入外部审计和监督机制，及时发现和纠正算法中的偏见和歧视。

（四）网络霸权和垄断

大型互联网平台利用其资本和技术优势，逐渐形成了市场垄断，严重抑制了市场竞争和创新。这些平台凭借雄厚的资金和先进的技术，能够迅速扩展业务，获取大量用户，建立起难以逾越的市场壁垒。中小企业和创业者在面对这些巨头时，往往因资源有限和技术劣势而难以竞争，市场进入变得更加困难。这种情况不仅限制了新兴企业的发展空间，还阻碍了整个行业的创新活力。垄断平台通过操控信息流和用户数据，可能谋取不正当利益，进一步加剧了市场的不公平。拥有巨大用户数据的垄断平台，能够精准掌握用户的偏好和行为，从而在广告投放和产品推荐中占据优势。这种数据优势不仅使垄断平台能够轻松主导市场，还可能导致数据隐私问题。用户在享受平台服务的同时，个人隐私和数据安全却面临着被滥用的风险。

垄断平台可能利用其市场控制力，制定不公平的交易条件，压低供应商和合作伙伴的利润空间。这样的做法不仅损害了其他企业的利益，还破坏了市场的健康生态。例如，一些垄断平台通过提高入驻费和抽成比例，增加了中小企业的经营成本，削弱了其市场竞争力。长此以往，市场将失去多样性和活力，消费者的选择也会变得单一和受限。大型平台由于已经占据了市场主导地位，缺乏继续创新的动力，可能更多地关注现有市场份额的维护和扩大，而不是技术和服务的革新。这种情况不仅影响了整个行业的发展进程，还可能使市场陷入僵化状态，无法适应快速变化的用户需求和技术进步。为了应对网络霸权和垄断问题，监管机构需要加强对互联网平台的监管和反垄断执法。一方面，应该通过立法和政策措施，防止大型平台滥用市场支配地位，确保市场竞争的公平性和透明性。另一方面，鼓励和支持中小企业和创业者，通过提供资金、技术和市场准入等方面的支持，降低市场进入壁垒，促进市场多样化和创新。

（五）社交隔离和心理健康问题

尽管互联网平台在促进线上社交方面发挥了重要作用，但也不可忽视其导致线下社交减少和社交隔离感的潜在风险。首先，随着人们越来越多地依赖互联网平台进行交流和互动，面对面的社交机会显著减少。这种趋势导致了社交隔离感的增加，人们可能会感到孤独和疏离，因为线上互动无法完全替代面对面的情感交流和身体语言的传递。过度依赖互联网可能导致一系列心理健康问题，包括焦虑、抑郁和网络成瘾。许多人花费大量时间在社交媒体、游戏和其他在线活动上，忽视了现实生活中的责任和社交需求。这种行为模式不仅削弱了现实中的社交能力，还可能导致心理压力和情绪问题的增加。

平台上的负面信息和网络暴力也对用户的心理健康产生了严重的不良影响。互联网的匿名性和虚拟性使得一些用户更容易发表攻击性和伤害性的言论，网络暴力因此频繁发生。这些负面信息不仅影响了受害者的心理健康，甚至可能导致严重的情绪困扰和精神疾病。长期暴露在负面信息和网络暴力环境中的用户，其心理健康状况可能会显著恶化。此外，社交媒体上的虚假生活展示和过度比较也会对用户的心理健康产生负面影响。许多人在社交媒体上展示的是经过美化和筛选的生活片段，容易导致其他用户产生自卑和不满情绪。不断地与他人的理想化生活进行比较，会增加焦虑和抑郁的风险，特别是对于青少年和心理承受能力较弱的用户。为应对这些问题，互联网平台需要采取积极的措施。一方面，平台可以引导用户合理分配线上和线下社交时间，鼓励更多面对面的互动和真实的情感交流。另一方面，平台应加强对负面信息和网络暴力的监控和治理，提供心理健康支持和咨询服务，帮助用户应对和缓解心理压力。

（六）内容质量和监管挑战

互联网平台上的内容质量参差不齐，低质量和不健康的内容泛滥成灾，严重影响了用户体验和平台的整体声誉。由于互联网的开放性和广泛性，任何人都可以轻松发布信息，这导致了大量未经验证、缺乏深度和质量的内容充斥平台。这些内容不仅浪费用户的时间，还可能误导用户，影响其决策和判断。此外，平台在内容监管和审查方面面临着巨大的挑战。一方面，平台需要保护言论自由，确保用户能够自由表达自己的观点和意见。另一方面，平台又必须防止有害内容的传播，包括虚假信息、仇恨言论、暴力内容等。这种平衡非常困难，因为过度审查可能会引发用户的不满和抗议，而监管不力又可能导致有害内容的泛滥，危及社会稳定和安全。

全球范围内的内容监管难题更是增加了平台的管理难度。不同国家和地区的法律法规各不相同，对内容的要求和限制也有很大差异。例如，某些国家对政治内容有严格的监管要求，而另一些国家则对色情和暴力内容有更严格的限制。平台必须在遵守当地法律的同时，制定统一的内容政策，这在实际操作中极具挑战性。平台还需要面对技术上的挑战。随着内容的不断增长，人工审核已经无法满足需求，平台必须依赖算法和人工智能进行内容审查。然而，现有的算法在识别和处理复杂的内容时仍存在局限性，可能出现误判和漏判的情况。这不仅会导致有害内容的传播，还可能误伤无辜用户，影响其正常使用体验。为解决这些问题，互联网平台需要采取多管齐下的策略。一方面，可以加强内容创作者的审核和培训，提高内容的整体质量；另一方面，可以利用更先进的技术手段，提升内容审核的准确性和效率。此外，平台还应建立健全的用户反馈机制，及时发现和处理有害内容，确保平台内容的健康和安全。

（七）技术和设备依赖

互联网平台的使用高度依赖于先进的技术和设备，这对用户提出了较高的要求。用户需要具备一定的技术知识才能顺利使用这些平台，这对于技术不熟悉的人来说是一个显著的障碍。尤其是老年人和低技术水平的用户群体，他们在操作互联网平台时可能遇到困难，从而影响其使用体验和满意度。互联网平台的访问和使用还需要可靠的设备支持。这意味着用户需要拥有功能齐全的计算机、智能手机或平板电脑等设备。然而，对于经济条件较差的用户来说，购买和维护这些设备可能是一个沉重的负担。这种设备依赖性加剧了数字鸿沟，使得部分用户难以享受互联网带来的便利和服务。此外，网络连接的不稳定性也对互联网平台的使用构成了挑战。在偏远地区或网络基础设施不完善的地方，网络连接速度慢且不稳定，用户在访问互联网平台时常常遇到加载缓慢、视频卡顿等问题，严重影响了用户体验。这不仅阻碍了用户获取信息和服务，还可能导致用户对平台的信任度下降。

硬件问题如电池损耗、屏幕损坏或存储空间不足等，都会影响用户正常使用互联网平台的能力。而维修和更换设备的成本对于许多用户来说也是一笔不小的开支。此外，软件更新和兼容性问题也可能导致用户在使用互联网平台时遇到麻烦。频繁的软件更新可能带来新的功能和安全补丁，但也可能引入新的问题和不兼容性，增加了用户的使用难度。为了应对这些挑战，互联网平台和相关企业需要采取措施来降低技术和设备依赖对用户的影响。一方面，可以通过提供简化和用户友好的界面，降低使用门槛，使得更多人能够轻松上手。另一方面，可以推出经济实惠的设备和服务选项，帮助经济条件较差的用户获得必要的设备支持。此外，平台和运营商应不断提升网络基础设施，确保网络连接的稳定和高速，为用户提供更好的使用体验。

第二节 互联网平台对大学生心理健康的正面影响

一、提供心理健康资源和支持

通过在线咨询、心理健康网站和应用程序，学生可以随时随地获取专业的心理健康知识和帮助。这些平台为学生提供了便捷的渠道，让他们可以在任何需要的时候获得所需的支持和指导，无论是在学业压力增加时，还是在个人情感问题困扰时，互联网平台都能提供及时的帮助和资源。此外，许多互联网平台提供了在线心理咨询服务，学生可以匿名与心理医生或心理咨询师进行交流。这种匿名性大大降低了学生寻求帮助的心理障碍，使他们更容易向专业人士敞开心扉，分享内心的困惑和压力。学生可以在一个安全、无压力的环境中获得专业的心理辅导和支持，从而减轻心理负担和情绪压力，提升心理健康水平。

互联网平台上的在线自助工具和心理健康课程也为学生提供了自我管理和提升心理健康的有效途径。这些自助工具包括心理健康评估、情绪管理技巧、压力缓解方法等，帮助学生更好地理解自己的心理状态，并提供具体的建议和策略来应对各种心理问题。心理健康课程则通过系统学习和训练，帮助学生建立健康的心理习惯，提高应对压力和挑战的能力。另外，互联网平台还为大学生提供了丰富的心理健康教育资源。通过心理健康网站和应用程序，学生可以学习到各种与心理健康相关的知识和技能。例如，了解常见的心理问题及其症状，学习如何识别和应对焦虑、抑郁等情绪问题，掌握有效的情绪调节和压力管理技巧。这些知识不仅帮助学生更好地理解自己的心理状态，还为他们提供了科学的应对策略。

除了提供直接的心理健康支持和资源，互联网平台还为大学生搭建了一个交流和分享的平台。通过在线社区和论坛，学生可以与其他有相似经历和问题的同龄人进行交流和分享，互相支持和鼓励。这种交流和互动不仅可以帮助学生减轻孤独感和压力，还可以增强他们的自我认同感和归属感，有助于提升心理健康。此外，互联网平台还通过举办各类心理健康活动和讲座，进一步提升学生的心理健康意识和技能。例如，举办心理健康主题的线上讲座和工作坊，邀请心理学专家分享专业知识和经验；组织线上心理健康挑战赛，鼓励学生参与各种心理健康活动和练习；通过这些活动，学生不仅可以获得专业的指导和支持，还可以通过参与活动提升自我管理和应对能力，增强心理韧性。

由于社交隔离和远程学习等因素，许多学生面临前所未有的心理压力和挑战。互联网平台通过提供在线心理咨询、心理健康资源和支持活动，帮助学生在特殊时期保持心理健康。例如，通过在线咨询和心理辅导，帮助学生应对孤独感和焦虑情绪；通过提供心理健康课程和自助工具，帮助学生建立健康的生活习惯和心理调适方法；通过组织线上社交活动和支持小组，帮助学生维持社会联系和情感支持。互联网平台还在推动心理健康研究和创新方面发挥了重要作用。通过收集和分析用户的心理健康数据，研究人员可以更好地了解大学生的心理健康状况和需求，开发更加有效的干预措施和解决方案。这种数据驱动的研究不仅有助于提升心理健康服务的质量和效果，还为政策制定者提供了重要的依据和参考，推动心理健康政策和服务的不断优化和完善。

二、促进社会支持和情感交流

互联网平台在促进社会支持和情感交流方面为大学生提供了广泛的社交网络和交流渠道。通过社交媒体，大学生可以轻松地与同龄人分享生活和学习中的困惑与压力。平台如微信、微博、Instagram 等，允许学生随时随地发布动态、分享照片和视频，表达情感和想法。这样的互动不仅帮助学生释放压力，还能在相似经历的朋友间找到共鸣和理解，增强彼此的情感联系。平台如豆瓣、贴吧、Reddit 等，为学生提供了讨论和交流的空间。学生可以在这些社区中找到兴趣相投的群体，讨论各种话题，从学术问题到个人成长，从兴趣爱好到情感困惑。在这些交流中，学生不仅能获取有用的信息和建议，还能感受到来自集体的支持和温暖，缓解孤独感和社交隔离感。

互联网平台的即时通信工具，如 QQ、Skype、Zoom 等，使得学生能够随时进行实时交流。无论是与朋友视频聊天，还是参与线上小组讨论，学生都可以在互联网上找到与他人互动的机会。这种即时性交流打破了时间和空间的限制，使得学生即使身处不同地点，也能保持密切联系和互动。这种实时的情感交流，对学生的心理健康和社交生活有着积极影响。互联网平台还通过各种线上活动和社交游戏，促进大学生的情感交流和社会支持。例如，许多平台定期举办线上讲座、兴趣小组活动和社交游戏，吸引学生参与。这些活动不仅提供了学习和娱乐的机会，还为学生提供了结交新朋友、建立新联系的渠道。在参与这些活动的过程中，学生能够体验到团队合作的乐趣，获得来自同伴的支持和鼓励，增强了自信心和归属感。

在面对学业和生活压力时，互联网平台也为大学生提供了寻求帮助和支持的渠道。许多学生在遇到困惑和困难时，会在社交媒体和在线社区中寻求建议和安慰。通过匿名或实名的方式，学生可以坦诚地表达自己的情感和困惑，获取来自他人真诚的建议和支持。这种情感交流和支持，不仅帮助学生缓解压力，还能增强他们的心理韧性和应对能力。此外，互联网平台在帮助学生维持和加强家庭联系方面也发挥了重要作用。远离家乡的大学生，尤其是国际学生，通过互联网平台可以随时与家人保持联系，分享生活点滴，获得来自家庭的情感支持。视频通话、语音聊天和即时消息等功能，使得学生即使身处异地，也能感受到家庭的温暖和支持。这种家庭联系的维持，对学生的心理健康和情感稳定有着积极的影响。

大学生还可以参与各种公益和志愿者活动，拓展社交圈子，获得更多的社会支持。许多平台提供了公益项目和志愿者活动的在线报名和参与渠道，学生可以根据自己的兴趣和时间安排，选择参与这些活动。在这些公益和志愿者活动中，学生不仅能够帮助他人，还能结识志同道合的朋友，增强社会责任感和归属感。这种积极的社会参与，对学生的情感交流和心理健康有着积极促进作用。

三、提供学习和成长的机会

互联网平台为大学生提供了丰富的学习资源和成长机会，极大地拓展了他们获取知识和技能的渠道。通过在线课程和讲座，学生可以随时随地学习各种学科的最新知识和前沿技术。例如，MOOCs（大规模开放在线课程）平台如 Coursera、edX 和国内的慕课网，提供了来自全球顶尖大学和机构的优质课程，涵盖广泛的学科领域。学生不仅可以根据自己的兴趣和需求选择课程，还可以根据个人进度灵活安排学习时间。这种自主性和灵活性使得学生能够更加高效地利用时间，提升学习效果。此外，互联网平台上的学术资源丰富多样，为大学生提供了广泛的学术支持和研究资料。电子图书馆、在线期刊和学术数据库，如 Google Scholar、JSTOR 和中国知网，为学生提供了海量的学术文献和研究资料，方便他们进行学术研究和论文写作。通过这些资源，学生可以深入了解各自领域的最新研究成果和发展动态，提升学术水平和研究能力。同时，平台还提供了各种学术工具和软件，如文献管理软件、数据分析工具等，帮助学生更好地进行学术研究和数据处理。

互联网平台还通过提供在线讨论和互动平台，促进学生之间的学术交流和合作。例如，许多在线课程和学术平台设有讨论区和论坛，学生可以在这里与同学和教师交流讨论，分享学习心得和研究经验。这种互动不仅可以加深学生对知识的理解，还能培养他们的团队合作和沟通能力。在学术交流的过程中，学生可以获得来自不同背景和视角的启发，提升自己的学术思维和创新能力。大学生还可以参与各种职业规划和就业指导活动。许多平台提供了职业规划测试、职业咨询和就业指导课程，帮助学生了解自己的职业兴趣和优势，制定合理的职业发展计划。职业导师和行业专家通过在线讲座和一对一咨询，为学生提供职业建议和指导，帮助他们更好地应对职业选择和就业市场的挑战。同时，平台上的实习和就业信息发布，也为学生提供了丰富的就业机会和职业发展路径，帮助他们积累工作经验，提升就业竞争力。

互联网平台还为学生提供了参加各种技能培训和认证课程的机会。例如，编程、数据分析、市场营销等职业技能培训课程，可以帮助学生掌握实用的职业技能。许多平台还提供行业认证考试和资格认证，如PMP（项目管理专业人士认证）、CFA（特许金融分析师认证）等，帮助学生获得行业认可的专业资格，增加职业发展的机会和优势。通过完成在线课程、获得认证和参与学术研究，学生可以不断看到自己的进步和成果，增强自信心和自我认同感。这种积极的学习体验，有助于减轻学生的焦虑和抑郁等负面情绪。同时，互联网平台还通过设立学习目标、提供学习进度追踪和奖励机制，激励学生持续努力和进步，增强学习的动力和积极性。

互联网平台还提供了丰富的创业和创新资源，鼓励大学生探索创业和创新的机会。许多平台提供创业指导、创业课程和创业项目孵化器，帮助学生了解创业知识和技能，培养创业精神和创新思维。创业导师和成功企业家通过在线讲座和一对一指导，为学生提供创业建议和支持，帮助他们克服创业初期的困难和挑战。同时，平台上的众筹和投资信息发布，也为学生提供了创业资金和资源支持，助力他们实现创业梦想。

四、提供娱乐和放松的途径

通过观看视频，学生可以在繁忙的学习生活中找到轻松和愉快的时刻。各种视频平台如 YouTube、Bilibili 和 Netflix，提供了海量的影视剧、综艺节目、纪录片和短视频内容。学生可以根据自己的兴趣选择观看内容，从而有效地放松身心。观看搞笑视频或喜欢的剧集，可以迅速调节情绪，减轻学习带来的压力，带来愉悦和满足感。音乐流媒体平台如 Spotify、Apple Music 和网易云音乐，提供了丰富的音乐资源和个性化推荐服务。学生可以在学习间隙或闲暇时刻，听自己喜欢的音乐，享受片刻的宁静和放松。音乐不仅能带来情感上的共鸣，还能通过节奏和旋律调节心情，帮助学生缓解焦虑和压力。

各种在线游戏和手机游戏，如《英雄联盟》《王者荣耀》和《和平精英》等，为学生提供了丰富多彩的游戏体验。游戏不仅可以带来乐趣，还能通过挑战和成就感提升玩家的自信心和满足感。多人在线游戏还提供了社交互动的机会，学生可以与朋友或陌生人一起游戏，增强社交联系。此外，互联网平台上的在线活动也为学生提供了多种放松和娱乐的选择。例如，各种线上演唱会、直播节目和虚拟旅游活动，吸引了大量学生参与。这些活动不仅带来娱乐和放松，还为学生提供了新的体验和视角，丰富了他们的课余生活。参与这些活动，学生可以暂时忘却学习和生活中的压力，享受轻松愉快的时光。

互联网平台还通过提供各种创作和分享工具，激发学生的创意和兴趣，带来乐趣和放松。例如，短视频平台如抖音、快手等，允许用户创作和分享自己的视频内容。学生可以通过拍摄和剪辑视频，展示自己的才艺和创意，获得成就感和满足感。创作和分享的过程不仅带来乐趣，还能帮助学生释放压力，调节情绪，提升心理健康。此外，互联网平台上的社交功能也为学生提供了情感交流和支持的途径。通过社交媒体、在线社区和论坛，学生可以与朋友和同龄人分享生活中的趣事和烦恼，获得情感支持和理解。这种互动不仅可以带来心理上的安慰和满足，还能增强学生的社交联系和归属感，减轻孤独感和压力。互联网平台的娱乐和放松功能显得尤为重要。由于社交隔离和封闭管理，许多学生无法进行正常的线下娱乐和社交活动，互联网平台成为他们主要的娱乐和放松渠道。通过观看在线课程、参与虚拟活动和玩游戏，学生可以在封闭的环境中找到放松和乐趣，减轻因疫情带来的焦虑和压力。

五、增强心理健康意识

互联网平台通过传播心理健康知识，提高了学生对心理健康的重视和认知。许多心理健康网站和应用程序提供了丰富的心理健康信息，包括常见心理问题的识别、应对策略、预防措施等。学生可以方便地访问这些资源，了解心理健康的重要性和相关知识，从而增强自我保护和管理的能力。互联网平台通过心理健康教育和宣传活动，帮助学生学习自我关爱和他人关怀的技巧。例如，一些平台定期举办心理健康讲座和工作坊，邀请心理学专家和专业人士分享专业知识和实用技巧。这些活动不仅提供了科学的心理健康知识，还教会学生如何在日常生活中关爱自己和他人，增强心理健康的维护能力。通过参与这些教育和宣传活动，学生可以掌握更多的心理健康技能，更好地应对生活中的各种压力和挑战。

互联网平台还利用社交媒体的广泛影响力，积极传播心理健康相关内容。例如，通过发布心理健康相关的文章、视频和图文信息，平台向广大学生传递积极的心理健康理念和实用的心理健康技巧。社交媒体上的心理健康宣传不仅形式多样，内容丰富，还能够迅速传播和广泛覆盖，吸引更多学生关注和参与。这种广泛的宣传有助于提高学生对心理健康的认知水平，增强他们的心理健康意识。此外，互联网平台还通过创建心理健康在线社区和支持小组，为学生提供一个互相支持和交流的空间。在这些社区中，学生可以分享自己的心理健康经历和感受，获得来自同龄人的理解和支持。同时，专业心理咨询师和志愿者也会在社区中提供指导和帮助，解答学生的疑问，提供实用的建议。通过参与这些在线社区和支持小组，学生可以更早地识别和应对心理问题，促进心理健康的维护和改善。

互联网平台还通过开展心理健康挑战和活动，激励学生关注和重视自己的心理健康。例如，一些平台会举办心理健康月活动，组织各种线上心理健康挑战赛，如每日冥想打卡、情绪管理技巧分享等。这些活动不仅形式有趣，吸引学生积极参与，还能通过具体的行动帮助学生养成健康的心理习惯。学生不仅可以获得心理健康方面的知识和技能，还能通过完成挑战增强自信心和成就感。互联网平台通过提供丰富的心理健康资源和在线支持，帮助学生应对疫情带来的心理困扰。例如，通过在线心理咨询、心理健康课程和支持小组，学生可以获得专业的心理帮助和支持，缓解因疫情带来的焦虑和压力。同时，平台还积极传播心理健康相关的科普知识和防护措施，增强学生的心理健康意识，帮助他们更好地适应疫情带来的变化。

六、提供匿名表达和求助的途径

互联网平台在为大学生提供匿名表达和求助的途径方面，发挥了重要作用。匿名社交应用的出现，为学生提供了一个安全的空间，使他们可以在不透露个人身份的情况下表达自己的困惑和痛苦。应用如 NGL、匿名树洞、秘密等，允许用户匿名发布心声和问题，其他用户可以匿名回复和提供建议。这种匿名性极大地降低了学生在求助时的心理障碍，使他们能够更自由地表达内心的感受和需求。互联网平台上的心理健康论坛和支持小组也为学生提供了匿名求助的机会。平台如知乎、豆瓣心理小组、Reddit 的心理健康板块，汇集了大量愿意分享和帮助他人的用户。学生可以匿名发布自己的问题和困惑，获得来自其他用户的建议和支持。这种互动不仅提供了有价值的建议，还让学生感受到他人的关心和支持，缓解了他们的孤独感和无助感。匿名求助还帮助学生保护隐私，避免了因为暴露个人问题而带来的尴尬和羞耻感。许多学生在面对心理困扰时，往往因为害怕被他人评判或贴标签而不愿意求助。而通过匿名平台，学生可以在保护隐私的前提下，坦诚地表达自己的困扰和情绪，从而获得专业的建议和支持。这种匿名性不仅鼓励了更多学生主动寻求心理支持，还提升了他们解决问题的信心和能力。

互联网平台上的匿名求助渠道，还为学生提供了一个多元化的意见和建议来源。在匿名环境下，学生可以接触到来自不同背景和经验的用户提供的多种解决方案和视角。通过比较和选择这些建议，学生能够更好地找到适合自己的应对策略和解决方法。这种多元化的意见和建议，不仅开阔了学生的思维，还提升了他们的解决问题能力。匿名表达和求助的途径，还在一定程度上缓解了学生的心理压力。通过匿名平台，学生可以在不受干扰的情况下，尽情倾诉自己的情感和困扰，释放内心的压力和负担。这种情感宣泄的过程，本身就具有一定的治疗和缓解作用，有助于学生的心理健康恢复和提升。同时，匿名求助还使得学生在面临突发心理危机时，能够迅速获得帮助和支持，避免心理问题的进一步恶化。

学生可以在匿名的情况下，表达疫情带来的焦虑和困扰，获得他人的建议和安慰。这种匿名性不仅帮助学生更好地应对疫情带来的心理冲击，还增强了他们的心理韧性和应对能力。此外，互联网平台还通过匿名求助渠道，促进了心理健康的普及和教育。

许多匿名平台通过分享真实的求助和回复案例，向广大学生传播心理健康知识和应对技巧。这种教育方式不仅具有很强的现实针对性，还增强了学生对心理健康问题的理解和重视，提升了他们的心理健康意识。

七、支持心理健康研究和创新

互联网平台通过其庞大的用户基数和数据收集能力，为心理健康研究提供了丰富的数据来源。通过收集和分析用户的行为数据、互动记录和心理健康状况，研究人员可以深入了解大学生的心理健康需求和问题。这些数据不仅包括用户在平台上的活动和交流，还涵盖了用户在面对不同心理问题时的反应和反馈，提供了详尽的研究基础。此外，互联网平台利用大数据和人工智能技术，能够对收集到的海量数据进行深入分析和挖掘。通过数据挖掘和模式识别，研究人员可以发现影响大学生心理健康的关键因素和潜在规律。例如，通过分析用户的社交互动和情感表达，可以识别出心理健康问题的早期信号和风险因素，从而及时采取干预措施。这种数据驱动的研究方法，不仅提高了研究的精确度和可靠性，还加快了研究进程，推动了心理健康领域的创新。

互联网平台还为研究人员提供了进行实验和干预研究的便捷渠道。通过平台，研究人员可以设计和实施各种心理健康干预方案，并实时监测和评估干预效果。例如，通过在线心理咨询、心理健康课程和自助工具，研究人员可以测试不同干预方法的效果，收集用户反馈和数据，进行持续优化和改进。这种实时反馈和迭代优化的机制，有助于开发出更加有效和个性化的心理健康解决方案，提升服务质量和效果。同时，互联网平台还促进了心理健康研究的跨学科合作和资源共享。通过平台，心理学家、数据科学家、技术开发人员和医疗专家可以方便地进行协作，共同开发和测试新技术、新方法。例如，通过结合心理学理论和人工智能技术，开发智能心理健康评估工具和个性化干预方案。这种跨学科的合作，不仅拓宽了研究视野和创新思路，还提高了研究和应用的综合效益。

互联网平台在心理健康研究和创新中的另一重要贡献，是推动了心理健康知识的普及和教育。通过平台，研究成果和创新方法可以迅速传播和应用，惠及广大学生。例如，通过发布心理健康科普文章、在线讲座和教育视频，向学生普及心理健康知识和技能，提升他们的心理健康意识和应对能力。这种知识普及和教育，有助于营造良好的心理健康氛围，增强学生的自我保护和管理能力。此外，互联网平台还为心理健康研究提供了持续的数据更新和长期追踪的可能性。通过平台的长期运行和用户持续使用，研究人员可以获取长时间跨度的行为数据和心理健康状况，进行动态分析和追踪研究。例如，研究大学生在不同学期、不同生活事件和压力条件下的心理健康变化，分析长期干预和支持的效果。这种持续的数据更新和长期追踪，为深入研究心理健康问题的演变和干预效果提供了重要支持。由于社交隔离和远程学习，大学生的心理健康问题显著增加，互联网平台成为心理健康研究和干预的重要渠道。通过平台，研究人员可以实时监测大学生的心理状态和需求，及时调整和优化干预方案。

第三节　互联网平台对大学生心理健康的负面影响

一、信息过载和焦虑

互联网平台上信息量巨大，大学生容易陷入信息过载的困境。不断接收大量信息可能导致注意力分散、疲劳和心理压力。过多的信息也可能引发焦虑，学生可能觉得自己无法跟上所有的消息和趋势，产生无所适从的感觉，影响学习和生活的效率和质量。

二、社交媒体的负面效应

社交媒体上的虚假展示和过度比较是大学生心理健康的潜在风险。学生看到他人在社交媒体上展示的理想化生活，可能会感到自卑和不满，产生焦虑和抑郁。社交媒体上的点赞和评论机制也可能让学生过度关注他人的评价，影响自尊和自信心。

三、网络暴力和欺凌

互联网平台为网络暴力和欺凌提供了温床。匿名性和虚拟性使得一些人更容易发表攻击性言论，导致网络欺凌事件频发。被欺凌的大学生可能会感到孤立、焦虑和抑郁，严重时甚至会导致自伤或自杀倾向。

四、过度依赖网络社交

依赖互联网平台进行社交可能导致线下社交能力的下降。大学生可能会因为过度沉迷于线上交流，减少与现实中的朋友和家人的互动，产生社交隔离感。长时间的线上社交也可能影响学生的沟通技巧和社交信心。

五、网络成瘾

长时间使用互联网平台可能导致网络成瘾。大学生可能沉迷于社交媒体、在线游戏或其他网络活动，忽视学业和日常生活。网络成瘾不仅影响学生的学习成绩，还可能导致睡眠不足、身体健康问题和心理健康问题，如焦虑和抑郁。

六、虚假信息和误导

互联网平台上充斥着虚假信息和误导性内容，大学生容易受到影响。接触到不真实的消息和谣言，可能导致学生产生错误的认知和判断，影响心理健康。特别是在健康和医疗信息方面，虚假信息可能误导学生，导致不必要的恐慌和焦虑。

七、隐私泄露和安全问题

互联网平台上的隐私泄露和安全问题对大学生的心理健康构成威胁。个人信息和隐私的泄露，可能导致身份盗窃、财产损失等问题。学生可能会因此产生恐惧和不安，影响心理稳定和安全感。

八、学习与生活的平衡问题

互联网平台的多功能性使得大学生容易在学习与生活之间失去平衡。在线学习平台、娱乐应用和社交媒体的过度使用，可能导致学生无法有效管理时间，影响学业成绩和生活质量。学习和娱乐的界限模糊，可能增加学生的压力和焦虑感。

九、身体健康问题

长期使用互联网平台对大学生的身体健康也有负面影响。长时间盯着屏幕可能导致视力下降、颈椎病等问题。身体不适会进一步影响学生的心理健康，产生疲惫和压力感，降低整体生活质量。

十、过度暴露于负面内容

互联网平台上的负面内容，如暴力、色情和极端言论，可能对大学生的心理健康产生不良影响。过度暴露于这些内容，可能导致学生产生不良情绪和负面心态，影响他们的心理健康和行为习惯。

第四节 互联网平台对心理健康教育模式的变革

一、提供灵活便捷的学习方式

互联网平台为心理健康教育提供了灵活便捷的学习方式。通过在线课程、视频讲座和互动直播，学生可以随时随地获取心理健康知识。无需受限于时间和地点，学生能够根据自己的时间安排进行学习，提高了教育的普及率和便捷性。

（一）在线课程的灵活性

互联网平台通过提供在线课程，使学生可以根据自己的时间安排学习心理健康知识。传统的课堂教育通常有固定的时间和地点，这对一些有兼职工作或其他课外活动的学生来说可能不方便。而在线课程的灵活性允许学生在任何方便的时间进行学习，突破了传统教育的时间限制。这种灵活的学习方式不仅提高了学生的参与度，还使更多人能够获得心理健康教育，无论他们的日程多么繁忙。

（二）视频讲座的广泛可及性

学生可以随时访问由心理健康专家和专业教师提供的视频讲座。这些讲座涵盖了广泛的心理健康主题，从压力管理、情绪调节到心理疾病的预防和治疗。视频讲座的形式使得学生能够反复观看，深入理解复杂的概念和技巧。相比于一次性的线下讲座，视频讲座的可重复性和可访问性增强了学习效果，学生可以根据自己的理解进度和需求灵活安排学习时间。

（三）互动直播的实时交流

互联网平台的互动直播功能为学生提供了与讲师和其他学生实时互动的机会。在互动直播中，学生可以即时提出问题，获得讲师的解答，同时还能与其他学生交流和讨论。这种实时的互动不仅增加了学习的参与感和积极性，还使得学生在遇到困惑时能够及时得到帮助和指导。互动直播的形式突破了地域限制，学生无论身处何地，都可以参与到同一个课堂中，享受优质的教育资源。

（四）移动学习的便捷性

互联网平台支持移动设备，使得学生可以利用智能手机和平板电脑进行学习。这种移动学习的方式特别适合现代大学生，他们经常在校园内外活动。通过移动设备，学生可以在等车、乘车或者课间休息时随时学习心理健康知识。这种随时随地的学习方式不仅利用了碎片时间，提高了学习效率，还增强了心理健康教育的普及性和便捷性，让更多的学生能够受益。

二、个性化学习体验

通过分析学生的学习行为和心理需求，平台可以推荐适合的心理健康课程和资源。这种个性化的教育模式，能够更好地满足学生的具体需求，提高学习效果。

（一）学习行为分析

互联网平台利用大数据技术，能够详细记录和分析学生的学习行为。平台可以跟踪学生的学习时间、学习进度、内容偏好和互动情况等。这些数据为平台提供了深入了解每个学生学习习惯和模式的基础。通过这些行为分析，平台可以发现学生在哪些方面表现较好，哪些方面需要进一步提升，从而提供更加有针对性的学习资源和建议。

（二）心理需求评估

利用人工智能技术，互联网平台能够评估学生的心理需求。通过在线问卷、心理测评和互动反馈等方式，平台可以收集学生的心理状态和需求数据。结合这些数据，平台可以识别学生可能面临的心理问题或情绪困扰。例如，平台可以通过情绪分析算法，发现某些学生在特定时间段内情绪波动较大，从而及时推荐相关的心理健康资源和课程，帮助学生应对心理挑战。

（三）个性化课程推荐

根据学习行为分析和心理需求评估的结果，互联网平台可以为学生提供个性化的课程推荐。平台可以根据学生的兴趣、需求和学习目标，推荐适合的心理健康课程和资源。例如，如果某个学生在学习过程中表现出对压力管理特别感兴趣，平台可以优先推荐相关的课程、讲座和自助工具。这样的个性化推荐不仅提高了学生的学习效率，还增强了他们的学习动机和积极性。

（四）自适应学习路径

互联网平台利用人工智能技术，可以为学生设计自适应的学习路径。平台根据学生的学习进度和表现，动态调整学习内容和难度。对于掌握较好的知识点，平台可以提供更深层次的内容；对于尚未掌握的知识点，平台可以提供更多的练习和辅助材料。自适应学习路径的设计，确保每个学生都能以最适合自己的节奏进行学习，最大化学习效果。

（五）实时反馈和调整

互联网平台通过实时监测学生的学习情况，可以提供即时的反馈和调整。学生在学习过程中遇到问题或困难时，平台可以立即识别并提供相应的帮助和指导。例如，当学生在某个课程模块中表现出理解困难，平台可以及时推送相关的补充资料或建议学生参加辅导课程。实时反馈和调整，不仅帮助学生克服学习障碍，还确保了个性化学习体验的连续性和有效性。

三、增强互动和参与度

互联网平台通过讨论区、在线论坛和实时互动功能，增强了学生在心理健康教育中的互动和参与度。学生可以在学习过程中提出问题、分享经验，与老师和同学进行交流。这种互动不仅提升了学习效果，还促进了学生的情感交流和支持。

（一）讨论区的便捷交流

互联网平台上的讨论区为学生提供了一个便捷的交流空间。在学习心理健康课程的过程中，学生可以随时在讨论区提出自己的问题和疑虑。无论是课程内容上的疑问，还是个人心理健康方面的困扰，学生都可以通过讨论区得到及时的回应。老师和同学们的解答和建议，不仅帮助学生解决学习上的问题，还提供了情感上的支持和共鸣。这种便捷的交流方式，使得学生在学习过程中不再孤立无援，而是感受到集体的力量和温暖。

（二）在线论坛的深度讨论

在线论坛为学生提供了一个进行深度讨论的平台。相比于实时聊天工具，论坛的特点是讨论内容可以保存和回顾，适合进行较为系统和深入的交流。在心理健康教育中，学生可以在论坛上分享自己的学习心得和生活经验，与同学们展开详细讨论。例如，学生可以在论坛上讨论如何应对压力和焦虑，分享自己在不同情境下的应对策略。通过这种深度讨论，学生不仅能加深对心理健康知识的理解，还能从他人的经验中获得启发和帮助。

（三）实时互动功能的即时反馈

互联网平台的实时互动功能，如直播课程和在线答疑，使得学生能够在学习过程中获得即时反馈。在直播课程中，学生可以实时向老师提问，老师也可以即时解答学生的疑问。这种实时互动的方式，不仅增加了课程的动态性和参与感，还使得学生在遇到问题时能够立即得到解决，避免了因问题积压而导致的学习障碍和挫败感。实时互动功能的应用，显著提升了学生的学习效率和效果。

（四）情感交流与支持

互联网平台通过讨论区、论坛和实时互动功能，促进了学生之间的情感交流与支持。在学习心理健康知识的过程中，学生难免会遇到各种情绪困扰和心理问题。通过与同学和老师的互动交流，学生可以分享自己的情感体验，获得他人的理解和支持。例如，学生可以在讨论区分享自己的压力来源和应对策略，得到同学们的鼓励和安慰。

四、提供多样化的教育资源

互联网平台为心理健康教育提供了多样化的教育资源。除了传统的文字和图像资料，平台还提供视频、音频、动画和游戏等多种形式的教育内容。这些丰富多样的资源，可以吸引学生的兴趣，增强学习的趣味性和效果。

（一）视频和音频内容的直观性

互联网平台通过提供丰富的视频和音频内容，使心理健康教育变得更加直观和生动。视频讲座、纪录片和音频播客等形式，使学生能够通过视听结合的方式更好地理解和吸收心理健康知识。例如，通过观看专家讲解的视频课程，学生可以更直观地学习到应对焦虑和压力的方法。这种多感官的学习体验，不仅增加了学习的趣味性，还提高了知识的传递效果。

（二）动画和交互式内容的趣味性

动画和交互式内容是互联网平台上极具吸引力的教育资源形式。通过动画，复杂的心理学概念可以被生动地展示出来，使学生更容易理解和记忆。例如，利用动画演示情绪调节技巧或心理过程，可以帮助学生更形象地理解这些抽象的概念。交互式内容如心理健康小游戏和互动练习，也能通过游戏化的方式吸引学生的注意力，使学习过程变得有趣和具有挑战性，增强学生的参与度和动力。

（三）实用工具和自助资源的应用性

互联网平台提供的实用工具和自助资源，为学生的心理健康管理提供了切实的帮助。在线心理测评工具、情绪追踪应用和压力管理自助工具，都是学生可以随时使用的资源。这些工具不仅可以帮助学生更好地了解自己的心理状态，还提供了具体的建议和方法，帮助他们进行自我调节和管理。例如，通过定期使用情绪追踪应用，学生可以识别自己的情绪变化规律，从而采取相应的措施进行调整。

（四）学术资源和研究资料的深度

对于希望深入研究心理健康问题的学生，互联网平台提供了丰富的学术资源和研究资料。在线图书馆、学术数据库和研究论文等资源，使学生能够方便地获取最新的心理学研究成果和理论。例如，学生可以通过访问学术期刊网站，阅读关于心理健康干预的新研究，了解最新的学术动态和创新方法。这些高质量的学术资源，不仅满足了学生的求知欲，还为他们的学术研究提供了坚实的基础。

（五）社区和论坛的交流与分享

互联网平台上的社区和论坛，为学生提供了交流和分享心理健康知识和经验的空间。通过参与这些在线社区，学生可以与他人分享自己的学习心得、经验和感受，互相学习和支持。例如，在心理健康论坛上，学生可以讨论如何应对考试压力、如何建立积极的心态等问题，获取他人的建议和支持。这种社区互动不仅丰富了学习资源，还增强了学生的社交联系和心理支持。

五、推动混合学习模式

互联网平台促进了线上线下结合的混合学习模式。学校可以通过互联网平台进行线上心理健康课程的教学，同时结合线下的实践活动和辅导，形成完整的教育体系。这种混合学习模式，既发挥了线上教育的优势，又保留了线下教育的互动和实效性。

（一）线上心理健康课程的优势

互联网平台提供了丰富的教育资源和灵活的学习方式。线上心理健康课程可以突破时间和空间的限制，让学生在任何地点、任何时间都能够学习。同时，线上课程可以采用多媒体教学，增加教学的趣味性和互动性，提升学生的学习积极性和参与度。

此外，线上平台可以记录学生的学习进度和成绩，帮助教师进行个性化的教学和辅导。

（二）线下实践活动的必要性

虽然线上课程有许多优势，但线下实践活动在心理健康教育中同样不可或缺。通过线下实践活动，学生可以将所学知识应用于实际生活中，增强自我认识和情绪管理的能力。例如，学校可以组织心理健康讲座、团队合作游戏、户外拓展等活动，让学生在互动和体验中提升心理素质。同时，线下实践活动也为教师提供了观察和指导学生的机会，能够更好地了解学生的心理状态。

（三）线上线下结合的混合学习模式

线上课程和线下实践活动的结合，能够发挥两者的优势。在混合学习模式下，学校可以根据课程内容和学生需求，合理安排线上和线下的教学活动。例如，可以在课程开始时通过线上教学传授基础知识，然后通过线下活动进行实践和巩固，最后通过线上平台进行测试和反馈。这样既保证了教学内容的系统性和连贯性，又提高了教学的实效性和针对性。

（四）混合学习模式的实施策略

为了推动混合学习模式的实施，学校需要制定详细的实施策略和计划。首先，需要建立完善的线上教学平台和线下活动设施，确保教学资源的丰富性和可及性。其次，需要培训教师掌握混合学习模式的教学方法和技巧，提高教师的教学水平和能力。此外，学校还需要加强与学生和家长的沟通，了解他们的需求和反馈，不断优化和改进混合学习模式的实施效果。

六、提升教师的教学能力

互联网平台为心理健康教育教师提供了提升教学能力的机会。通过平台，教师可以参加专业培训、获取最新的教育资源和教学方法。教师还可以通过平台与同行交流，分享教学经验和心得，提高自身的专业水平和教学效果。

（一）参加专业培训

互联网平台为教师提供了丰富的专业培训课程，涵盖心理健康教育的最新理论和实践方法。教师可以通过这些平台参加在线培训课程和工作坊，学习心理健康评估、干预技术、咨询技巧等内容。这些培训课程通常由经验丰富的专家和学者授课，能够帮助教师不断更新知识体系，提升专业素养。

（二）获取最新教育资源

互联网平台汇集了大量优质的教育资源，包括学术论文、教学视频、电子书籍等。教师可以随时随地查阅和下载这些资源，了解心理健康教育领域的最新研究成果和教学案例。这些资源不仅丰富了教师的知识储备，还为教师设计和实施教学活动提供了灵感和参考，提升了教学的科学性和创新性。

（三）学习先进教学方法

互联网平台上有许多关于教学方法和技术的资源，如在线讲座、研讨会和教学示范视频等。教师可以学习如何利用多媒体技术、互动教学工具以及个性化教学策略来提高课堂教学的效果。例如，教师可以学习如何在课堂上使用虚拟现实技术进行情景模拟，帮助学生更好地理解和体验心理健康教育的内容。

（四）与同行交流分享

互联网平台为教师提供了广泛的交流和合作机会。教师可以加入专业的教育论坛、社交媒体群组和在线社区，与来自世界各地的同行分享教学经验和心得。通过这些交流，教师可以了解到不同地区和学校的教学实践和创新思路，取长补短，不断改进自己的教学方法和策略。同时，同行的反馈和建议也能够帮助教师发现并解决教学中的问题和挑战。

（五）提升教学效果

互联网平台还提供了一些工具和应用，帮助教师评估和提升教学效果。例如，教师可以使用在线测试和调查工具，了解学生的学习情况和反馈，从而调整教学计划和方法。此外，一些数据分析工具可以帮助教师分析学生的学习行为和成绩，发现教学中的薄弱环节，制定针对性改进措施。通过这些手段，教师可以不断优化教学过程，提高教学效果和学生的学习成果。

七、促进心理健康教育的普及

互联网平台的普及为心理健康教育提供了广泛的覆盖面和传播途径，促进了心理健康教育在全社会的普及和推广。

（一）覆盖城乡差距

互联网平台能够有效地突破地域限制，将心理健康教育资源传递到城乡的每个角落。无论是城市还是农村，学生都可以通过互联网平台获取高质量的心理健康教育资源。通过在线课程、视频讲座和互动论坛，学生可以随时随地接受心理健康教育，弥补了传统教育在地理位置上的不足。

（二）提供家庭支持

心理健康教育不仅仅局限于学校，家庭也是其重要阵地。互联网平台为家长提供了丰富的教育资源和工具，帮助他们了解和掌握心理健康知识。家长可以通过在线课程、网络讲座和互动社区，学习如何关注和支持孩子的心理健康发展。家庭与学校的联动，有助于为学生提供一个全方位、立体化的心理健康支持体系。

（三）提升社会整体心理健康水平

互联网平台不仅服务于学生和家庭，还能够面向全社会传播心理健康知识。通过社会化媒体、在线宣传和公益课程，心理健康教育可以覆盖到各个年龄段和社会群体，提升全民的心理健康意识和素养。例如，可以通过互联网平台开展心理健康知识竞赛、在线心理测评和咨询服务，让更多人了解心理健康的重要性，掌握基本的心理调适方法。

（四）应对特殊时期需求

在突发事件或特殊时期，互联网平台为心理健康教育的持续和普及提供了可靠的途径。面对突发事件，人们的心理压力和焦虑情绪往往会增加。学校和社区可以迅速推出心理健康教育资源和在线辅导服务，帮助学生和公众应对心理困扰，保持心理健康。这种及时有效的心理健康教育，有助于社会的稳定和发展。

第三章 大学生心理健康问题的网络干预

第一节 常见心理健康问题的网络干预策略

一、在线心理咨询与辅导

（一）即时帮助

在现代大学生的心理健康干预中，在线心理咨询平台提供的即时帮助服务起到了至关重要的作用。学生可以通过文字、语音或视频的方式，与专业心理咨询师进行一对一的交流，从而获得及时的心理支持和建议。这种即时帮助的模式在许多方面具有显著的优势。在线心理咨询平台的即时帮助服务可以在学生最需要的时候提供支持。无论是突发的情绪崩溃、学业压力爆发，还是人际关系的紧张，学生都可以随时通过网络平台寻求专业帮助。由于心理问题往往具有突发性和紧急性，及时的心理支持能够有效缓解学生的心理困扰，避免问题的进一步恶化。在线咨询的匿名性为学生提供了心理安全感。许多学生因为害怕被他人知道自己的心理问题而感到羞耻，甚至因此放弃求助。而通过在线平台，学生可以匿名进行咨询，这样他们就能够在不暴露个人隐私的情况下获得专业的心理帮助。匿名性大大降低了求助的心理障碍，使得更多有需要的学生愿意主动寻求帮助。

学生可以根据自己的时间安排选择咨询时间，不受地域和时间的限制。这对于忙碌的大学生而言尤为重要，他们可以在课余时间、深夜或任何方便的时刻进行咨询，不必担心与其他事务冲突。同时，在线咨询也避免了交通和等待时间的浪费，提高了咨询效率。在线心理咨询的方式多样化也是其一大优点。通过文字、语音和视频等不同形式，学生可以选择自己最舒适的交流方式。有些学生可能更愿意通过文字表达自己的感受，因为这样可以有更多的思考时间；而另一些学生则可能更喜欢语音或视频的互动方式，因为这更接近于面对面的交流，能够获得更直观的情感支持。多样化的咨询方式满足了不同学生的需求，提高了心理干预的效果。

在线心理咨询平台上的专业心理咨询师团队，能够为学生提供高质量的心理支持。这些咨询师经过专业培训，具备丰富的咨询经验和专业知识，能够针对学生的具体问题提供有效的解决方案。在咨询过程中，咨询师不仅帮助学生梳理情绪、缓解压力，还能够教授一些实用的心理调节方法，提升学生的心理应对能力。在线心理咨询平台的即时帮助服务可以与其他心理健康资源相结合，形成综合性的心理健康支持体系。例如，学生在咨询过程中，如果发现需要进一步的心理治疗，可以通过平台推荐合适的线下心理服务机构；或者通过平台上的心理健康课程和资源，学生可以自我学习和提高，进一步巩固咨询效果。这样，在线平台不仅提供即时帮助，还能够为学生的长期心理健康提供持续支持。在突发公共事件或紧急情况下，在线心理咨询平台的即时帮助服务显得尤为重要。比如，在新冠疫情期间，许多学生因为隔离措施和远程学习感到孤独和焦虑。在线心理咨询平台在此时提供了宝贵的心理支持渠道，使学生能够在特殊时期保持心理健康，渡过难关。

（二）匿名性

允许学生在匿名状态下寻求帮助，大大减少了他们因羞耻或害怕暴露而不愿求助的心理障碍，从而增加了他们寻求帮助的可能性。这种匿名性具有许多显著的优势，使得心理健康服务更加普及和有效。在传统的面对面咨询中，很多学生由于担心隐私泄露或被他人知道自己的心理问题，往往会感到尴尬和羞耻，这成为他们不愿寻求帮助的重要原因之一。而通过网络咨询，学生可以在完全匿名的情况下与咨询师交流，这种隐匿性保护了他们的隐私，减轻了他们的心理负担，使他们更容易敞开心扉，表达内心的困扰和问题。许多大学生在遇到心理问题时，往往会因为担心被贴上"有心理问题"的标签而选择隐忍，这使得他们的心理困扰得不到及时疏解和解决。网络咨询提供了一个匿名的环境，学生不必担心被他人评价或误解，能够更加勇敢地寻求专业帮助。这样，更多有需要的学生得以突破心理障碍，积极寻求支持和帮助。

在匿名状态下，学生感受到更多的自由和自主权，他们可以选择在何时何地进行咨询，也可以选择在咨询过程中保留哪些信息。这种控制感和自由度增强了学生的安全感和信任感，使他们更愿意深入探讨自己的心理问题，从而提高咨询的效果和效率。由于不必面对面交流，学生在匿名状态下能够更轻松地表达他们的情绪和感受，特别是对于那些性格内向或害羞的学生而言，匿名咨询提供了一个相对舒适的表达渠道。这不仅增加了心理咨询服务的覆盖面，也有助于及早发现和干预学生的心理问题，预防心理健康问题的恶化。学生可以选择在自己感到最舒适和安全的时间和地点进行咨询，不必担心被他人打扰或发现。这种便利性使得更多学生能够在第一时间获得心理帮助，避免因拖延而导致的问题加重。同时，匿名咨询也使得学生在需要时能够多次寻求帮助，而不必担心频繁求助会带来负面影响。

咨询师在进行匿名咨询时，可以更加专注于学生的实际问题和需求，而不受学生身份信息的干扰。这种专注性有助于咨询师提供更加客观和专业的建议和支持，提升咨询的质量和效果。匿名咨询环境中的平等交流氛围，也使得咨询师能够更好地理解和接纳学生的情绪和感受，建立良好的咨询关系。更为重要的是，匿名性有助于社会对心理健康问题的理解和接纳。通过网络平台提供的匿名咨询服务，更多人能够意识到心理健康问题的普遍性和重要性，减少对心理问题的偏见和歧视。这种社会氛围的改善，有助于鼓励更多学生积极面对和处理自己的心理问题，寻求专业帮助，从而整体提升社会的心理健康水平。

（三）灵活性

灵活性带来的诸多优势，使得在线心理咨询成为解决大学生心理问题的有效途径。大学生的学习和生活节奏较快，时间安排往往比较紧张，传统的面对面心理咨询需要提前预约且咨询时间固定，这对时间有限的学生来说是一个很大的障碍。而在线咨询允许学生根据自己的日程安排灵活选择咨询时间，无论是课余时间、晚上或是周末，学生都可以找到合适的时间进行咨询。这样的灵活安排大大提高了学生求助的积极性和便利性，使他们能够在需要的时候及时获得心理支持。很多大学生离家在外求学，尤其是那些在异地求学的学生，面对心理问题时，可能难以找到合适的心理咨询资源。这种无地域限制的特点，使得更多学生能够接触到高质量的心理健康服务，不再因地域差异而影响心理求助的效果。

在线咨询可以通过文字、语音或视频等多种形式进行，学生可以根据自己的偏好和实际情况选择最适合的方式。多样化的咨询形式满足了不同学生的需求，提高了咨询的舒适度和有效性。在面对突发的心理问题时，学生可以立即通过在线平台寻求帮助，而不必等待传统咨询的预约时间。这种即时性和灵活性确保了学生在最需要的时候能够获得及时的心理干预。同时，学生也可以在任何他们感到舒适和安全的地方进行咨询，不必为了咨询而专门前往某个地点，这样不仅节省了时间，也减少了求助的心理负担。

传统的面对面咨询由于时间和成本的原因，学生可能无法频繁进行，而在线咨询则提供了更加经济高效的选择。学生可以根据自己的需要，多次与心理咨询师沟通，逐步解决心理困扰，建立起持续的支持关系。这种持续性的心理支持，对于解决复杂和长期的心理问题尤为重要。心理咨询师可以通过在线平台更加灵活地安排他们的工作时间和咨询计划，能够在更短的时间内为更多学生提供服务。同时，在线平台的数据记录和分析功能也能够帮助咨询师更好地跟踪和评估学生的心理状态和咨询进展，提供更有针对性支持和建议。这样，不仅提高了咨询师的工作效率，也提升了学生的满意度和咨询效果。

二、在线心理健康课程与资源

（一）自我学习

通过在线平台提供的心理健康课程，学生可以自主学习心理健康知识和技能。这种自主学习方式，如压力管理、情绪调节和人际关系处理等，极大地增强了学生的自我调适能力，具有多方面的显著优势。在线心理健康课程为学生提供了丰富而系统的知识资源。学生可以通过这些课程深入了解心理健康的基本概念、常见问题及其应对策略。通过系统化学习，学生能够建立起全面的心理健康知识框架，帮助他们在遇到心理困扰时更好地理解和分析问题，找到科学有效解决方案。不同于传统课堂教学，在线课程允许学生自由选择学习内容和时间。这种灵活性使得学生可以在学业和生活安排之余，根据自己的实际需求和兴趣进行心理健康知识的学习，不受固定时间和地点的限制。这不仅提高了学习的效率，也增强了学生对学习内容的兴趣和投入度。

在线平台的互动性和多样化教学方式，使得心理健康课程更具吸引力和实用性。通过视频、音频、文字、互动测试等多种形式，学生可以在生动有趣的学习环境中掌握心理健康知识和技能。例如，通过情景模拟和案例分析，学生可以直观地了解和学习如何应对现实生活中的心理问题，这种实用性的学习体验，有助于他们更好地将理论知识应用于实际生活。在线心理健康课程的自我学习方式，有助于培养学生的自主学习能力和自我管理能力。在自主学习的过程中，学生需要自行安排学习计划、管理学习进度，这种自主性和责任感的培养，对其整体学习能力和自我管理能力的提升有着积极的影响。这种能力不仅在心理健康学习中有用，对其学业和未来职业发展也同样重要。

当学生通过自主学习掌握了压力管理、情绪调节和人际关系处理等技能后，他们在面对生活和学习中的各种挑战时，能够更加自信和从容。通过解决一个个实际问题，学生会逐渐积累成功的经验，这些成功的体验，能够进一步增强他们的自信心和自我效能感，使其在未来遇到困难时更有勇气和能力去应对。另外，在线心理健康课程提供了丰富的学习资源和工具，学生可以根据自己的需要进行个性化学习。无论是想了解某一特定心理问题的深层次原因，还是希望掌握具体的应对技巧，在线平台都能够提供相应的资源和支持。例如，一些平台提供心理健康测评工具，学生可以通过自我评估了解自己的心理状况，并根据评估结果选择适合的学习内容和策略，这种个性化的学习方式，能够更好地满足学生的个体需求。

同时，在线平台的学习社区和互动功能，使得学生在自主学习过程中，不再是孤立无援的个体。学生可以通过在线论坛、学习小组等形式，与其他学习者交流心得和经验。这种学习社区的建立，不仅增加了学习的趣味性和动力，也为学生提供了一个分享和交流的平台，使其在学习过程中获得更多的社会支持和情感联结。通过在线平台自主学习心理健康知识，学生可以随时回顾和复习已学内容。不同于传统课堂教学的一次性传授，在线课程通常可以反复观看和学习，学生可以多次回顾重要的知识点和技巧，进一步巩固学习成果。这种反复学习的机会，使得学生能够在不同的时间和情境下，不断深化对心理健康知识的理解和掌握，提高其实际应用能力。

（二）丰富资源

在线平台为大学生提供了丰富多样的心理健康资源，包括文章、视频和测评工具等。这些资源的广泛性和易获取性，极大地帮助学生了解和应对各种心理健康问题，使他们能够更好地保护和改善自己的心理健康。在线平台上提供的大量心理健康相关的文章，涵盖了心理健康的各个方面。这些文章由专业心理学家和学者撰写，内容权威、科学，学生可以通过阅读这些文章，深入了解心理健康的基本概念、常见问题以及科学的应对策略。无论是关于压力管理、情绪调节还是人际关系处理，学生都可以在平台上找到详细而实用的指导和建议。通过这些阅读，学生能够丰富自己的心理健康知识，提高自我认知和解决问题的能力。相比于文字，视频可以通过视觉和听觉的多重刺激，增强学习的效果和趣味性。在线平台上的心理健康视频，通常由专业心理咨询师或心理学教授讲解，他们以生动的案例和互动的形式，帮助学生更好地理解和掌握心理健康知识。例如，通过观看关于情绪管理的视频，学生可以学习如何识别和调节自己的情绪，从而在面对压力和挫折时，能够保持心理平衡和稳定。

在线测评工具是帮助学生了解自身心理状况的重要手段。平台提供的各类心理健康测评，包括压力测试、抑郁量表、焦虑评估等，学生可以随时进行自我测试，了解自己的心理健康状态。这些测评工具科学严谨，通过简单的测试题，学生可以迅速获取自己的心理健康评分和分析报告。这些结果不仅可以帮助学生识别潜在的心理问题，还能为他们提供针对性建议和指导，帮助他们及时调整和改善自己的心理状态。在线平台的资源更新频率高，学生可以持续获取最新的心理健康信息。心理健康领域的研究和实践不断发展，新的理论和方法不断涌现。在线平台会定期更新和发布最新的研究成果和实用技巧，使学生能够紧跟前沿，学习和应用最先进的心理健康知识。这种及时更新的资源，使得学生的学习内容始终处于领先地位，帮助他们在快速变化的环境中，保持心理健康的优势。

许多在线平台提供心理健康论坛和讨论区，学生可以在这里与同龄人和专家互动，分享自己的困惑和心得。通过这样的交流，学生不仅可以获得他人的经验和建议，还能感受到来自同伴和社会的支持，增强他们应对心理问题的信心和能力。例如，在论坛中，学生可以看到他人如何成功应对类似的心理困扰，这不仅提供了实际的解决方案，还为他们提供了心理上的鼓励和动力。此外，在线平台的心理健康资源，通常包括一些实践性强的自助工具和练习。例如，冥想和放松训练的音频和视频、情绪日记模板、应对策略清单等，这些工具和练习帮助学生在日常生活中，主动管理和改善自己的心理健康状态。这些实用的资源，使得学生不仅可以在理论上了解心理健康，还能够在实践中应用所学，提高实际应对能力。

三、在线支持群体与社区

（一）互助支持

在线支持群体和社区为经历相似问题的学生提供了宝贵的互助平台。在这个平台上，学生可以分享他们的经历和感受，得到他人的支持和鼓励。这种互助支持在学生心理健康中起到了至关重要的作用。在线支持群体为学生提供了一个安全的交流空间。学生可以匿名分享自己的心理困扰和生活压力，不用担心被他人评判或批评。这种安全感使得学生更愿意敞开心扉，表达真实的感受，有助于释放内心的压力，缓解情绪上的负担。匿名性和隐私保护的特点，增加了学生参与的积极性和开放性，使得他们能够在互助社区中获得更多的理解和共鸣。

互助支持平台通过分享经历和感受，让学生感受到自己并不孤单。许多心理问题的根源在于个体感到孤立无援，认为自己的问题无法被他人理解。在互助社区中，学生可以发现许多与自己有类似经历的人，这种共鸣感和归属感极大地减轻了他们的孤独感。看到他人如何应对和克服相似的困境，学生能够获得勇气和信心，借鉴成功经验，更积极地面对和解决自己的问题。不同的成员有着各自独特的经历和视角，通过相互分享，学生可以获得多样化的建议和解决方案。例如，一个学生可能在应对考试压力方面有独特的方法，而另一个学生可能在处理人际关系冲突方面有丰富的经验。通过交流和互动，学生可以从他人的经历中找到适合自己的方法和策略，提高解决问题的能力。

互助支持社区中的鼓励和正反馈，能够显著提升学生的自信心和自我效能感。在社区中，学生的努力和进步会得到他人的认可和赞赏，这种正向反馈有助于增强他们的自我认同和价值感。尤其是在面对挫折和困难时，来自同伴的鼓励和支持，可以帮助学生更好地应对挑战，重新建立信心和动力。此外，互助支持社区可以成为学生获取专业帮助的桥梁。在社区中，学生不仅可以获得同伴的支持，还可以接触到心理健康专业人士的建议和指导。许多互助平台会邀请心理咨询师、心理学教授等专家参与讨论，提供专业的意见和帮助。学生在社区中可以了解更多的心理健康资源和服务渠道，必要时寻求更深入的专业帮助。

（二）情感联结

参与在线支持群体和社区活动，可以让学生感受到强烈的归属感和情感联结，显著减轻孤独感。这种情感联结对于学生的心理健康具有重要意义，因为它帮助他们建立起一种安全感和信任感，使他们能够更加开放地分享自己的困扰和情感。在线支持群体提供了一个共享经历的平台。在这里，学生可以遇到有相似经历和问题的同龄人，这种共同的背景使他们能够更容易理解和共情彼此的感受和困扰。通过分享和交流，学生能够发现自己并不孤单，这种发现极大地减轻了他们的孤独感。共鸣和理解的产生，使学生感受到一种深深的归属感，增强了他们面对问题的勇气和信心。在一个充满理解和支持的环境中，学生能够更加坦然地面对和接受自己的情感和心理状态。这种环境中的积极互动和正面反馈，能够帮助学生建立起强大的心理防线，使他们在面对压力和挫折时，能够更加坚韧和从容。情感联结不仅仅是一种情感支持，它更是一种心理上的力量源泉，帮助学生在困难时刻保持积极和乐观的态度。

在线支持群体的情感联结促进了学生的社交能力和人际关系的改善。学生通过分享和倾听，学会了如何更好地与他人交流和互动。这种交流技能的提升，不仅有助于他们在社区中的互动，也对他们在现实生活中的人际关系产生积极影响。良好的人际关系是心理健康的重要保障，情感联结使得学生能够在现实生活中建立起更多的支持网络，进一步增强了他们的心理健康和幸福感。在一个互助社区中，学生不仅可以获得他人的支持和鼓励，还可以通过观察他人如何应对和处理情绪，学习到更多的情绪调节方法。这种学习和模仿的过程，有助于学生更好地管理和调节自己的情绪，增强他们的情绪稳定性和应对能力。此外，情感联结所带来的安全感和信任感，也使学生更容易接受专业的心理帮助。许多学生因为缺乏信任而拒绝寻求专业帮助，而在一个充满信任和支持的社区中，他们会更愿意接受和信任来自专业人士的建议和指导。这种信任感的建立，使得学生能够更早地识别和应对心理问题。

三、数据驱动的个性化干预

（一）心理健康监测

通过数据分析和人工智能技术，在线平台可以有效地监测学生的心理健康状况。这种技术的应用，使得识别潜在的心理问题变得更加精准和及时，并且能够为学生提供个性化的干预建议和资源。在线平台通过收集学生在学习、社交和日常生活中的行为数据，利用数据分析工具对这些数据进行处理和解读。通过分析学生的在线活动、学习进度、社交互动频率等，可以发现异常行为模式，初步判断学生是否存在心理健康问题。比如，频繁的学习成绩波动、突然的社交互动减少等，都是可能的预警信号。人工智能算法可以处理大量复杂的数据，找出潜在的心理健康问题。通过机器学习模型，系统可以学习和识别出心理问题的早期迹象，例如情绪低落、焦虑症状的表现等。人工智能的自我学习能力，使得监测系统能够不断优化和提高其准确性和敏感性，确保对学生心理健康状况的监测更加科学和可靠。

在线平台的心理健康监测系统还能提供个性化的干预建议和资源。当系统检测到学生可能存在心理健康问题时，会根据学生的具体情况，提供针对性的干预建议和资源。例如，对于出现焦虑迹象的学生，系统可能推荐放松训练视频、压力管理课程，甚至安排专业心理咨询师进行一对一辅导。个性化的建议和资源，可以帮助学生更有效地应对和解决心理问题。心理健康监测系统还能够帮助学校和家长及时了解学生的心理状况。通过在线平台，学校心理辅导中心和家长可以接收到系统的预警信息，及时采取必要的干预措施。这样，不仅可以在问题早期阶段进行干预，防止问题的进一步发展，还能为学生提供全方位的心理健康支持，构建更加健康和支持性的成长环境。通过收集和分析大量的学生心理健康数据，研究者可以深入了解学生的心理健康状况及其变化趋势，从而开发出更有效的心理健康教育和干预方案。这种基于数据的研究和实践，使得心理健康服务能够更加科学和精准地满足学生的需求。

（二）个性化服务

基于学生的心理测评结果和行为数据，在线平台可以为学生定制个性化的心理健康服务方案。这种个性化服务，通过推荐适合的心理课程、咨询师和支持群体，显著提高了干预的针对性和有效性。通过心理测评工具，平台能够详细分析学生的心理健康状态，识别出具体的心理问题和需求。这些测评结果，包括压力水平、情绪状态、社交情况等，为制定个性化的服务方案提供了科学依据。测评结果的精确性和全面性，使得平台能够为每个学生提供量身定制的心理健康方案。学生在平台上的学习行为、社交互动和生活习惯等数据，能够帮助平台更深入地了解学生的心理状况和行为模式。通过分析这些行为数据，平台可以发现学生的日常生活中可能存在的心理健康隐患，并根据具体情况制定针对性干预措施。例如，对于学习压力大的学生，平台可以推荐相关的减压课程和放松训练，帮助他们有效应对学业压力。

平台能够根据测评结果和行为数据，推荐最适合的心理课程和资源。个性化课程推荐不仅提高了学生的学习兴趣和参与度，也增强了心理健康教育的效果。例如，平台可以为有社交焦虑的学生推荐社交技能训练课程，为情绪管理困难的学生提供情绪调节技巧课程。这样的针对性推荐，使得学生能够在最需要的领域得到及时有效帮助。平台可以根据学生的具体需求，推荐合适的心理咨询师。不同的学生在心理问题和个性上都有所不同，因此需要不同风格和专业背景的咨询师。通过分析学生的测评结果和行为数据，平台可以匹配最适合的咨询师，提供个性化的一对一心理辅导。这种精准匹配，不仅提高了咨询的效果，也增强了学生的信任感和满意度。

平台通过分析学生的心理和行为数据，推荐适合的在线支持群体或社区活动。例如，平台可以为有相似心理困扰的学生组成小组，让他们在互助中获得支持和鼓励。这样的支持群体，不仅提供了情感支持，也促进了学生的社交互动和心理康复。随着学生心理状况和行为数据的变化，平台可以实时调整服务方案，确保学生始终得到最合适的帮助。例如，当学生的心理测评结果显示其情绪状态有显著改善时，平台可以减少针对性干预的频率，转而推荐更多的维护性课程和活动。这种灵活调整机制，使得个性化服务始终能够动态适应学生的需求。

第二节　网络干预的有效性分析

一、干预前后的心理健康状况对比

（一）干预前心理健康状况调查

在干预开始之前，有必要对大学生的心理健康状况进行全面的调查。这项调查旨在收集有关学生心理健康的数据，以便了解他们在焦虑、抑郁、自尊等方面的具体情况。调查的第一步是制定科学、合理的调查问卷，涵盖心理健康的各个重要维度。这些问卷应包括标准化的心理健康评估工具，例如贝克抑郁量表（BDI）和焦虑自评量表（SAS），以确保数据的准确性和可比性。调查的实施需要广泛覆盖目标群体，确保样本具有代表性。可以通过校园网络平台、邮件邀请等多种方式鼓励学生参与，确保不同年级、不同专业的学生都能参与到调查中来。在此过程中，保护学生的隐私权至关重要，所有数据收集过程必须匿名进行，以获得真实、可靠的反馈。

通过统计软件，对学生的心理健康数据进行整理和分析，识别出焦虑、抑郁和自尊等方面的普遍情况和潜在问题。特别要注意不同性别、不同年级的心理健康状况是否存在显著差异，从而为后续的干预提供具体的指导。根据调查结果，形成详细的心理健康状况报告，为后续干预措施的设计提供依据。报告应详细描述大学生在各个心理健康维度上的表现，并指出主要的心理健康问题及其可能的影响因素。通过这种系统的调查分析，可以为心理健康干预提供有利的基础，确保干预措施能够有针对性地解决实际问题，提升学生的整体心理健康水平。

（二）干预后心理健康状况评估

干预实施后，再次对参与者进行相同的心理健康评估，以便比较干预前后的变化。通过这种重复评估，能够客观地衡量干预的效果，重点关注学生心理健康状况的改善情况。在进行评估时，仍需采用与干预前相同的标准化评估工具，如贝克抑郁量表（BDI）和焦虑自评量表（SAS），确保前后数据的可比性和一致性。评估的对象应为参与了整个干预过程的学生，以保证数据的有效性和代表性。数据的再次收集需谨慎进行，确保每个学生都能准确无误地填写评估问卷。应保持调查环境的相对一致，以减少外部因素对评估结果的影响。与此同时，数据的保密性依然是重中之重，所有参与者的隐私都需得到充分保护，确保他们能够无后顾之忧地提供真实反馈。

对干预前后数据的分析需采用科学的统计方法，重点比较每位学生在干预前后的心理健康评分变化。可以使用配对样本 t 检验等统计方法，检验干预前后在焦虑、抑郁、自尊等方面的显著性差异。通过这种严谨的统计分析，可以直观地看出干预对学生心理健康的具体影响，从而评估干预措施的效果。数据分析结果应详细记录，并通过图表等形式直观展示。特别要关注那些变化显著的心理健康指标，分析这些变化的原因。对于某些心理健康状况改善显著的学生，可以进一步探讨他们在干预过程中的具体经历，以总结出有效的干预策略和方法。此外，对于那些心理健康状况未见显著改善或甚至有所恶化的学生，也需重点关注，分析可能的原因，调整干预策略以期获得更好的效果。评估报告的撰写需全面详细，既要有整体数据的分析，也要有个别案例的详细阐述。报告应指出干预在改善学生心理健康方面的成功经验，同时也应提出存在的问题和改进建议。通过这样的评估报告，不仅能为当前的干预提供反馈，也能为未来的心理健康干预项目提供宝贵的参考。

（三）数据分析方法

采用统计学方法对干预前后的数据进行分析，可以科学地评估干预效果。配对样本 t 检验是一种常用的方法，它特别适用于比较同一群体在不同时间点的测量值，从而评估干预前后心理健康状况的变化。数据准备阶段是确保分析准确性的基础。在这个阶段，需要对收集到的数据进行清理，去除无效或缺失值，以保证数据的完整性和一致性。接下来，需要对数据进行初步描述性统计分析，包括均值、标准差等基本统计量的计算。这一步能够帮助研究者对数据有一个初步的了解，并为后续的深入分析奠定基础。

配对样本 t 检验的应用可以有效地评估干预的具体效果。配对样本 t 检验通过比较干预前后同一群体的平均值，判断干预是否带来了显著的心理健康改善。具体来说，假设干预前后的心理健康评分分别为 X 和 Y，则配对样本 t 检验将检验 X 和 Y 的均值差是否显著大于零。这个方法的优势在于它能够有效地控制个体差异，因为每个参与者的干预前后评分是一一对应的，从而使得分析结果更具可靠性。此外，为了进一步验证结果的稳健性，可以采用其他统计方法进行补充分析。例如，使用 Wilcoxon 符号秩检验作为非参数检验方法，可以在数据不满足正态分布假设时，提供可靠的结果。通过不同统计方法的交叉验证，能够确保分析结果的科学性和严谨性。

数据分析的结果应该以清晰的图表和详细的文字描述来呈现。常用的图表如箱线图、散点图等，可以直观地展示干预前后心理健康评分的分布和变化趋势。同时，详细的文字描述应解释每个图表的意义，并结合统计检验结果，阐明干预的具体效果。例如，如果配对样本 t 检验显示干预后的心理健康评分显著提高，则可以得出干预具有积极效果的结论。数据分析报告的撰写应包括数据收集过程、分析方法、结果展示和结论建议等部分。报告应详细记录每一步分析过程，确保研究的透明性和可重复性。此外，还应讨论数据分析中的潜在局限性，例如样本量不足、数据分布不均等，以便为未来的研究提供改进方向。

二、不同类型网络干预的效果比较

（一）认知行为疗法（CBT）干预

认知行为疗法（CBT）作为一种广泛应用的心理干预方法，已被证明在改善焦虑和抑郁症状方面具有显著效果。通过在线课程将 CBT 应用于大学生的心理干预，不仅为学生提供了便捷获取心理健康资源的途径，还能有效地应对他们在学业和生活中遇到的心理困扰。在线 CBT 课程的设计基于系统的认知行为理论，旨在帮助学生识别和调整负性思维模式，逐步建立积极的思维方式。课程内容通常包括情绪管理、压力应对、认知重构等模块，通过多种互动形式，如视频讲解、练习题和案例分析，帮助学生在实际生活中应用所学技能。参与在线 CBT 课程的大学生在干预前会接受详细的心理健康评估，包括焦虑和抑郁的基线测量。这些评估工具通常采用贝克抑郁量表（BDI）和焦虑自评量表（SAS），以确保数据的准确性和一致性。评估结果将作为干预效果的参照标准，帮助研究者在干预后进行比较分析。

在干预实施过程中，学生需要定期参与在线课程并完成相应的任务和作业。课程设置灵活，允许学生根据自身时间安排学习进度，从而提高参与度和依从性。在线平台还提供了交流讨论区和导师辅导，增强学生的学习体验和互动感。这种多层次、多形式的干预方式，使得学生能够在一个支持性的环境中逐步改善心理健康状况。干预结束后，再次对学生进行相同的心理健康评估，重点比较干预前后的变化。通过统计学方法，如配对样本 t 检验，分析干预前后焦虑和抑郁评分的差异，评估 CBT 干预的有效性。研究通常发现，参与 CBT 在线课程的学生在焦虑和抑郁症状上都有显著改善，表明 CBT 在这一人群中的应用具有良好的效果。

CBT 在线课程的效果不仅体现在短期的症状改善上，还在于其对学生长远心理健康的积极影响。通过掌握和应用 CBT 技巧，学生能够更好地应对未来的心理压力和挑战，预防心理问题的发生。这种自我管理和调整能力的提高，有助于他们在学业和生活中保持良好的心理状态。然而，尽管在线 CBT 课程具有诸多优势，也存在一些挑战。比如，学生的参与度和依从性可能受到课程内容和形式的影响，在线平台的技术支持和隐私保护也需要不断优化。此外，不同学生的个体差异也要求干预内容具有一定的灵活性和适应性，以更好地满足多样化的需求。

（二）正念减压疗法（MBSR）干预

正念减压疗法（MBSR）作为一种有效的心理干预方法，已在多个领域展示出其提升自尊和情绪调节能力的潜力。通过在线课程形式将 MBSR 引入大学生心理健康干预中，能够更广泛地覆盖这一群体，帮助他们在高压的学术环境中找到心理平衡。正念减压疗法强调当下的觉察和接纳，通过系统的正念练习，如呼吸调节、正念行走和正念饮食，帮助学生培养对自己和周围环境的积极关注。在实施 MBSR 在线课程之前，首先对大学生进行详细的基线测量，以评估他们的自尊水平和情绪调节能力。常用的评估工具包括罗森伯格自尊量表（RSES）和情绪调节问卷（ERQ），这些工具能够提供可靠的基线数据，为后续干预效果的评估提供参照。参与者被邀请定期参加在线正念练习，课程内容包括正念冥想、身体扫描和正念运动等，每个课程模块都有具体的练习和作业，旨在逐步提升学生的正念觉察和心理调节能力。

在课程进行过程中，学生通过在线平台完成每日的正念练习，并记录自己的体验和感受。这些记录不仅帮助学生保持正念练习的连续性，还为研究者提供了宝贵的过程数据。在线平台通常设有交流论坛，学生可以在这里分享正念练习的心得和挑战，形成一个积极的学习社区。导师也会定期提供反馈和指导，帮助学生克服练习中的困难，确保他们能够充分受益于正念减压疗法。对学生进行相同的评估，以比较干预前后的变化。通过配对样本 t 检验等统计分析方法，研究者可以检验正念减压疗法对提升自尊和情绪调节能力的效果。一般来说，参与 MBSR 课程的学生在自尊水平和情绪调节能力方面都会有显著提高。这种改善不仅体现在评估数据上，也在学生的日常生活中得到体现。他们报告说，正念练习帮助他们更好地应对学业压力，提升了对自己的接纳度和满意度，同时减少了负面情绪的影响。

通过正念练习，学生们学会了在压力和挑战面前保持冷静和自我调节，这种能力的提升对他们未来的心理健康和生活质量具有深远影响。正念练习还可以培养学生的专注力和情绪稳定性，这对于他们的学术表现和人际关系也有积极作用。尽管 MBSR 在线课程在提升学生自尊和情绪调节能力方面显示出显著效果，但也存在一些挑战。例如，学生的持续参与和练习的依从性是影响干预效果的关键因素。此外，在线课程的设计需要不断优化，以保持学生的兴趣和参与度。同时，技术支持和隐私保护也是需要考虑的重要问题。

（三）情绪支持型干预

情绪支持型干预通过在线情绪支持小组，为大学生提供了一个重要的心理健康干预途径，旨在增强他们的情感支持和社交联系。该干预方式的核心在于创建一个安全且支持性的在线环境，学生可以在这里分享个人感受、经历和挑战，并获得来自同伴和专业指导者的情感支持。在线情绪支持小组通常由专业心理健康从业者主持，确保讨论和互动的专业性和有效性。对参与者进行基线评估，以了解他们当前的情感支持状况和社交联系程度。使用情感支持问卷（ESQ）和社交支持量表（SSQ）等工具，可以收集详细的数据，为后续效果评估提供参照。在基线评估后，学生被分配到不同的小组，每个小组由若干学生组成，并由一名经验丰富的导师带领。小组活动包括定期的在线会议和讨论，内容涵盖情感表达、应对策略、压力管理等方面。

在小组会议中，学生们可以自由分享他们的情感和经历，彼此倾听和支持。导师在此过程中起到引导和支持的作用，帮助学生们建立信任和归属感。这种互动不仅可以提供情感上的安慰，还能增强学生的社交联系，减少孤独感。通过分享和倾听，学生们能够学会更好地理解和管理自己的情绪，增强情感调节能力。干预过程中，还会提供各种在线资源，如情感支持材料、互动练习和问题讨论，帮助学生在小组之外继续进行自我探索和情感管理。学生可以通过这些资源进一步巩固小组会议中的学习和体验，提高情感支持的效果和持续性。

在干预结束后，再次进行评估。通过配对样本 t 检验等统计方法，分析学生在情感支持和社交联系方面的改善情况。通常，参与情绪支持小组的学生在这两方面都会有显著提升。通过小组互动，他们感受到了更强的支持和理解，这不仅帮助他们缓解了压力和焦虑，还增强了他们的社交自信和归属感。此外，情绪支持型干预的效果不仅局限于干预期内，还可能对学生的长远心理健康产生积极影响。通过建立稳定的社交联系和获得持续的情感支持，学生们能够更好地应对未来的挑战和压力，保持心理健康的稳定。这种干预方式还可以培养学生的共情能力和人际沟通技巧，对他们的学业和职业发展都有积极作用。然而，情绪支持型干预也面临一些挑战，例如，学生的参与度和依从性可能受到多种因素的影响，如时间安排、个人兴趣等。因此，在设计和实施干预时，需要考虑这些因素，提供灵活和多样化的参与方式，以吸引更多学生的积极参与。此外，技术支持和隐私保护仍然是需要重点关注的问题，确保在线平台的安全性和可靠性。

三、提高网络干预效果的建议

（一）个性化干预方案

个性化干预方案的设计旨在根据学生的具体心理状况和需求，提供有针对性的心理支持，从而提高干预的效果。需要对学生进行全面而细致的心理评估，了解他们的心理健康状况，包括焦虑、抑郁、自尊等方面的具体情况。这一评估过程可以采用多种标准化工具，确保数据的准确性和全面性。在掌握了学生的心理健康数据后，下一步是根据评估结果制定个性化的干预方案。这一过程需要结合学生的具体情况和需求，选择最适合他们的干预方法和内容。例如，可以重点采用认知行为疗法（CBT）中的应对策略训练，帮助他们识别和调整负性思维模式；对于自尊水平较低的学生，可以更多地引入正念练习和自我接纳训练，增强他们的自我价值感和情感调节能力。

个性化干预方案还需要考虑学生的个性特征和生活背景。例如，有些学生可能更喜欢通过互动和讨论来解决问题，那么小组干预和同伴支持可能更适合他们；而有些学生可能更倾向于独立学习和反思，那么在线课程和个人练习可能会更有效。在制定方案时，需要充分考虑这些个性化因素，以确保干预内容能够真正满足学生的需求。此外，个性化干预方案的实施还需要灵活调整和动态优化。在干预过程中，学生的心理状况和需求可能会发生变化，因此需要定期进行跟踪评估，及时调整干预策略。例如，如果发现某个学生在某个特定领域的进展不如预期，可以调整干预方法或增加相应的支持，确保干预的持续有效性。导师和心理咨询师在这个过程中起到关键作用，他们需要定期与学生沟通，了解他们的反馈和体验，及时调整干预方案。

个性化干预方案的有效实施还依赖于良好的资源支持和技术保障。在线平台可以提供丰富的干预资源，如视频课程、互动练习和支持社区，帮助学生在课外时间继续进行自我管理和练习。此外，技术支持和隐私保护也是不可或缺的，确保学生的个人信息和干预数据得到充分保护，使他们能够安心参与干预。个性化干预方案的效果评估是确保其有效性的关键步骤。通过定期评估学生的心理健康状况，比较干预前后的变化，可以科学地验证干预的效果。统计分析方法，可以用来检验干预的显著性差异，提供量化的效果评估结果。这些评估结果不仅有助于总结和优化当前的干预方案，还为未来的心理干预研究和实践提供重要的参考和指导。

（二）混合模式干预

混合模式干预通过结合线上与线下的干预方式，既利用了网络干预的便利性，又加强了面对面的交流和支持。这种模式能够提供更全面的心理健康服务，满足学生多样化的需求。线上干预提供了灵活性和广泛的资源，例如在线课程、互动练习和虚拟支持小组，使学生可以在任何时间、任何地点获取心理健康支持。而线下干预则通过面对面的互动和交流，增强了学生的参与感和归属感，有助于建立更深层次的情感联系和支持网络。线上干预部分通过各种数字平台提供丰富的心理健康资源。学生可以通过观看视频课程、参与在线讨论、完成自我评估等方式，随时随地进行心理健康的自我管理和学习。这些在线资源通常涵盖了认知行为疗法（CBT）、正念减压疗法

（MBSR）等多种干预方法，帮助学生根据自己的需求选择合适的内容进行学习和练习。线上平台还可以提供匿名的交流环境，使学生能够在不暴露身份的情况下分享自己的问题和感受，获得同伴的支持和反馈。

线下干预部分则通过面对面的互动，进一步巩固和深化学生的学习和体验。定期的线下小组活动和个别辅导，可以为学生提供直接的情感支持和互动机会。面对面的交流不仅有助于建立信任和归属感，还能及时解决学生在线上学习中遇到的问题和困惑。线下活动可以包括小组讨论、工作坊、心理剧等多种形式，增强学生的参与感和实际操作能力。这些活动不仅帮助学生更好地理解和应用所学内容，还通过实际的互动和体验，提升他们的情感调节和应对能力。混合模式干预的另一个优势在于其灵活性和适应性。学生可以根据自己的时间和需求，自由选择线上或线下的干预方式。这种灵活性不仅提高了学生的参与度和依从性，还使得心理健康服务能够更广泛地覆盖不同背景和需求的学生群体。此外，混合模式干预还可以通过定期评估和反馈，不断优化和调整干预策略，确保干预的效果和持续性。通过线上平台收集的数据，可以实时监测学生的参与情况和心理健康变化，及时发现问题并进行干预。然而，混合模式干预也面临一些挑战。例如，线上和线下干预的整合需要有效协调和管理，确保两者相辅相成、互为补充。此外，技术支持和资源配置也需要跟上，确保线上平台的稳定性和线下活动的高效组织。学生的隐私保护和数据安全也是需要重点关注的问题，确保他们能够在安全和保密的环境中接受心理健康服务。

（三）技术支持和培训

提供必要的技术支持和培训对于确保学生能够顺利参与网络干预，并充分利用其提供的资源至关重要。首先，技术支持的基础是一个稳定且用户友好的在线平台。这个平台需要具备良好的界面设计，易于导航，使学生能够轻松找到所需的资源和工具。技术团队需要定期维护和更新平台，确保其稳定运行，并迅速解决任何技术问题，例如页面加载缓慢、视频播放故障或登录困难等。在技术支持方面，还需要建立一个全天候的技术帮助热线或在线支持系统。通过这一系统，学生可以在遇到技术问题时，及时获得帮助。这种即时支持可以通过电话、邮件或在线聊天等多种方式提供，确保学生在任何时候都能获得技术援助。技术支持人员应接受专业培训，能够迅速、高效地解决问题，同时保持友好和耐心的态度，增强学生的使用体验。

新生入学时，可以安排专门的培训课程，帮助他们熟悉在线平台的使用方法。这些培训课程可以采用在线教程、视频演示、互动工作坊等多种形式，使学生在实际操作中掌握使用技巧。此外，定期举办的培训更新课程可以帮助学生了解平台的新功能和新资源，保持他们对平台的持续关注和使用。培训不仅限于学生，还应包括所有参与网络干预的教职人员和心理健康服务提供者。通过专业培训，教职人员可以熟练使用在线平台，掌握各种心理干预工具和资源，从而在辅导学生时更加得心应手。这些培训课程应包括平台使用技巧、在线辅导方法、隐私保护措施等内容，确保教职人员能够有效地支持学生的心理健康需求。

为确保培训的效果，可以采用评估和反馈机制。培训结束后，通过问卷调查或在线测试，评估学生和教职人员的掌握情况。根据反馈结果，及时调整和改进培训内容和方法，提高培训的针对性和实效性。此外，可以设立学生和教职人员的技术支持和培训专员，定期跟进他们的使用情况和需求，提供持续的支持和帮助。在技术支持和培训的过程中，隐私保护和数据安全是必须重视的问题。在线平台需要采用先进的加密技术和严格的隐私保护政策，确保学生的个人信息和心理健康数据不被泄露。培训内容应包括数据安全知识，使学生和教职人员了解如何保护个人信息，提高他们的安全意识。

（四）持续跟踪与评估

对参与干预的学生进行长期的跟踪和评估是确保干预持续有效的关键步骤。首先，在干预开始时建立一个详细的基线数据记录，包括学生的心理健康状况、情绪调节能力和自尊水平等各项指标。这些基线数据将作为后续评估的参照点，帮助研究者了解学生在干预过程中和干预后的变化。定期的评估是长期跟踪的重要环节。可以设定每隔几个月进行一次全面的心理健康评估，采用标准化的量表如贝克抑郁量表（BDI）、焦虑自评量表（SAS）和罗森伯格自尊量表（RSES）等工具，确保数据的连续性和可比性。通过这些定期评估，能够及时发现学生的心理健康状况变化，了解干预措施的即时效果。采用科学的统计方法，如配对样本 t 检验和重复测量方差分析（ANOVA），对干预前后及不同时间点的数据进行比较和分析。这些分析不仅可以验证干预的短期效果，还能揭示其长期影响。特别要关注不同学生群体的变化，如不同年级、性别和背景的学生，分析他们在干预中的不同反应，提供更加细化的干预策略。

根据跟踪评估的结果，及时调整干预方案是确保其持续效果的重要措施。如果发现某些学生的心理健康状况未得到显著改善，甚至有所恶化，需立即调整干预策略。调整可以包括增加干预频率、改变干预内容或方式，甚至引入新的干预方法。例如，对于焦虑症状未改善的学生，可以尝试加入更多的正念练习或认知行为疗法（CBT）的针对性训练。除了定期评估，还可以引入动态跟踪机制，如通过移动应用或在线平台，实时收集学生的情绪和心理健康数据。这些数据可以通过每日打卡、情绪日记等方式获取，为研究者提供更实时、更全面的学生心理状态信息。通过动态数据的分析，可以更及时地发现问题，进行快速干预。

长期的跟踪和评估还需要建立一个支持系统，为学生提供持续的心理健康支持。这个系统可以包括在线咨询、心理健康讲座、支持小组等多种形式，帮助学生在干预结束后继续获得必要的心理支持和指导。通过这种持续支持，可以巩固干预的效果，防止心理问题的反复和恶化。跟踪评估的结果和经验总结对未来的干预研究和实践具有重要意义。通过系统的数据分析和案例研究，可以总结出有效的干预模式和策略，为后续的干预项目提供科学依据和指导。同时，跟踪评估还可以揭示干预中的潜在问题和挑战，为不断优化干预方案提供方向。

第三节　互联网平台在危机干预中的作用

一、提供便捷的心理健康资源

互联网平台使用户能够随时随地获取各种心理健康资源。通过平台，用户可以访问文章、视频、音频等多种形式的内容，帮助他们了解心理危机的特征和应对方法。此外，平台还提供多样化的干预内容，如认知行为疗法（CBT）和正念减压疗法（MBSR），以满足不同用户的需求。自助工具，如在线测评和练习，也可以帮助用户初步评估自己的心理状态并进行自我干预，从而降低心理危机的发生率。

二、增强用户互动与支持

互联网平台提供了丰富的互动和支持机制，帮助用户在心理危机中获得必要的支持。在线咨询服务使用户可以通过文字、语音或视频与专业心理咨询师交流，获得及时的心理支持。支持小组和社区为用户提供了一个分享和交流的空间，用户可以在这里找到同伴支持，缓解孤独感和无助感。实时聊天功能进一步增强了互动性，使用户能够迅速与他人交流，及时获得情感支持和建议，防止心理危机的恶化。

三、数据收集与分析

互联网平台通过用户的在线活动和反馈，能够实时监测他们的心理健康状况，及时发现潜在的心理危机。大数据分析使平台能够识别出常见的心理问题和危机模式，为个性化干预提供数据支持。基于这些数据，平台可以建立心理危机预警系统，及时提醒用户和相关人员，采取适当的干预措施。这种数据驱动的方式显著提高了心理危机干预的效率和效果。

四、扩大心理健康服务覆盖面

互联网平台显著扩大了心理健康服务的覆盖面。通过平台，心理健康知识得以更广泛地传播，提高公众的心理健康意识，减少了心理危机的发生。平台降低了获取服务的门槛，特别是对于偏远地区或因各种原因无法接受线下服务的人群，互联网提供了一条便捷的途径。此外，互联网平台通常提供全天候服务，使用户在任何时间都能获得心理支持，特别是在心理危机发生的紧急时刻。

五、整合资源与协作

互联网平台可以与心理健康机构、医院、学校等多方合作，整合各方资源，提供更加全面和专业的心理健康服务。通过平台，相关机构可以共享最新的研究成果和实践经验，推动心理健康领域的发展和创新。此外，平台还可以提供专业培训课程，提高心理咨询师和其他相关人员的专业水平和应对能力。资源共享和多方合作显著提高了心理危机干预的整体水平和效果。

第四节　网络干预的伦理与隐私保护

一、知情同意原则

在进行大学生心理健康网络干预时，知情同意是首要的伦理原则。参与者应在充分了解干预目的、过程、可能的风险和收益后，自愿决定是否参与。提供清晰、易懂的知情同意书，并确保参与者有机会提问和获得解答，保障他们在知情的基础上做出决策。

二、隐私和数据保护

保护参与者的隐私和数据是网络干预的核心要求。平台必须采用严格的数据保护措施，包括数据加密、匿名化处理和安全存储，防止数据泄露和未经授权的访问。制定并遵守隐私保护政策，明确数据的收集、使用、存储和分享方式，确保参与者的个人信息得到充分保护。

三、心理干预的伦理责任

心理干预者在网络干预过程中应遵守职业伦理标准，确保干预的专业性和有效性。他们应具备相应的专业资格，提供科学、可靠的心理支持和建议。干预者需对参与者的心理状态保持敏感，及时识别并应对潜在的心理危机，避免对参与者造成进一步伤害。

四、在线平台的伦理管理

在线平台在提供心理健康服务时，应设立明确的伦理管理机制。平台运营者需要建立伦理审查委员会，对干预项目进行伦理审查和监督，确保干预项目符合伦理标准。平台还应设立投诉和反馈机制，方便参与者报告伦理问题或隐私侵害事件，并及时处理和纠正。

五、技术与伦理的平衡

在网络干预中，技术的应用应与伦理要求相平衡。平台在开发和使用新技术时，应评估其对参与者隐私和伦理的影响，避免因技术滥用而侵害参与者的权益。例如，人工智能算法的应用应透明化，避免因算法偏见导致的心理干预效果不公正。

六、文化敏感性与多样性尊重

在设计和实施心理健康网络干预时，应尊重文化多样性和个体差异。平台和干预者需要了解并尊重参与者的文化背景、价值观和个人信仰，提供文化敏感性强的干预方案，避免因文化误解而影响干预效果。

七、持续的伦理培训与教育

持续的伦理培训与教育对于干预者和平台运营者至关重要。通过定期培训，提升干预者和运营者的伦理意识和专业能力，确保他们在工作中始终遵循伦理规范。教育内容应包括隐私保护、数据安全、知情同意、文化敏感性等方面，帮助他们更好地理解和应对伦理挑战。

第四章　互联网心理咨询的发展与应用

第一节　互联网心理咨询的形式

一、在线文字咨询

在线文字咨询是互联网心理咨询中非常普遍的一种形式，通常通过各种聊天软件或专门的平台进行。这种形式让用户可以与心理咨询师进行实时文字交流，在自己的节奏下打字，详细描述自己的问题和感受。在线文字咨询的一个显著优势是它的高度隐私性和匿名性。由于用户不需要面对面与咨询师见面，他们往往会感到更加自在，能够更坦诚地分享自己内心深处的问题和困扰。这种形式的咨询特别适合那些对直接对话感到不适或害羞的用户。他们可以在自己的舒适环境中，随时随地与咨询师沟通，不受时间和地点的限制。在线文字咨询的这种灵活性，使得更多有心理健康需求的人能够获得帮助，特别是在传统心理咨询难以覆盖的区域或人群。在线文字咨询的互动方式也有助于用户更清晰地表达自己的情感和想法。文字交流允许用户在打字的过程中反思和整理自己的思绪，避免了口头交流中的仓促和遗漏。

咨询师也可以通过仔细阅读用户的文字，提供更加精准和深入反馈。文字记录的保存还为用户提供了一个回顾和反思的机会，他们可以随时查看之前的对话，巩固咨询过程中的收获和进步。然而，在线文字咨询也有其局限性。由于缺乏面对面的交流，咨询师无法通过用户的面部表情和肢体语言获取更多的情感信息，这可能影响对用户情绪和状态的全面判断。此外，文字交流的速度相对较慢，可能会影响咨询的即时性和流畅性。在情绪激动或急需帮助的情况下，用户可能更需要及时的口头交流或面对面的支持。为了弥补这些不足，许多在线文字咨询平台还结合了其他形式的支持，例如音频和视频咨询、心理健康资源库等，为用户提供更全面的服务。咨询师在文字交流中，也会特别注意语言的使用和表达，确保能够准确理解用户的感受和需求。

二、视频咨询

视频咨询是心理咨询的一种重要形式，通过视频通话软件进行，使用户和心理咨询师能够面对面交流，尽管是通过屏幕。这种形式为用户提供了更加直接和个人化的互动体验，咨询师可以通过观察用户的面部表情和肢体语言，获得更全面的信息，有助于更准确地评估用户的心理状态。视频咨询的视觉和听觉元素使得交流更加生动，弥补了面对面咨询的不足，是目前广泛应用的一种形式。这种咨询方式特别适合那些需要更丰富互动的用户，通过视频通话，咨询师和用户可以进行更加自然和即时的交流。用户可以从咨询师的表情和声音中获得情感支持和共鸣，而咨询师也能通过观察用户的非语言行为，如眼神、表情和姿势，获取更多关于用户情绪和心理状态的信息。这些细微的非语言线索在心理评估和干预过程中起着至关重要的作用。

用户无需亲自前往咨询室，可以在自己熟悉和舒适的环境中进行咨询，这有助于减轻他们的心理压力和不适感。特别是在地理位置偏远或交通不便的地区，视频咨询为用户提供了宝贵的心理健康支持途径。此外，对于那些工作繁忙或有特殊时间需求的用户，视频咨询的灵活性使他们能够更方便地安排咨询时间，确保他们能够定期获得心理支持。然而，视频咨询也存在一些挑战和局限性。技术问题可能影响咨询的顺利进行，如网络连接不稳定、视频质量差等问题，可能干扰咨询过程。虽然视频咨询提供了视觉和听觉的交流，但相比面对面咨询，仍然缺乏一些现场互动的真实感和临场感。隐私和数据安全也是视频咨询中的重要考虑因素，平台需要确保用户的信息和咨询内容得到充分保护，防止泄露和滥用。为了解决这些问题，视频咨询平台需要提供稳定和高质量的技术支持，确保视频通话的流畅和清晰。同时，平台应采用先进的加密技术和严格的隐私保护措施，确保用户的信息安全。此外，咨询师也需要接受专门的培训，掌握在视频环境下进行心理咨询的技巧和方法，提高他们在这种新形势下的专业能力。

三、音频咨询

音频咨询是通过电话或网络语音通话进行的心理咨询方式，用户可以通过声音与心理咨询师进行交流。这种形式对于那些在视频通话中感到不适或没有稳定网络连接的用户来说非常适合。音频咨询的优势在于其便捷性和普遍适用性，用户可以在任何地点通过电话或网络进行咨询，而无需担心视频设备和网络环境的限制。这种咨询形式能够提供即时反馈和支持，使用户在遇到情绪困扰或心理危机时，能够迅速获得专业帮助。音频咨询中的语音交流可以传达情感和语气，帮助咨询师更好地理解用户的情绪状态和心理需求。虽然缺乏视频咨询中的视觉元素，音频咨询仍然可以通过声音的变化、语调和语速等非语言线索，获取用户的情感信息。音频咨询在某些情况下可能更加私密和舒适。用户无需面对摄像头，可以更加放松地表达自己的感受和问题。对于一些对外貌或环境敏感的用户，音频咨询提供了一种更加安心的沟通方式。他们可以选择在自己最放松的环境中，如家中或私密的空间，进行咨询，这有助于减轻他们的焦虑和紧张感。

然而，音频咨询也存在一定的局限性。由于缺乏视觉反馈，咨询师无法通过观察用户的面部表情和肢体语言来获取更多的情感和心理信息，这可能会影响对用户心理状态的全面评估。此外，纯语音的交流方式可能会导致一些重要的非语言线索丢失，从而影响咨询效果。在某些复杂的心理问题或严重的心理危机情况下，可能需要辅以其他形式的咨询或面对面的支持。音频咨询可以结合其他形式的支持工具，如在线聊天、电子邮件和文字消息等，提供更全面的服务。通过这些工具，用户可以在语音咨询之外，进一步表达和记录自己的感受和问题。咨询师也可以通过这些渠道，提供书面建议和跟进支持，确保用户能够得到持续和多样化的帮助。平台和服务提供商需要确保通话内容的保密性，防止未经授权的监听和记录。采用先进的加密技术和严格的隐私政策，可以有效保护用户的个人信息和咨询内容。

四、电子邮件咨询

电子邮件咨询是一种通过电子邮件进行心理咨询的形式，用户可以在自己方便的时候详细描述自己的问题，然后发送给心理咨询师。这种方式允许用户在整理思绪后，以更加有条理的方式表达他们的情感和困扰。电子邮件咨询特别适合那些需要时间反思和组织语言的人，他们可以在不受时间压力的情况下，深思熟虑地描述自己的状况。心理咨询师在收到电子邮件后，会在约定的时间内回复，提供专业的建议和支持。这个过程中，咨询师可以仔细阅读用户的邮件，全面理解他们的问题，然后提供详细而有针对性反馈。与即时沟通不同，电子邮件咨询给了咨询师更多的时间来思考和准备回复，这可以提升建议的质量和深度。

用户和咨询师的所有交流都会保留在电子邮件中，方便用户随时回顾之前的讨论和建议。这种记录功能不仅有助于用户在未来反思和应用建议，还为咨询过程提供了清晰的轨迹，帮助用户看到自己的进步和变化。然而，电子邮件咨询也有其局限性。由于交流的时间间隔较长，用户在等待回复期间可能会感到焦虑或不安，尤其是在面临紧急问题时。电子邮件缺乏实时互动，无法立即回应用户的需求或情绪变化。此外，文字交流可能无法完全传达用户的情感和语气，可能导致信息的误解或遗漏。为了克服这些局限性，电子邮件咨询可以与其他形式的支持结合使用。例如，用户在等待回复期间，可以通过在线资源或自助工具获得即时帮助。同时，咨询师在回复邮件时，也可以建议用户在紧急情况下寻求其他更及时的支持方式，如电话或视频咨询。

五、移动应用程序咨询

许多心理健康平台提供专门的移动应用程序，让用户通过这些应用进行文字、音频或视频咨询。用户可以随时随地通过手机与心理咨询师沟通，这种便捷性极大地方便了那些时间紧张或地理位置偏远的用户。这些移动应用程序不仅提供多种形式的咨询，还包含丰富的自助工具和资源库。例如，用户可以使用应用中的冥想指导、情绪日记、认知行为练习等工具，自主进行心理调节和管理。此外，应用程序通常设有丰富的资源库，提供各种关于心理健康的文章、视频和课程，帮助用户了解和学习心理健康知识，增强自我护理能力。用户可以记录自己的心理健康状况和咨询进展，查看历史数据，了解自己的变化和进步。咨询师也可以通过这些数据，更加全面地了解用户的心理状态，提供更加个性化和针对性的建议。这种持续的跟踪和反馈机制，帮助用户在日常生活中更加有效地管理和改善心理健康。

移动应用程序的多功能性和易用性，使其成为越来越受欢迎的咨询形式。用户不仅可以获得专业的心理咨询服务，还可以利用应用中的各种功能进行日常的心理健康管理。这种一站式的服务模式，大大提高了心理健康服务的可及性和实用性。然而，移动应用程序咨询也面临一些挑战。技术问题可能影响用户体验，如应用的稳定性和数据安全问题。确保用户数据的隐私和安全，是平台必须重视和解决的问题。虽然移动应用程序提供了便捷的沟通方式，但某些复杂的心理问题可能仍需要面对面的深度交流和专业评估。为了克服这些挑战，平台需要不断优化应用的技术性能，确保其稳定和安全运行。同时，应用程序可以设置多层次的支持机制，如在用户遇到技术问题时提供即时的技术帮助，在用户需要更深入的支持时，提供转介到面对面咨询的选项。

六、在线支持小组

在线支持小组是通过论坛或社交媒体平台，为用户提供一个讨论和分享心理健康问题的社区。这些小组通常由心理健康专业人士或训练有素的志愿者主持，为用户提供同伴支持和专业建议。在这样一个互动性强的环境中，用户可以自由表达自己的困惑和感受，从而减轻心理压力。在线支持小组的一个显著特点是它的开放性和包容性，不论背景和经历，每个人都能找到理解和共鸣。在线支持小组的另一个优势在于它提供了匿名性。很多用户在面对面咨询中可能会因为羞耻感或隐私问题而退缩，但在线平台能够提供一个安全的空间，让用户能够毫无顾忌地表达自己的真实想法和情感。这种匿名性不仅增加了用户的参与度，也有助于他们更坦诚地分享自己的经历，从而获得更有效支持。

在线支持小组的互动性强，用户不仅能从中获得专业建议，还能与其他经历相似的人互相鼓励和支持。这种同伴支持是许多用户在传统心理咨询中无法获得的。通过阅读他人的故事和经验，用户能够发现自己并不孤单，从而增强自我效能感和心理韧性。同伴支持不仅有助于减轻心理负担，还能提供新的应对策略和解决问题的方法。在线支持小组通常会定期组织主题讨论或活动，帮助用户更深入地了解心理健康知识和技能。这些活动由专业人士指导，从压力管理到情感调节，从而全面提升用户的心理健康水平。通过参与这些活动，用户不仅能学习新知识，还能在实践中运用这些技能，从而提高生活质量。用户可以随时随地加入讨论，获得及时的帮助和建议。长期参与能够建立深厚的情感连接，使用户在面对挑战时感到不再孤单。在线支持小组不仅是一个获取支持的渠道，更是一个培育积极心理资源的温暖社区。

七、聊天机器人咨询

聊天机器人咨询是许多平台引入的一种新兴技术，通过人工智能技术为用户提供即时的心理支持和建议。尽管聊天机器人无法替代人类心理咨询师，但它们在用户需要时能够提供初步的情感支持和应对策略。这种形式非常适合那些需要立即帮助但无法立刻获得专业咨询的情况。聊天机器人能够全天候提供服务，这意味着用户在任何时间遇到心理困扰时，都可以寻求到即时的帮助。与传统的预约咨询不同，聊天机器人不受时间和地点的限制，用户只需通过手机或电脑即可获得支持。这种便利性使得聊天机器人成为用户在紧急情况下的可靠选择。聊天机器人通过自然语言处理技术，能够理解和回应用户的情感表达。尽管机器人无法完全理解复杂的人类情感，但它们可以通过分析用户的文字输入，识别出关键情绪并给予适当的回应。这种即时反馈能够在一定程度上缓解用户的紧张和焦虑情绪，为他们提供一种心理上的安慰和支持。

聊天机器人能够向用户提供有关心理健康的知识和信息，帮助用户了解自己的心理状况以及可能的应对方法。通过引导用户进行放松练习、提供积极的心理建议等，聊天机器人能够帮助用户建立更健康的心理习惯。这种教育功能不仅有助于用户在短期内缓解压力，也能在长期内提高他们的心理素质。许多用户在面对面咨询中可能会因为隐私问题而感到不安，而聊天机器人则能够提供一种匿名的咨询方式。用户可以放心地表达自己的内心困扰，而不必担心隐私泄露。这种匿名性使得用户能够更加坦诚地与机器人交流，从而获得更有效帮助。

通过不断地与用户互动，聊天机器人能够学习和优化其应对策略，使得其提供的服务越来越个性化和精准化。这种持续改进的能力使得聊天机器人能够不断提升其服务质量，更好地满足用户的需求。尽管聊天机器人无法替代专业的心理咨询师，但它们在心理健康服务体系中起到了补充和支持的作用。在专业咨询资源有限的情况下，聊天机器人可以作为一种过渡性工具，帮助用户度过心理危机，并引导他们寻求进一步的专业帮助。聊天机器人不仅缓解了心理健康服务的压力，也为用户提供了一种便捷且有效的心理支持途径。

第二节 互联网心理咨询的优势与挑战

一、互联网心理咨询的优势

（一）方便快捷

用户可以在任何时间和地点进行咨询，只需要有互联网连接即可。这种便利性尤其适合那些生活繁忙或居住在偏远地区的人群。用户无需花费时间和精力前往咨询机构，节省了交通时间和费用，提高了咨询的效率。

（二）隐私保护

许多互联网心理咨询平台允许用户匿名，这使得用户能够更自由地表达自己的困扰和情感，减少面对面咨询可能带来的羞耻感和压力。现代互联网心理咨询平台通常采用先进的加密技术，确保用户的隐私和数据安全，防止信息泄露。

（三）灵活性高

用户可以选择视频、音频、文本聊天或电子邮件等多种咨询方式，满足不同用户的偏好和需求，提供个性化的服务。用户可以根据自己的时间安排进行咨询预约，不受咨询师办公时间的限制，极大地增加了时间上的灵活性。

（四）广泛的专业支持

互联网心理咨询打破了地理限制，用户可以选择来自不同地区甚至不同国家的专业咨询师，获得更多专业支持的选择。用户可以寻求具有特定文化背景或语言能力的咨询师，提供更符合个人文化背景和语言需求的心理支持。

（五）降低心理压力

用户可以在自己熟悉和舒适的环境中进行咨询，有助于减轻心理压力，更自然地表达自己的情感和问题。对于一些对面对面交流感到紧张或不适的用户，互联网咨询可以提供一种更放松的方式进行心理沟通。

（六）持续支持和跟进

通过文本聊天和电子邮件等方式，用户和咨询师可以方便地保存和查阅过往的交流记录，有助于长期跟踪问题的发展和变化。用户可以根据需要进行多次咨询，咨询师也能够根据之前的记录提供连续性的支持和干预，提高咨询效果。

（七）成本效益

互联网心理咨询通常比传统面对面咨询费用低，降低了用户获得专业心理支持的经济门槛。用户无需支付交通费、停车费等附加成本，进一步降低了整体咨询费用。

（八）紧急情况应对

在一些紧急情况下，用户可以通过互联网心理咨询平台获得即时的情感支持和应对策略，避免因为等待专业咨询而带来的风险。许多互联网心理咨询平台提供 24 小时全天候服务，确保用户在任何时间都能获得所需的支持。

二、互联网心理咨询面临的挑战

（一）技术依赖

互联网心理咨询依赖于稳定的网络连接，但在网络不稳定或中断的情况下，咨询过程可能会被打断，影响用户体验和咨询效果。平台可能会遇到技术故障，如软件崩溃、视频卡顿等问题，导致咨询无法顺利进行，这对用户的心理状态可能产生负面影响。

（二）隐私和安全

尽管许多平台采用了加密技术，但仍然存在数据泄露的风险。用户的隐私信息和心理咨询记录可能会被不法分子获取，造成严重的隐私问题。不同平台的安全措施和隐私保护水平存在差异，用户难以判断哪个平台更安全，增加了信息泄露的风险。

（三）人际互动缺失

互联网心理咨询缺少面对面的非语言交流，如面部表情、肢体语言等，这些非语言信息对于心理咨询师了解用户情绪状态非常重要。面对面的咨询有助于建立信任关系，而在线咨询可能因为缺少实体互动而使用户感到距离感，影响咨询效果。

（四）咨询效果评估难

互联网心理咨询的效果评估缺乏统一的标准，难以全面、客观地衡量咨询的效果和质量。由于在线沟通的局限性，用户的反馈可能不够全面，咨询师难以获得完整的信息，影响对用户问题的准确判断和干预。

（五）专业资格认证

互联网平台上心理咨询师的资质和专业能力难以全面审核，用户可能无法分辨咨询师的真实水平和资格，增加了获取不专业服务的风险。由于互联网平台的开放性和跨地域性，监管部门难以有效监管和规范线上心理咨询市场，可能存在无资质从业者提供服务的情况。

（六）文化和语言差异

不同文化背景的用户和咨询师在交流过程中可能会出现文化误解。跨文化沟通需要咨询师具备丰富的文化敏感性和沟通技巧。对于使用非母语进行咨询的用户，语言障碍可能会导致表达不清、误解等问题。

（七）依赖性风险

用户可能会过度依赖互联网心理咨询，而忽视了面对面咨询的重要性。一旦技术出现问题，用户可能会感到无助和焦虑。互联网心理咨询主要提供初步的情感支持和应对策略，但对于需要深入干预和治疗的用户，可能无法提供足够的帮助。

（八）法律和伦理问题

不同国家和地区对心理咨询的法律法规存在差异，互联网心理咨询涉及跨地域服务时，可能面临法律适用和监管的问题。互联网心理咨询在伦理规范方面尚未完善，可能存在用户权益保护不足、咨询师职业操守难以保障等问题。

第三节　大学生对互联网心理咨询的接受度

一、大学生对互联网心理咨询接受度的总体情况

（一）高接受度

随着互联网的普及和心理健康意识的提高，越来越多的大学生愿意尝试互联网心理咨询。互联网的便捷性使得学生们能够轻松访问心理咨询服务，无需为预约和交通耗费时间和精力。对于学业繁忙的大学生来说，这种便捷性尤为重要，他们可以在课余时间通过手机或电脑进行咨询。面对面咨询可能会让一些学生感到尴尬或不自在，而互联网心理咨询的匿名性使得他们能够更自由地表达自己的情感和困惑，不必担心被认识的人看到。这种隐私保护的特性极大地降低了学生寻求心理帮助的心理门槛，使更多人愿意尝试。

互联网心理咨询提供了即时的情感支持和应对策略，使学生能够在压力最大的时候得到帮助。无论是在考试期间、项目截止日临近时，还是在处理复杂的人际关系时，学生们都能通过互联网快速找到心理咨询师，得到专业的建议和支持。不论是视频咨询、音频咨询还是文本聊天，每种模式都有其独特的优势。一些学生可能更喜欢面对面交流，而另一些则可能更倾向于通过文字表达自己的感受。多样化选择让学生能够找到最适合自己的咨询方式，从而提高了咨询的效果和满意度。许多高校在宣传和教育方面做了大量工作，帮助学生了解心理健康的重要性和互联网心理咨询的益处。一些学校甚至与互联网心理咨询平台合作，提供免费的咨询服务，这不仅提高了学生的接受度，也促进了心理健康教育的发展。

（二）区域差异

大城市的大学生往往更早接触互联网和心理健康教育，这使得他们对互联网心理咨询的接受度通常较高。城市中发达的网络基础设施和丰富的心理健康资源，为学生提供了更多了解和使用互联网心理咨询的机会。他们能够方便地获取相关信息，并在遇到心理困扰时迅速寻求帮助。偏远地区的大学生可能因为网络基础设施不完善和心理健康资源不足，对互联网心理咨询的接受度相对较低。在这些地区，互联网的普及速度较慢，学生接触到高质量心理健康教育的机会也相对有限。这些因素导致他们对互联网心理咨询的了解和信任度不足，从而影响了他们使用这类服务的意愿。

文化观念和社会环境的差异也在一定程度上影响了不同地区大学生对互联网心理咨询的接受度。在大城市，开放和多元的文化氛围使得心理健康问题能够得到更多关注和讨论，学生更容易接受心理咨询作为解决心理问题的一种方式。而在一些偏远地区，传统观念可能更为根深蒂固，心理健康问题可能被视为私密甚至羞耻的话题，从而阻碍了学生对心理咨询服务的接受。大城市的学生通常有更好的经济条件，可以负担得起互联网心理咨询的费用，并且更容易获得免费的心理健康服务。而在偏远地区，经济条件较差的学生可能因为费用问题而放弃使用这类服务，尽管他们同样有心理健康方面的需求。大城市的高校通常有更完善的心理健康教育体系和更多的心理健康宣传活动，帮助学生了解并接受互联网心理咨询。高校在这方面的投入相对较少，学生对心理健康知识的了解不足，导致他们对互联网心理咨询的接受度较低。

二、影响大学生对互联网心理咨询接受度的因素

（一）技术熟悉度

大学生普遍对互联网和智能设备的使用非常熟练，这使得他们对互联网心理咨询的接受度较高。熟练使用各种技术工具，使他们能够轻松访问和使用在线咨询服务。无论是通过电脑、手机，还是其他智能设备，大学生都能够快捷地连接到心理咨询平台，获取所需的支持和帮助。技术的熟练掌握让大学生在使用互联网心理咨询服务时感到得心应手。他们能够迅速适应不同的在线平台，熟练操作视频、音频和文字聊天

工具，使得咨询过程顺畅高效。对于在数字环境中成长起来的一代人来说，技术操作已经成为日常生活的一部分，这种熟练度自然延伸到了互联网心理咨询的使用中。

大学生还善于利用各种在线资源来丰富自己的咨询体验。他们能够熟练地进行在线搜索，找到适合自己的咨询平台和心理咨询师。此外，他们还会利用各种心理健康应用程序和在线资料，自主学习和管理自己的心理健康状况。这种自我导向的学习和探索能力，使得他们在面对心理问题时，更加主动和积极地寻求帮助。技术的熟练使用还增强了大学生对互联网心理咨询的信任感。由于他们对互联网平台和应用程序的操作有着充分了解和控制，能够更好地保障自己的隐私和安全。这种信任感让他们在选择互联网心理咨询时，感到更加放心和安心，从而提高了整体的接受度。此外，技术熟练度还促进了大学生对新型心理健康服务模式的开放态度。互联网心理咨询作为一种相对新兴的服务形式，借助现代技术的发展迅速普及。大学生对技术的熟悉和接受，使得他们更愿意尝试和接受这种新型的咨询方式。这种开放态度不仅有助于个人心理健康的维护，也推动了互联网心理咨询行业的进一步发展。

（二）心理健康意识

通过系统的心理健康教育，学生们能够更全面地了解心理健康的重要性和维护方法，从而增强他们对心理健康问题的敏感性和重视程度。接受过心理健康教育的学生，更容易理解和接受互联网心理咨询的益处。心理健康教育课程通常包括压力管理、情绪调节、心理健康自我评估等内容，使学生在遇到心理问题时能够及时识别并寻求帮助。这种教育帮助学生树立正确的心理健康观念，打破心理问题的污名化，鼓励他们积极面对和解决心理困扰。在这种背景下，互联网心理咨询作为一种便捷、高效的心理支持方式，自然得到了学生们的认可和接受。

学校和社会的心理健康宣传活动也在潜移默化中影响着学生的观念。心理健康周、心理健康讲座、心理健康日等活动，通过生动有趣的形式，向学生传递心理健康知识，介绍互联网心理咨询的优势和操作方法。这些活动不仅提高了学生的心理健康意识，还消除了他们对互联网心理咨询的疑虑和担忧，使他们更加愿意尝试这一新兴服务。心理健康意识的提高，还促进了学生对心理咨询服务的积极态度和信任感。学生们在了解了心理健康问题的普遍性和严重性后，意识到专业心理咨询的重要性和必要性。而互联网心理咨询作为一种方便快捷的心理服务形式，能够及时满足他们的需求，提供专业的支持和建议。这种认知转变，使得他们在遇到心理困扰时，更倾向于选择互联网心理咨询，而不是忍受痛苦或依赖不专业的自我调节方法。心理健康教育不仅影响学生对互联网心理咨询的接受度，还提高了他们的心理素质和应对能力。通过系统学习和训练，学生们掌握了更多的心理健康知识和技能，能够更加理性地看待和处理心理问题。这种积极的心态和良好的应对能力，使他们在遇到心理问题时，能够及时寻求专业帮助，而互联网心理咨询正是他们最便捷的选择之一。

(三) 时间安排灵活性

大学生的课业和生活安排通常非常紧凑，互联网心理咨询提供的时间灵活性，使得他们能够更好地安排咨询时间，从而提高了接受度。由于学业压力和多样的课外活动，大学生往往难以在固定的时间段内进行面对面的心理咨询。而互联网心理咨询则可以随时随地进行，无论是深夜、周末，还是课间休息时间，都能为学生提供便利的心理支持。灵活的时间安排使大学生能够在最需要帮助的时刻寻求心理咨询，而不必等待预约时间。这种即时性对于情绪波动大、突发性心理问题频发的大学生来说尤为重要。当他们在面对突如其来的心理困扰时，可以立即通过互联网心理咨询平台寻求专业的建议和支持，避免了问题的恶化。

互联网心理咨询的预约系统通常非常便捷，学生可以根据自己的时间安排灵活选择咨询时间，而无需与咨询师的时间表进行复杂的协调。这种便捷性极大地降低了咨询的时间成本，使得学生能够更高效地利用碎片时间进行心理咨询。对于那些每天都有繁重学业任务的学生来说，这无疑是一个重要的优势。互联网心理咨询的时间灵活性还体现在咨询方式的多样化上。无论是视频、音频还是文字聊天，每种方式都有其独特的时间安排优势。视频咨询可能需要较为稳定的时间段，但音频和文字聊天则可以更加灵活地进行，学生可以在图书馆、宿舍或任何安静的环境中进行咨询，而不必担心时间和场地的限制。

互联网心理咨询的灵活性不仅方便了学生，也为他们提供了一个持续的支持渠道。学生可以根据自己的心理状态和需求，随时调整咨询的频率和时间安排，而不必拘泥于固定的周期性咨询。这种灵活的安排方式，使得学生能够更好地结合自身的实际情况，获得更具针对性和时效性的心理支持。灵活的时间安排还使得大学生能够在不影响学业和生活的情况下，定期进行心理健康维护。这种预防性咨询有助于学生在早期阶段识别和应对潜在的心理问题，避免问题积累和恶化。通过合理安排时间，学生可以将心理健康维护融入日常生活中，从而形成良好的心理保健习惯。

三、大学生对互联网心理咨询接受度的具体表现

（一）高频使用

不少大学生会定期使用互联网心理咨询服务，尤其在考试期间或情感问题困扰时。这种高频使用反映了互联网心理咨询在大学生群体中的广泛认可和强烈需求。在面临学业压力和情感波动时，大学生们常常感到需要立即获得专业的心理支持，而互联网心理咨询的即时性和便利性正好满足了这一需求。在这个时期，学生们承受着巨大的学业压力和紧张情绪，他们需要通过专业的心理咨询来缓解焦虑和压力，保持良好的心理状态。互联网心理咨询提供了一个随时可访问的渠道，使学生能够在任何时间寻求帮助。这种随时随地的便利性，使得互联网心理咨询成为学生应对考试压力的重要工具。

大学生正处于情感发展的关键时期，面临着各种复杂的人际关系和情感问题。当他们遇到情感困扰时，互联网心理咨询提供了一个匿名且安全的环境，使他们能够放心地表达自己的情感和困惑，获得专业的指导和支持。这种安全感和信任感，极大地促进了大学生对互联网心理咨询的依赖和高频使用。此外，互联网心理咨询的多样化服务模式也是其高频使用的一个重要因素。无论是视频咨询、音频咨询还是文字聊天，每种模式都能满足不同学生的需求和偏好。这种多样化的选择，使得学生能够找到最适合自己的咨询方式，从而更加频繁地使用心理咨询服务。互联网心理咨询的高频使用还反映了大学生对心理健康的重视和对专业支持的认可。随着心理健康教育的普及和心理健康意识的提高，越来越多的大学生意识到心理健康的重要性，并积极寻求专业的心理支持。高频使用互联网心理咨询服务也说明了其在大学生群体中的效果和口碑。许多学生在使用过一次后，发现其有效性和便利性，便会选择定期使用。这种积极的用户体验和口碑传播，使得更多学生愿意尝试并频繁使用互联网心理咨询服务。

（二）平台选择多样化

大学生在选择互联网心理咨询平台时，会综合考虑多方面的因素，包括平台的口碑、咨询师的专业背景和用户体验等，从而表现出对优质服务的高要求。首先，平台的口碑是影响学生选择的重要因素。良好的口碑通常意味着平台在用户中的认可度高，服务质量有保障。大学生在选择平台时，往往会参考同学和朋友的推荐，或者在网上查看其他用户的评价和反馈，以确保所选平台值得信赖。咨询师的专业背景是大学生选择心理咨询平台时关注的另一个关键因素。具有丰富经验和高专业素养的咨询师，能够提供更为专业和有效的心理支持。学生们会仔细查看咨询师的资质、教育背景和执业经验，选择那些拥有相关认证和丰富咨询经验的专业人士。这样的选择不仅增加了咨询效果的保障，也增强了学生在咨询过程中的信任感和安全感。

一个操作简便、界面友好、服务周到的平台，能够大大提高用户的使用体验和满意度。大学生在使用心理咨询服务时，往往希望能够快速便捷地预约和使用，而不会被烦琐的操作步骤和复杂的流程所困扰。良好的用户体验不仅提高了学生使用平台的频率，也使他们更愿意长期使用和推荐给他人。能够提供视频、音频和文字等多种咨询方式的平台，能够满足不同学生的需求和偏好。大学会优先考虑那些提供多样化服务的选项，从而根据自己的具体情况和需求，选择最适合的咨询方式。这种灵活性使得他们能够在不同场景和条件下，灵活安排和使用心理咨询服务，提高了整体的咨询效果和满意度。大学生在选择心理咨询平台时，还会关注平台的隐私保护措施。心理咨询涉及个人隐私和敏感信息，学生们希望确保自己的信息能够得到严格保护，不会泄露或被滥用。具有良好隐私保护措施的平台，能够增加用户的信任感，使他们在咨询过程中更加放心和安心。

四、大学生对互联网心理咨询提高接受度的建议

（一）加强心理健康教育

系统的心理健康教育可以使学生全面了解心理咨询的益处，包括缓解压力、改善情绪、增强心理韧性等。这些知识的普及，可以打破学生对心理咨询的偏见和误解，

使他们认识到心理健康问题是可以通过专业帮助有效解决的。心理健康教育还可以详细介绍互联网心理咨询的具体操作流程，包括如何选择合适的平台、如何进行预约和咨询等。通过实际操作演示和案例分析，使学生对互联网心理咨询的使用方法有更直观了解和掌握，消除他们对技术操作的疑虑和不安。这种具体操作的指导，不仅提高了学生的使用意愿，也增强了他们在遇到心理困扰时的求助能力。

心理健康教育可以通过讲座、工作坊和心理健康周等多种形式，增加学生的参与感和互动性。在这些活动中，学生可以与心理咨询师面对面交流，了解心理咨询的实际效果和体验。同时，通过模拟咨询场景和互动游戏，学生可以亲身体验心理咨询的过程，增强对心理咨询的认同感和信任度。这种生动有趣的教育形式，有助于提高学生对心理咨询的兴趣和接受度。心理健康教育还应注重个体化和针对性，根据不同学生的心理健康状况和需求，提供差异化的教育内容和支持措施。对于已经存在心理问题的学生，可以提供更为具体和专业的指导，帮助他们及时寻求互联网心理咨询的帮助。对于心理健康状况良好的学生，可以通过预防性教育，提高他们的心理素质和应对能力，避免潜在问题的发生。这种个性化的教育方式，可以更好地满足学生的不同需求，提高整体教育的效果和学生的满意度。

心理健康教育还应注重长期性和持续性，而不是一时一地的短期活动。通过设立常规心理健康课程，将心理健康教育纳入日常教学体系，确保学生能够持续接受心理健康知识和技能的培训。同时，通过建立心理健康教育资源库，提供丰富的在线学习资料和自助工具，方便学生随时查阅和学习。这种长期持续的教育投入，可以有效提升学生的心理健康素养和对心理咨询的接受度。

（二）提升服务质量

平台需要严格审核心理咨询师的资质，确保他们具备专业的心理学背景和丰富的咨询经验。通过聘用高水平的专业人士，平台可以提供更加精准和有效的心理支持，帮助学生解决各种心理困扰。这种专业性的保障，使学生在咨询过程中感到更为安心和信任。平台应注重技术的稳定性和安全性，确保咨询过程的顺畅和用户信息的安全保护。采用先进的加密技术，保障学生在咨询中的隐私和数据不被泄露。建立完善的隐私保护政策，让学生清楚了解自己的信息如何被使用和保护。这种对隐私和安全的重视，可以有效消除学生的顾虑，使他们更加放心地使用互联网心理咨询服务。

　　高质量的咨询服务还需要平台提供多样化和个性化的服务选择。不同的学生有不同的需求和偏好，平台应提供视频、音频和文字等多种咨询形式，以及不同领域的专业咨询师供学生选择。通过多样化的服务模式，学生可以根据自己的实际情况和需求，从而提高咨询的效果和满意度。平台应定期进行服务质量的评估和改进，收集学生的反馈和建议，不断优化服务流程和内容。通过建立用户评价系统，鼓励学生在使用后分享自己的体验和建议，使平台能够及时发现和解决问题，提升整体服务质量。这种不断改进和完善的机制，有助于平台保持高水准的服务水平，增强学生的信任感和忠诚度。

　　平台还应提供丰富的心理健康资源和自助工具，如心理健康文章、视频课程、测试工具等，帮助学生在咨询之外进行自我学习和心理健康维护。这种综合性的心理健康支持，不仅可以提升学生的心理素养，还能增强他们对平台的依赖和认可，使互联网心理咨询成为他们生活中不可或缺的一部分。平台应积极开展心理健康宣传和教育活动，提高学生对心理健康的重视和对互联网心理咨询的认知。通过举办讲座、工作坊和心理健康宣传周等活动，向学生介绍心理健康知识和互联网心理咨询的益处和操作方法，增强他们的参与感和接受度。这种教育和宣传活动，可以有效提升学生的心理健康意识，增加他们对平台的信任和使用意愿。

（三）降低使用门槛

　　通过学校或公益组织提供免费或低成本的互联网心理咨询服务，可以有效降低使用门槛，减轻学生的经济负担，使更多学生能够受益。许多大学生面临经济压力，学费和生活费用已经占据了他们的大部分开支，使得他们难以负担额外的心理咨询费用。因此，提供免费或低成本的心理咨询服务，可以帮助他们在不增加经济负担的情况下，获得必要的心理支持。高校可以与专业的互联网心理咨询平台合作，为学生提供免费的咨询服务，或者通过设立心理健康基金，资助学生使用付费咨询服务。高校还可以利用现有的心理健康资源和专业人员，开设在线咨询服务，使学生能够方便地获得心理支持。这种措施不仅能够减轻学生的经济压力，还能提升他们对心理健康服务的接受度和利用率。

公益组织也可以发挥重要作用，提供免费的心理咨询服务或资助低收入学生使用付费服务。这些组织可以通过募集资金、志愿者服务和与专业平台合作等方式，扩大服务覆盖面，确保更多有需要的学生能够获得帮助。公益组织的介入，不仅可以弥补学校资源的不足，还可以为学生提供更多的选择和支持。降低使用门槛不仅仅是降低费用，还包括提供便利的服务渠道和简化的使用流程。学校和公益组织可以通过设立咨询预约平台、开通 24 小时服务热线、提供移动应用程序等方式，使学生能够更加便捷地使用心理咨询服务。简化的使用流程和便利的服务渠道，可以提高学生的使用意愿和体验，确保他们在需要时能够及时获得帮助。

学校和公益组织还应加强心理健康宣传，向学生介绍可利用的免费或低成本服务资源，帮助他们了解如何获取这些资源。通过举办心理健康讲座、发放宣传手册、在校园内张贴海报等方式，让学生知道在哪里可以获得帮助，并鼓励他们在遇到心理困扰时积极寻求支持。这种宣传和引导，不仅能够提高学生的心理健康意识，还能增强他们对心理咨询服务的信任和使用意愿。降低使用门槛还可以通过培养学生的自助能力来实现。学校和公益组织可以提供心理健康知识培训、心理自助工具和资源，使学生能够在日常生活中进行自我调节和心理保健。这种自助能力的培养，不仅可以减少对专业心理咨询的依赖，还能提高学生的整体心理素质。

（四）开展宣传活动

通过讲座、宣传片和社交媒体等多种渠道，向大学生介绍互联网心理咨询的优势和使用方法，可以有效消除他们的顾虑和误解。讲座是直接且有效的宣传方式。学校可以邀请心理学专家和经验丰富的心理咨询师，举办专题讲座，详细介绍互联网心理咨询的流程、操作方法以及实际案例。这种面对面的交流不仅可以解答学生的疑问，还能通过专家的权威性增强学生的信任感和接受度。制作宣传片并在校园内外广泛传播，也是提高认知和接受度的重要手段。宣传片可以通过生动的画面和真实的案例，展示互联网心理咨询的实际效果和优势，使学生更加直观地了解这一服务。通过视频的形式，可以将复杂的操作流程简单明了地呈现出来，降低学生对技术操作的恐惧和疑虑。同时，宣传片可以在校园的各个角落播放，如食堂、图书馆、宿舍楼等，让更多的学生接触到相关信息。

社交媒体在现代大学生生活中占据重要地位，利用社交媒体平台进行宣传，可以迅速而广泛地传播信息。学校和心理咨询平台可以在微信公众号、微博、抖音等平台上发布相关内容，包括咨询服务的介绍、使用指南、心理健康知识等。通过社交媒体的互动性，还可以解答学生在评论区提出的问题，及时回应他们的关切和疑虑，进一步消除他们对互联网心理咨询的顾虑。此外，校园内的宣传活动也是不可忽视的方式。学校可以组织心理健康周、心理健康日等活动，通过展板展示、发放宣传资料、设置咨询摊位等形式，向学生宣传互联网心理咨询的益处和使用方法。

针对不同年级和专业的学生，宣传活动还可以进行差异化设计。新生可能对大学生活感到迷茫和压力较大，需要更多关于心理适应和压力管理的指导；而高年级学生则可能面临毕业、就业等问题，需要针对性强的心理支持。通过有针对性宣传，可以更有效地满足不同学生群体的需求，提升整体宣传效果。通过这些多渠道、多形式的宣传活动，可以全面提高大学生对互联网心理咨询的认知和接受度。这些活动不仅能够详细介绍互联网心理咨询的优势和使用方法，还能通过真实案例和专家讲解，打消学生的疑虑和误解。最终，这些宣传活动将有助于更多大学生积极利用互联网心理咨询服务，维护和促进他们的心理健康。

第四节　互联网心理咨询的效果评估

一、定量评估

（一）问卷调查

通过标准化的问卷调查，评估用户在使用互联网心理咨询前后的心理健康状况。常用的问卷包括抑郁量表（PHQ-9）、焦虑量表（GAD-7）等，这些工具可以量化用户的情绪变化和症状改善情况。

（二）使用数据分析

分析用户的咨询频率、每次咨询的时长、互动内容等数据，了解用户的参与度和对咨询服务的依赖程度。这些数据能够揭示出咨询的持续性和用户的活跃程度，从而评估服务的使用效果。

二、定性评估

（一）用户反馈

收集用户的主观反馈，通过访谈或开放式问卷，了解他们对咨询服务的满意度和建议。用户的直接反馈可以提供详细的感受和具体的改进意见，有助于优化咨询服务。

（二）案例分析

通过分析典型案例，深入了解互联网心理咨询在不同情境下的效果。这些案例分析可以揭示服务的实际应用情况和效果，并为其他用户提供参考。

三、短期效果评估

（一）即时效果

评估用户在单次咨询后的即时感受和情绪变化。即时效果可以通过简短的满意度调查或即时情绪评估工具来测量，了解每次咨询对用户的直接影响。

（二）阶段性进展

设定短期目标并定期评估用户的进展情况，例如在几周或几个月后进行跟踪调查，评估用户的心理状况和症状改善情况。这种阶段性评估能够监控用户的持续改善。

四、长期效果评估

（一）持续改善

通过长期跟踪用户的心理健康状况，评估互联网心理咨询的持续效果。可以定期进行心理健康评估，了解用户在长期使用后的总体变化。

（二）生活质量改善

评估咨询对用户整体生活质量的影响，包括学业表现、人际关系和生活满意度等方面。通过对比咨询前后的生活质量，了解服务的全面效果。

五、对比研究

（一）与传统咨询对比

将互联网心理咨询与传统面对面心理咨询的效果进行对比，分析两者在不同用户群体中的适用性和效果差异。这种对比研究能够揭示互联网心理咨询的独特优势和不足。

（二）与无咨询对比

通过对比接受咨询和未接受咨询用户的心理健康状况，评估互联网心理咨询的实际效果。这种研究能够明确咨询服务的具体价值和影响。

六、专业评估

（一）咨询师反馈

收集心理咨询师对互联网心理咨询效果的专业评估和意见。咨询师的专业视角可以提供深刻的洞察，揭示用户的进展和潜在问题。

（二）第三方评估

引入独立的第三方机构进行效果评估，确保评估结果的客观性和公正性。第三方评估可以提供全面、独立的分析，增强评估的可信度。

第五章 互联网平台在心理健康教育课程中的应用

第一节 互联网平台辅助心理健康教育课程设计

一、多媒体教学资源

（一）视频课程

互联网平台的广泛应用为心理健康教育提供了前所未有的便利，其中视频课程作为一种重要的教育形式，受到了广大学生和教育者的欢迎。视频课程通过专业心理学家的讲解，使学生能够更直观地了解心理健康知识。专业的心理学家不仅能够提供理论知识，还能结合实际案例进行分析，使学生对心理健康有更深刻理解和认知。这种直观的教育方式极大地提高了学生的学习兴趣和效果。此外，视频课程还能够通过动画和图示等形式，增强教学效果。传统的课堂教学方式往往比较单调，而通过互联网平台提供的视频课程可以更加生动有趣。动画和图示不仅可以帮助学生更好地理解抽象的心理学概念，还能使复杂的知识点变得更加易于理解。这种生动的教学方式不仅能激发学生的学习兴趣，还能提高他们的学习效果。

学生可以根据自己的时间安排随时随地观看课程，充分利用碎片化的时间进行学习。对于那些在课堂上无法完全理解的内容，学生还可以反复观看，直到完全掌握。此外，视频课程还可以根据学生的不同需求提供个性化的学习内容，使每个学生都能找到适合自己的学习方式和进度。在实际应用中，视频课程通过案例分析帮助学生解决心理健康问题。心理学家在课程中分享的实际案例，不仅能够帮助学生理解理论知识的实际应用，还能提供有效的解决方案，帮助学生应对和处理自己的心理问题。这种理论与实践相结合的教学方式，不仅能提高学生的心理健康知识水平，还能增强他们的心理应对能力和解决问题的能力。

（二）音频资源

音频资源的优势在于其便捷性和灵活性，学生可以在通勤、运动或休闲时轻松地进行学习。这样的学习方式不仅节省了时间，还增加了学习的灵活性，使得学生可以在任何场合下获取心理健康知识。播客作为一种新兴的媒体形式，已经成为传递心理健康知识的重要渠道。通过心理学家的专业讲解，学生可以了解最新的心理学研究成果和实用的心理健康技巧。同时，播客内容通常以访谈、对话等形式呈现，这种互动性强的方式更容易引起学生的兴趣，提高他们的学习积极性。

录音讲座通常由资深的心理学专家主讲，从基础心理学知识到具体的心理健康问题解决方案，均有详细讲解。学生可以根据自己的需求选择不同的讲座内容进行学习，这种自主选择的学习方式能够更好地满足个体的学习需求。音频资源的灵活性使得它们能够无缝地融入学生的日常生活。学生可以在通勤途中通过耳机聆听心理健康知识，这不仅充分利用了碎片时间，还使得学习变得更加轻松和愉快。休闲时刻的聆听则可以作为一种放松的方式，让学生在愉悦的氛围中获取有用的信息，从而提高学习的效率和效果。此外，音频资源还能够通过重复聆听的方式加深学生对知识的理解和记忆。与视频相比，音频更容易进行多次播放，这使得学生可以反复听取自己感兴趣或不理解的部分，直到完全掌握为止。这样的学习方式不仅提高了知识的掌握程度，还增强了学生的自主学习能力和解决问题的能力。

二、互动式学习工具

（一）在线讨论论坛

设立在线讨论论坛或社交媒体小组为学生提供了一个交流和讨论心理健康话题的平台。学生们可以自由地分享自己的经验和看法，从而增强学习的互动性和趣味性。通过这种互动，学生不仅可以获取不同的观点和见解，还能够在交流中加深对心理健康知识的理解。学生们可以在任何方便的时间登录论坛，阅读他人的帖子，或者发表自己的看法。这种灵活的交流方式极大地方便了学生的学习，也使得他们能够在繁忙的学习和生活中找到时间参与讨论，提高了参与度。

社交媒体小组的建立也为学生提供了一个支持性的社区。在这里，学生们可以分享自己的心理健康问题，寻求他人的建议和帮助。通过这种互助，学生不仅能够获得情感上的支持，还能够从他人的经验中找到解决问题的方法。这种互助交流的方式，不仅提升了学生的心理健康知识水平，还增强了他们的心理应对能力。在线讨论论坛和社交媒体小组可以通过多种方式增强学习的趣味性。例如，可以设立专题讨论、举办在线讲座、组织心理健康知识竞赛等活动。通过这些丰富多彩的活动，学生的学习积极性和参与度将得到显著提高。同时，这些活动还能够帮助学生在轻松愉快的氛围中获取知识。此外，在线讨论论坛还可以作为一个反馈和改进的平台。学生们可以在论坛上提出自己在学习心理健康知识过程中遇到的问题和困惑，教师和专家可以及时给予解答和指导。学生的学习问题能够得到及时解决，学习效果也会显著提升。同时，教师还可以根据学生的反馈不断改进教学内容和方法，提升教学质量。

（二）实时问答

互联网平台提供的实时问答功能为学生在学习心理健康知识的过程中提供了极大的便利。这种功能让学生能够在遇到疑问时，随时向心理咨询师或教师提问，获得及时的解答。这种即时的互动机制不仅能够帮助学生更好地理解和掌握课程内容，还能提高他们的学习效率和积极性。此外，实时问答功能的存在，使得学生在学习过程中感到更加有保障。当学生在学习过程中遇到困难或疑问时，他们不再需要等待特定的时间去寻求帮助，而是可以立即通过平台向专家提问。这种即时反馈的方式，不仅能够及时解决学生的疑问，还能防止学生因为不理解某些内容而产生挫败感，从而保持学习的连续性和积极性。

在传统的课堂教学中，学生与教师的互动往往受到时间和空间的限制，而互联网平台上的实时问答功能打破了这种限制。学生可以在任何时间、任何地点，通过平台与教师进行交流。这种无缝的沟通方式，不仅能够帮助学生更好地理解课程内容，还能增强学生与教师之间的联系。实时问答功能也能够通过多种形式来提升学习效果。例如，平台可以设立专门的答疑时间段，邀请心理咨询师或教师在线回答学生的问题。

同时，平台还可以通过文字、语音、视频等多种形式，提供更加丰富和灵活的问答方式。这种多样化的互动形式，不仅能够满足不同学生的需求，还能使得学习过程更加生动和有趣。在提问的过程中，学生不仅能够表达自己的疑问，还能够展示自己的思考过程和见解。这种互动方式，不仅能够帮助学生更好地理解和掌握知识，还能培养他们的表达能力和思考能力，提升综合素质。

三、自测与评估

（一）心理健康自测工具

通过各种心理健康自测问卷，如抑郁自评量表、焦虑自评量表等，学生能够在匿名和安全的环境中评估自己的心理状态。这些自测工具不仅能够帮助学生识别潜在的心理问题，还能为他们提供个性化的建议，指导他们如何进行心理调节和寻求专业帮助。学生通过回答一系列精心设计的问题，可以快速获取关于自己心理健康状况的初步评估。通过这些自测工具，学生能够更好地认识自己的情绪和心理状况，从而采取相应的措施进行调整和改善。

学生可以在任何时间、任何地点使用这些工具，不受时间和空间的限制。这种灵活的使用方式，使得学生能够在自己的节奏下进行自我评估，避免了传统心理咨询过程中可能存在的时间安排问题。此外，在线自测工具的使用过程通常简单易行，不需要专业的心理学知识，任何学生都可以轻松完成。心理健康自测工具不仅仅是评估学生心理健康状况的工具，更是教育和引导的手段。通过自测工具，学生可以了解心理健康的重要性，学习如何关注和调节自己的情绪。平台还可以根据自测结果提供个性化的建议，如推荐相关的心理健康课程、书籍或资源，甚至是专业的心理咨询服务。这种个性化的指导，能够帮助学生更好地应对心理问题，提升他们的心理健康水平。

心理健康自测工具的使用还能够为学校和教育机构提供有价值的数据支持。通过收集和分析学生的自测结果，教育机构可以更好地了解学生的心理健康状况，识别群体中的潜在问题，从而制定更有针对性的心理健康教育和干预措施。这种数据驱动的管理方式，不仅能够提升学校的心理健康教育水平，还能为学生提供更加贴心和有效支持。

（二）进度跟踪与反馈

通过在线平台记录学习进度和心理健康状态，为学生提供了一个全面而高效的自我管理工具。这种功能不仅使学生能够清晰地看到自己的学习历程和心理变化，还为他们提供了宝贵的数据支持，帮助他们进行持续改进。在线平台可以根据这些数据进行分析，并定期向学生反馈，提出个性化的改进建议，从而促进他们在学习和心理健康方面的双重进步。此外，进度跟踪功能使学生能够明确自己的学习目标和心理健康目标。通过设定具体的学习任务和心理健康管理计划，学生可以更有针对性地进行学习和调整。每完成一个任务或达到一个阶段性的目标，学生都可以在平台上记录下来。这不仅能增强他们的成就感，还能激励他们不断前进，保持积极学习和自我管理态度。

通过对记录数据的分析，平台能够发现学生在学习和心理健康管理中的问题和不足。例如，如果发现某个学生在一段时间内学习效率低下或心理健康状况不佳，平台可以及时发出提醒，并提供相应的改进建议。这种及时的反馈机制，能够帮助学生迅速调整自己的学习方法和心理状态，从而避免问题的积累和恶化。在实践中，进度跟踪与反馈功能还可以为学生提供一个自我反思和总结的平台。每隔一段时间，学生可以通过查看自己的进度记录，总结自己的学习成果和心理变化。这种自我反思的过程，不仅能够帮助他们更好地认识自己的优点和不足，还能增强他们的自我管理能力和解决问题的能力。通过不断反思和总结，学生可以不断优化自己的学习方法和心理健康管理策略，逐步提高自己的综合素质。

在线平台还可以通过数据的积累和分析，为教育机构提供有价值的决策支持。教育机构可以根据学生的进度和心理健康数据，了解整体的教学效果和学生的心理健康状况，从而制定更有针对性的教学和心理健康干预措施。

四、个性化学习路径

（一）定制化课程内容

互联网平台可以根据学生的心理健康状况和学习需求，提供定制化的课程内容，这一功能为教育和心理健康管理带来了革命性的变革。利用智能算法和数据分析，平台能够为每个学生推荐最适合的学习资源和学习路径，确保他们能够高效地获取知识并维护良好的心理状态。平台通过收集学生的学习数据和心理健康状况，利用先进的算法对这些数据进行深入分析，从而了解每个学生的具体需求和特点。根据分析结果，平台可以为学生量身定制学习计划，推荐适合的课程和资源。这种个性化的学习方案，能够更好地符合学生的兴趣和需求，提高他们的学习效果和积极性。

定制化课程内容还能够帮助学生更好地应对学习过程中的各种挑战。不同的学生在学习过程中会遇到不同的问题和困难，通过个性化的课程内容，平台能够提供针对性解决方案。例如，对于那些在某些学科上表现不佳的学生，平台可以推荐相关的补习课程和学习资源，帮助他们巩固知识，提升成绩。而对于那些在心理健康方面有特殊需求的学生，平台可以推荐心理健康课程和资源，帮助他们改善心理状态，保持良好的学习心态。定制化课程内容的优势不仅体现在学习效果的提升上，还体现在学习体验的优化上。学生在学习过程中，可以根据自己的兴趣和需求，自主选择和调整学习内容和进度。这种自主性和灵活性，不仅能够增强学生的学习动力，还能使他们在学习过程中获得更多的满足感和成就感。此外，平台还可以根据学生的反馈，不断优化和调整课程内容和推荐算法，确保每个学生都能够得到最适合自己的学习资源和支持。教育者可以根据学生的实际情况，提供专业的建议和指导，而平台则可以通过技术手段，将这些建议转化为具体的课程内容和学习方案。这种合作方式，不仅能够提高教学质量，还能为学生提供更加全面和个性化的支持。

（二）灵活学习时间

互联网平台支持随时随地学习，为学生提供了极大的灵活性。这样的学习方式特别适合课程繁忙的大学生，使他们能够根据自己的时间安排进行学习，确保他们能够合理分配时间进行心理健康学习。灵活学习时间的最大优势在于它能充分利用学生的碎片化时间。大学生的课程安排通常非常紧凑，有时甚至会出现课程、社团活动、实习等多项任务同时进行的情况。在这种情况下，传统的固定时间、固定地点的学习模式往往难以满足学生的需求。而互联网平台提供的灵活学习时间，使得学生可以在任何空闲时间，如课间、通勤途中、晚上等，进行心理健康知识的学习。这种利用碎片化时间的学习方式，能够极大地提高学习效率和效果。

每个学生的学习习惯和学习节奏各不相同，一些学生可能更喜欢早上学习，而另一些学生则可能在晚上学习效果更佳。学生可以根据自己的学习习惯和生活节奏，自由安排学习时间。这种个性化的学习安排，不仅能够提高学生的学习积极性，还能使他们在最佳状态下进行学习，从而提升学习效果。灵活学习时间也为学生提供了更多的学习资源选择。无论是视频课程、音频资源，还是在线讨论论坛和实时问答功能，学生都可以随时访问和利用。这种丰富的学习资源和灵活的学习时间相结合，使得学生能够在任何时候获取所需的知识和支持。

灵活学习时间的优势还体现在应对突发情况和不确定性上。大学生的生活充满了变化和不确定性，可能会因为突发事件而无法按计划进行学习。互联网平台的灵活性，使得学生在遇到突发情况时，可以随时调整学习计划，确保学习进度不受影响。这种灵活应变的能力，对于大学生的学业和心理健康发展都具有重要意义。此外，灵活学习时间的实施，还需要平台提供可靠的技术支持和丰富的学习内容。平台应当不断优化技术，确保学生能够在任何时间、任何地点顺利访问和使用学习资源。同时，平台还应根据学生的需求，不断更新和丰富学习内容，提供高质量的心理健康课程和资源，满足学生的多样化需求。

五、实践与应用

（一）模拟练习

学生能够参与各种心理情景模拟练习，这为他们提供了一个实践应对策略和技巧的宝贵机会。这种实践教学模式不仅能帮助学生将理论知识应用于实际生活中，还能显著提高他们的心理健康技能。心理情景模拟练习的设计通常基于真实的心理健康问题和情境，使学生能够在一个安全、受控的环境中进行实践。这些模拟练习可以涵盖广泛的主题，如应对压力、管理焦虑、解决人际冲突等。学生通过参与这些模拟练习，可以更好地理解心理健康知识的实际应用，从而提高他们的应对能力和解决问题的能力。此外，模拟练习提供了一个反复练习和不断改进的机会。在传统的教学模式中，学生往往缺乏实际操作的机会，而通过互联网平台的模拟练习，学生可以多次重复练习，直到掌握相关技巧。这种反复实践的过程，不仅能巩固学生的理论知识，还能增强他们的实际操作能力。每一次模拟练习都是一次宝贵的学习体验，帮助学生不断提高自己的心理健康技能。

互联网平台的模拟练习还具有高度的互动性和参与感。学生在参与模拟练习时，需要积极思考、做出决策，并及时应对各种情况。这种高度参与的学习方式，不仅能激发学生的学习兴趣和动力，还能使他们在实践中不断成长和进步。此外，平台还可以提供即时反馈和指导，帮助学生识别自己的不足，并提供改进建议，从而进一步提高学习效果。模拟练习可以通过多种形式进行，例如虚拟现实（VR）技术、互动视频、角色扮演等。这些技术手段不仅能够增强学习的真实性和沉浸感，还能使学生在一个更加逼真的环境中进行练习。通过这些先进技术的应用，学生能够获得更加丰富和全面的学习体验，提高他们的心理健康技能和自信心。模拟练习还可以根据学生的个人需求和学习进度进行个性化设计。平台可以根据学生的学习记录和心理健康状况，推荐最适合的模拟练习内容和难度。

（二）案例分析

平台可以通过提供真实的案例分析，让学生学习如何处理各种心理健康问题。这种教学方法不仅能显著提高学生的实际操作能力，还能增强他们的理解力和同理心。真实案例分析为学生提供了宝贵的学习机会，使他们能够接触到各种实际存在的心理健康问题。通过分析这些案例，学生可以了解不同心理问题的表现、成因和应对方法。这种深入的学习方式，不仅能够帮助学生将理论知识转化为实际操作技能，还能让他们在应对实际心理健康问题时更加自信和从容。此外，案例分析可以培养学生的批判性思维和解决问题的能力。每个案例都具有其独特性和复杂性，学生需要在分析过程中综合运用所学的知识，提出合理的解决方案。这种分析和解决问题的过程，能够有效提升学生的综合素质，使他们在面对复杂心理健康问题时，能够进行深入思考和理性决策。

通过案例分析，学生还可以学习到如何与他人进行有效沟通和互动。很多心理健康问题的解决离不开良好的沟通技巧，通过分析案例中成功和失败的沟通实例，学生可以学习到如何更好地与患者或当事人进行交流，从而提升他们的沟通能力和技巧。这种能力的提升，不仅对心理健康问题的解决有帮助，对学生的日常生活和未来职业发展也有积极影响。案例分析还能够增强学生的同理心和理解力。通过深入了解案例中的人物和他们的心理状态，学生可以更好地理解他人的情感和需求。这种同理心的培养，对于从事心理健康工作的学生尤为重要，因为只有真正理解和关心他人的情感，才能提供有效帮助和支持。同时，这种能力的培养，也有助于学生在日常生活中更好地与他人相处，建立健康的人际关系。平台可以通过多种方式提供案例分析的资源，例如视频分析、文字报告、互动讨论等。这些不同形式的案例分析，不仅能够满足学生多样化的学习需求，还能提供丰富的学习体验。通过这些多样化的学习方式，学生可以更全面地了解和掌握处理心理健康问题的方法和技巧。

第二节　在线心理健康教育课程的实施与反馈

一、在线心理健康教育课程的实施

（一）课程设计与规划

课程设计应涵盖心理健康的基本理论、常见心理问题及其应对方法、情绪管理技巧等内容。通过这些内容的设置，学生可以全面了解心理健康的重要性，掌握应对各种心理问题的方法和技巧，提升自我管理和调节能力。心理健康教育课程应从基础理论入手，逐步深入到具体问题的分析和解决方法。这样的设计不仅能帮助学生打下坚实的理论基础，还能使他们在实际生活中更好地应用所学知识。情绪管理技巧的教学尤为重要，因为情绪管理是心理健康的重要组成部分，通过学习和练习情绪管理技巧，学生可以更有效地调节自己的情绪状态，避免情绪问题的积累和恶化。

每个阶段的课程都应有清晰的目标，以确保学生能够逐步达成学习任务。例如，在初级阶段，教学目标可以是让学生了解心理健康的基本概念和重要性；在中级阶段，可以是掌握常见心理问题的识别和基本应对方法；在高级阶段，则可以是学习高级的情绪管理技巧和复杂心理问题的解决策略。明确的教学目标不仅能帮助教师更好地组织教学内容，也能帮助学生明确学习方向。课程内容的安排应考虑学生的学习节奏和接受能力，避免过于紧凑或松散的时间安排。通过合理分配课程时间，学生可以在不感到过度压力的情况下，循序渐进地学习和掌握心理健康知识。此外，课程安排还应考虑到实际教学的需要，例如设置适当的复习和巩固环节，让学生在不断回顾和练习中，逐步掌握和内化所学知识。

为了确保课程内容的系统性和连贯性，教学材料的选择和使用也非常重要。教师应选择权威、科学的心理学教材和资源，结合具体的教学目标和学生需求，设计和制作适合的教学材料。多媒体资源的应用，如视频、音频和互动练习，可以增强课程的趣味性和参与感，提高学生的学习积极性和效果。通过定期的评估和反馈，了解学生的学习情况和需求，及时调整和优化课程内容和教学方法。教师应与学生保持良好的沟通，了解他们在学习过程中遇到的问题和困难，提供及时的帮助和支持。通过不断反馈和改进，课程设计与规划能够更加科学合理，更好地满足学生的学习需求和提升心理健康教育的效果。

（二）多媒体资源整合

整合多种媒体资源如文章、视频、音频和互动练习，使在线心理健康教育课程内容更加丰富和生动。通过多媒体资源的整合，课程不仅可以涵盖广泛的心理健康知识，还能以多样化的形式呈现，提高学生的学习兴趣和参与度。文章作为基础资源，能够提供详尽的理论知识和背景信息。通过阅读文章，学生可以系统地学习心理健康的基本概念、常见心理问题及其应对方法、情绪管理技巧等内容。文章的文字形式也便于学生在课后进行复习和查阅，巩固所学知识。视频资源则通过生动的画面和声音，帮助学生更直观地理解心理健康知识。视频课程可以包含心理学家的讲解、实际案例的分析以及情景模拟等内容，使理论知识更加具体和形象。学生可以更好地掌握抽象的心理学概念，并了解这些知识在实际生活中的应用。

学生可以在通勤、锻炼或休闲时段，通过音频资源进行学习，充分利用碎片化时间。音频资源的灵活性和便捷性，能够帮助学生随时随地获取心理健康知识，提高学习的连续性和效率。通过互动练习，学生可以在实践中应用所学知识，进行自我测试和评估。这种即时反馈的学习方式，不仅能够帮助学生更好地理解和记忆知识，还能提高他们的实际操作能力。例如，情绪管理技巧的练习、压力应对策略的模拟等，都是非常有效的互动练习形式。

为了进一步增强课程的吸引力和教学效果，可以使用图表、动画和案例分析等多种形式。图表和动画能够将复杂的心理学概念和数据以简明直观的方式呈现，帮助学生更容易地理解和记忆。案例分析则通过真实的情景和人物故事，让学生了解心理问题的实际表现和解决方法。通过分析案例，学生可以学习到如何在实际生活中应用心理健康知识，提升他们解决问题的能力。多媒体资源的整合还可以通过平台的技术支持，实现个性化的学习体验。平台可以根据学生的学习记录和偏好，推荐最适合的学习资源和路径，满足学生的个性化需求。例如，对某些主题特别感兴趣的学生，可以获得更多相关的视频和文章推荐；而需要加强某些技能的学生，则可以通过定制的互动练习进行针对性的训练。

（二）互动与参与

在线课程应注重互动性，设置在线讨论论坛、实时问答环节和互动练习等，让学生在学习过程中积极参与和互动。这种互动机制不仅可以提高学生的学习兴趣，还能增强他们的理解力和实践能力。在线讨论论坛为学生提供了一个自由交流的平台。在论坛上，学生可以就课程内容进行讨论，分享自己的见解和疑问。这种交流不仅能促进学生之间的知识共享，还能激发他们的思维和创造力。通过与同学的互动，学生可以获得不同的观点和思路，深化对课程内容的理解。同时，教师也可以参与讨论，及时解答学生的问题，提供有针对性指导和反馈。

在直播课程或特定的时间段内，学生可以直接向教师提问。这种即时互动的形式，不仅能够帮助学生迅速解决疑问，还能使他们感受到教师的关注和支持，增强学习的积极性和参与感。实时问答环节还可以通过文字、语音或视频等多种形式进行，满足不同学生的需求和偏好。通过设计各种互动练习，如情景模拟、案例分析和自我评估等，学生可以在实践中检验和巩固所学知识。这种动手操作的学习方式，不仅能够提高学生的实际操作能力，还能增强他们对知识的理解和记忆。互动练习还可以根据学生的学习进度和需求进行个性化设计，提供有针对性练习内容和难度，确保每个学生都能获得最佳的学习体验。

在线课程的互动性还可以通过技术手段进一步增强。例如，利用虚拟现实（VR）技术和增强现实（AR）技术，学生可以在虚拟环境中进行沉浸式学习，体验更加真实和生动的学习情境。此外，定期的互动活动和评估也是提高课程互动性的重要手段。例如，组织在线研讨会、知识竞赛和小组项目等，鼓励学生积极参与和合作。这些活动不仅能够促进学生之间的互动和合作，还能培养他们的团队精神和沟通能力。

二、在线心理健康教育课程的反馈

（一）及时反馈与指导

学生在学习过程中难免会遇到各种问题和疑惑，及时反馈和指导能够帮助他们迅速解决这些问题，避免知识点的积累和遗漏。这种即时反馈机制不仅能够帮助学生更好地理解课程内容，还能显著提高他们的学习效果。及时反馈与指导可以通过多种渠道进行，如在线留言、实时聊天和电子邮件等。学生可以根据自己的方便程度和紧急程度选择合适的方式向教师或心理咨询师提问。这种灵活的沟通方式，使学生能够在遇到问题时第一时间寻求帮助，避免因问题未能及时解决而产生的挫败感和学习障碍。通过这种即时沟通，学生能够获得及时的解答和帮助，从而更好地掌握学习内容。

平台上的及时反馈不仅限于教师的直接回复，还可以通过自动化系统提供初步的解答和指导。例如，平台可以设立 FAQ 专区，根据学生常见问题提供标准答案；也可以通过智能客服机器人，根据学生的提问提供初步的建议和解答。这些自动化反馈系统能够在第一时间为学生提供帮助，减轻教师的工作负担，同时提高学生的学习效率。通过平台提供的及时反馈与指导，还可以帮助学生进行自我评估和调整。学生在完成作业或测试后，能够立即获得成绩和详细的评估报告，了解自己的学习进度和掌握情况。根据评估结果，学生可以及时调整自己的学习计划和策略，针对薄弱环节进行重点复习和巩固。这种即时的自我评估和调整机制，能够帮助学生不断优化自己的学习过程，提高学习效果和效率。

教师和心理咨询师不仅需要及时解答学生的问题，还需要根据学生的具体情况提供个性化的指导和建议。例如，对于在心理健康课程中遇到困难的学生，心理咨询师可以提供针对性的心理辅导和支持，帮助他们解决心理问题，保持良好的学习状态。教师则可以根据学生的学习进度和表现，提供有针对性学习建议和资源，帮助学生更好地掌握课程内容。此外，平台上的及时反馈与指导还可以通过定期的在线辅导和答疑活动进行。例如，平台可以定期举办在线辅导班或答疑会，邀请教师和心理咨询师与学生进行实时互动和交流。学生不仅能够获得及时的解答和帮助，还能够与同学们交流学习经验和心得，提升学习积极性和互动性。

（二）数据驱动的改进

利用学生的学习数据和反馈，对课程内容和教学方法进行持续改进，是提升在线教育质量的关键手段。通过系统分析学生的学习记录、参与情况和反馈意见，教育者可以识别出课程中的不足之处，并针对性地进行调整和优化，以提高课程质量和学生满意度。学生的学习数据是了解他们学习情况的宝贵资源。这些数据包括学习时间、学习进度、测试成绩、互动次数等。通过对这些数据的分析，教师可以全面掌握学生的学习习惯和效果。例如，如果发现某些章节的完成率较低或测试成绩普遍不佳，可能表明这些章节的内容难度较大或教学方法存在问题。针对这些问题，教师可以调整课程内容的难易度，或者采用更有效的教学方法，以帮助学生更好地理解和掌握知识。

学生可以通过问卷调查、在线评论、讨论论坛等多种渠道，表达对课程内容和教学方法的看法和建议。这些反馈意见反映了学生在学习过程中遇到的实际问题和需求，是改进课程的直接参考。通过认真分析和总结学生的反馈，教师可以了解哪些方面需要改进，哪些教学方法受到学生欢迎，从而有针对性地优化课程设计和教学策略。通过数据驱动的分析，教师还可以识别出学生的个性化学习需求。不同学生在学习过程中表现出的学习进度和掌握程度各不相同，数据分析可以帮助教师发现这些差异，并为每个学生提供个性化的学习建议和资源。例如，对于学习进度较慢的学生，可以提供额外的辅导和练习；对于成绩优异的学生，则可以提供更具挑战性的学习内容，帮助他们进一步提升。通过这种个性化的教学方式，可以最大限度地满足每个学生的学习需求，提升整体教学效果。

数据驱动的改进不仅限于课程内容，还包括教学方法的优化。通过分析学生在不同教学方法下的学习效果，教师可以找出最适合的教学策略。例如，通过对比学生在视频教学和文本教学中的表现，教师可以了解哪种教学方式更受学生欢迎，更能提高学习效果。根据这些分析结果，教师可以不断优化和调整教学方法，确保教学质量的持续提升。数据驱动的改进还需要技术平台的支持。教育平台可以通过数据收集和分析工具，帮助教师自动化地进行数据分析和反馈收集。这些工具可以生成详细的学习报告和反馈分析，提供可视化的数据展示，帮助教师更直观地了解学生的学习情况和课程效果。此外，平台还可以提供智能推荐系统，根据学生的学习数据和兴趣，推荐个性化的学习资源和活动，进一步提升学习体验和效果。

（三）学生反馈收集与分析

定期收集学生对课程内容、教学方法和学习效果的反馈意见，是确保在线教育课程不断改进和优化的重要步骤。通过问卷调查、讨论论坛和直接反馈等多种方式，教育者可以全面了解学生的需求和建议，从而及时调整课程安排和教学策略，确保课程能够更好地满足学生的需求。通过设计详细且针对性的问卷，教师可以获得关于课程内容、教学方法和学习效果的具体反馈。问卷调查可以定期进行，确保教师能够持续了解学生的学习体验和需求。学生在填写问卷时，可以匿名表达自己的真实想法和建议，从而为教师提供宝贵的改进意见。

在讨论论坛上，学生可以自由地发表对课程的看法、提出问题和建议。教师可以通过浏览和参与讨论，了解学生的关注点和困惑之处。讨论论坛的开放性和互动性，使得学生能够相互交流和学习，同时也为教师提供了一个直接了解学生需求的窗口。这种实时互动的反馈机制，有助于教师及时发现和解决教学中的问题。教师可以在课程结束后，立即向学生询问他们的学习体验和建议。这种即时反馈不仅能够帮助教师迅速了解学生的感受，还能使学生感受到教师对他们意见的重视。直接反馈可以通过口头询问、课堂调查或者线上即时聊天等方式进行，灵活且高效。

通过多种方式收集学生的反馈意见，教师可以获得全面和多层次的信息。这些信息不仅包括学生对课程内容和教学方法的评价，还涵盖了他们在学习过程中遇到的实际问题和需求。通过对这些反馈信息的系统分析，教师可以识别出课程中的优点和不足，找出需要改进的具体环节。例如，如果多数学生反映某一章节内容难度过大，教师可以考虑重新编排该章节的内容，或者提供额外的辅导材料，帮助学生更好地理解和掌握知识。基于学生反馈进行的调整和改进，是提升课程质量和学生满意度的关键。教师应根据反馈意见，及时调整课程安排和教学策略，以更好地适应学生的学习需求和节奏。例如，针对学生提出的教学方法问题，教师可以尝试引入新的教学手段，如互动式教学、项目式学习等，提升课堂的趣味性和互动性。对于学生反馈的学习效果问题，教师可以增加复习和巩固环节，确保学生能够扎实掌握所学内容。

第三节　互联网平台在心理健康教育中的互动与参与

一、互联网平台在心理健康教育中的互动

（一）实时沟通与咨询

互联网平台通过即时通信工具，如聊天软件和视频通话，为学生提供了一个便捷的心理健康咨询渠道。这些工具的应用打破了时间和空间的限制，使学生能够在任何需要的时刻与专业心理咨询师取得联系。这种实时的沟通方式，极大地提高了心理健康服务的响应速度，确保学生在遇到心理困扰时能迅速获得支持和指导。即时通信工具不仅提供文字交流，还包括语音和视频通话功能，使得沟通更加生动和全面。学生可以选择最适合自己当前情况的交流方式，从而感受到更直接、更有温度的心理支持。视频通话尤其有助于建立更深入的信任关系，因为面对面的交流可以传达更多的情感和细微的心理变化。心理咨询师能够更准确地评估学生的情绪状态，并提供更有针对性建议和帮助。

互联网平台还提供了多种形式的即时沟通工具，以满足不同学生的需求。比如，一些平台设置了匿名聊天功能，允许学生在不暴露身份的情况下寻求帮助，这对那些可能因为羞耻感或担忧隐私问题而不愿意公开求助的学生特别有用。匿名性不仅保护了学生的隐私，还降低了他们寻求帮助的心理障碍，使更多的学生能够勇敢地面对自己的心理问题。这种实时的沟通方式还支持长时间的跟踪和随访服务，确保学生在接受初步咨询后，能够持续获得心理支持。心理咨询师可以通过这些工具定期与学生联系，了解他们的进展情况，提供持续的指导和鼓励。这种持续的关注和支持，有助于学生建立起长期的心理健康管理意识，逐步提高其心理素质。

（二）在线讨论与分享

通过论坛、社交媒体群组和线上社区，学生们有了一个广泛交流的平台，使他们

能够与同龄人和心理健康专家进行讨论和分享。这种互动式的讨论环境，为学生提供了一个表达自己困惑和感受的空间，帮助他们在相互交流中获得心理支持和启发。在这些平台上，学生们可以自由地分享自己的经历和问题，而这种分享往往能引发共鸣，使他们感到自己并不孤单，进而产生一种归属感。这种在线互动的形式，让学生们能够在轻松的氛围中进行讨论，无需面对面的紧张与尴尬。这种非正式的交流方式，使得学生们更容易打开自己的心扉，坦诚地表达自己的情感和困惑。通过与同龄人的交流，他们能够获得同伴的理解和支持，减轻心理负担。而心理健康专家的参与，则为这些讨论注入了专业的视角和建议，帮助学生们更好地理解和应对自己的心理问题。

线上社区的互动性和多样性，使学生们能够接触到来自不同背景和文化的观点和经验。这种多元化的交流，丰富了学生们的视野，使他们能够从不同的角度看待问题，并学习到各种应对策略。通过他人的经历和故事，学生们不仅能获得情感上的支持，还能学到很多实际的应对方法，增强自我解决问题的能力。在这些互动平台上，学生们还可以参与到各种主题讨论和活动中。例如，某些论坛会定期举办心理健康主题的讨论会，邀请心理专家在线答疑，学生们可以在这里提出自己的问题，获得专业的解答。还有一些社交媒体群组，会组织线上心理健康活动，如心理健康打卡挑战、情绪管理工作坊等，学生们可以在互动中提升自己的心理素质。此外，线上讨论和分享的便捷性和匿名性，使学生们在遇到心理困扰时，可以随时随地寻求帮助和支持。无论是在深夜无法入睡的时候，还是在情绪低落的某个时刻，学生们都能通过这些平台找到可以倾诉和交流的对象。匿名性的保护，减少了他们的心理顾虑，使他们能够更加自由和坦然地表达自己的内心世界。

（三）互动式课程与活动

互联网平台通过提供各种互动式的心理健康教育课程和活动，如线上讲座、研讨会、心理游戏和情景模拟，极大地增强了学生的参与感和学习效果。这些活动不仅形式多样，而且内容丰富，能够吸引学生的兴趣，使他们更主动地参与到心理健康教育中来。互动式的课程和活动通过生动有趣的方式，将心理健康知识传递给学生，使学习过程不再枯燥乏味。线上讲座和研讨会是互联网平台上常见的互动式活动形式。通过这些讲座和研讨会，学生可以与心理健康专家进行实时交流，提出自己的问题并获得专业解答。这种面对面的互动形式，使学生能够深入理解讲座内容，同时也增强了他们的参与感。专家们通过生动讲解和实际案例，帮助学生更好地理解心理健康的重要性和维护方法，激发他们的学习兴趣和动机。

心理游戏和情景模拟则是另一种有效的互动式教学方法。这些游戏和模拟活动通过角色扮演和情景再现，让学生在虚拟环境中体验不同的心理情境和应对策略。例如，一些心理游戏通过设定各种情境，让学生在游戏中练习情绪管理和冲突解决技巧。情景模拟则通过再现真实的生活场景，使学生能够在安全的环境中实践和改进自己的心理应对能力。此外，互联网平台还常常组织一些心理健康主题的挑战和活动，如冥想课程、情绪管理工作坊和心理健康打卡活动等。这些活动通过定期参与和打卡，帮助学生养成良好的心理健康习惯。学生能够逐步掌握各种心理调适技巧，增强自我管理能力。同时，平台还提供反馈和评估机制，使学生能够及时了解自己的进展情况，并获得针对性建议和指导。

互动式课程和活动的另一个优势在于它们的灵活性和可持续性。学生可以选择适合的课程和活动进行参与。这种自主选择的方式，增加了学习的主动性和积极性，使心理健康教育能够更好地融入学生的日常生活中。平台上的课程和活动通常会提供录播回放和资料下载，学生可以在任何时间进行复习和巩固，确保学习效果的持久性。

二、互联网平台在心理健康教育中的参与

（一）线上心理健康资源的利用

互联网平台汇集了大量的心理健康资源，包括文章、视频、测试和工具，为学生提供了丰富的自主学习材料。学生可以通过这些资源，自主提高自己的心理健康知识和技能，积极参与到心理健康教育中来。互联网上的心理健康文章为学生提供了广泛的理论知识和实践经验。这些文章涵盖了各种心理健康主题，如情绪管理、压力应对、人际关系和心理疾病的预防与治疗。通过阅读这些文章，学生可以深入了解不同的心理健康问题及其解决方法，获得科学的知识和实用的建议。此外，一些心理健康专家和学者的博客和专栏，提供了更为专业和前沿的心理健康研究成果，使学生能够跟踪最新的发展动态，保持知识的更新。

视频通过生动直观的形式，将复杂的心理健康知识以简明易懂的方式传递给学生。例如，一些心理健康讲座和课程视频，通过专家的详细讲解和实际案例分析，使学生能够更直观地理解和掌握相关知识。此外，心理健康动画和纪录片，通过生动的画面和故事情节，吸引学生的注意力，使学习过程更加有趣和富有启发性。心理健康测试工具也是互联网平台上的一大亮点。这些测试工具包括各种心理健康评估量表和自我测评问卷，帮助学生了解自己的心理状况和潜在问题。例如，压力测试、抑郁症筛查和情绪管理能力测评等，能够为学生提供科学的评估结果和建议。

互联网平台还提供了各种实用的心理健康工具，如冥想应用、情绪记录工具和心理训练计划等。这些工具帮助学生在日常生活中，进行系统的心理训练和自我管理。例如，冥想应用通过指导学生进行呼吸和冥想练习，帮助他们放松身心，缓解压力；情绪记录工具则帮助学生记录和分析自己的情绪变化，发现情绪波动的原因和规律，从而更好地进行情绪管理。

（二）自助与互助小组

学生可以通过互联网平台组建或加入自助和互助小组，这是提升心理健康的重要方式。这些小组为学生提供了一个安全的空间，让他们可以自由分享自己的经历、情感和困扰，同时获得来自同伴的理解和支持。通过参与这些小组，学生们能够形成一个积极参与氛围，共同应对心理问题，增强心理健康。自助小组通常由有相似经历或困扰的学生组成，他们通过分享个人经验和解决策略，相互鼓励和支持。这种交流不仅能让学生感受到他人的理解和共鸣，还能提供实际的解决方案和应对方法。例如，一些自助小组专门针对焦虑、抑郁或学习压力等问题，成员们通过定期的线上会议和讨论，分享自己的应对策略和成功经验。这种经验分享的方式，不仅能帮助成员们找到合适的解决途径，还能增强他们的自信心和应对能力。

互助小组则进一步拓展了自助小组的功能，强调成员之间的互助和合作。在互助小组中，学生不仅分享自己的经验，还积极帮助其他成员解决问题。例如，一些小组会设立专门的互助任务，如陪伴焦虑的成员参加线上活动，或帮助抑郁的成员制定和执行日常计划。通过这种互助合作的方式，学生们能够建立深厚的友谊和信任关系，增强彼此间的支持网络。这种互助的氛围，能够有效缓解学生的孤独感和无助感。互联网平台为自助和互助小组的运作提供了便利。通过各种在线工具和应用，小组成员可以随时随地进行沟通和互动。例如，利用社交媒体群组、即时通信工具和视频会议软件，学生们可以方便地组织和参与小组活动，无论他们身处何地。这种便捷性不仅提高了小组的参与度，还增强了成员之间的联系和互动。

互联网平台还提供了各种资源和支持，帮助自助和互助小组更好地运作。例如，一些平台会提供专业的心理健康资料和培训课程，帮助小组成员提升自己的知识和技能。一些平台还会邀请心理健康专家定期为小组提供指导和咨询，确保小组活动的专业性和有效性。这些支持措施，使得自助和互助小组能够更有组织、更有成效地进行，充分发挥其在心理健康教育中的作用。通过参与自助和互助小组，学生不仅能够获得情感上的支持和理解，还能培养解决问题的能力和团队合作精神。这种积极参与的氛围，能够有效提升学生的心理素质，帮助他们更好地应对各种心理挑战。同时，自助和互助小组的经验，也能为他们在未来的生活和工作中，提供宝贵的心理支持和应对策略。

（三）心理健康活动与挑战

平台经常组织各种心理健康活动和挑战，如线上冥想课程、心理健康打卡活动等，为学生提供了丰富多样的参与机会。这些活动不仅有助于学生培养健康的心理习惯，还能提高他们的心理素质，使其在面对生活和学习中的各种压力时能够更加从容应对。线上冥想课程是一种常见的心理健康活动，通过指导学生进行呼吸调节和冥想练习，减轻压力。这类课程通常由专业的冥想导师主持，学生可以通过视频直播或录播的形式随时参与。冥想练习的效果显著，能有效改善学生的情绪状态，提高专注力和自我调节能力。通过长期坚持，学生能够逐渐养成良好的心理习惯，形成内在的平和与稳定。

心理健康打卡活动是一种激励学生坚持心理健康练习的有效方式。平台会设置各种每日或每周的心理健康任务，如写感恩日记、进行积极自我对话或完成某种情绪管理练习。学生通过打卡记录自己的完成情况，不仅能形成持续的心理健康习惯，还能获得成就感和动力。这种打卡机制，通过持续的正反馈，帮助学生保持积极的心理状态，并逐步提高他们的心理素质。一些平台还会组织各种心理健康挑战活动，如情绪管理挑战、心理健康知识竞赛和团队合作挑战等。这些活动通过游戏化的方式，增加了学生的参与兴趣和互动性。例如，情绪管理挑战通过设定具体的情景任务，让学生练习如何在不同的情绪状态下进行自我调节和控制。心理健康知识竞赛则通过问答和竞赛形式，增强学生对心理健康知识的理解和记忆。而团队合作挑战通过小组任务和合作项目，培养学生的团队精神和协作能力，增强他们的社会支持网络。

平台还提供了一些长期的心理健康项目，如心理健康马拉松和情绪健康计划。这些项目通常持续数周或数月，学生通过阶段性的目标和任务，逐步提高自己的心理健康水平。例如，心理健康马拉松项目会设置一系列的心理健康任务，从基础的情绪识别到高级的情绪调节，帮助学生系统地提升自己的心理素质。情绪健康计划则通过个性化的辅导和支持，针对学生的具体需求，提供量身定制的心理健康方案。

（四）在线心理健康测评

互联网平台提供的在线心理健康测评工具，为学生提供了一个了解自己心理状况的重要途径。这些测评工具设计科学，涵盖了各种心理健康问题，如焦虑、抑郁、压力管理和情绪调节等。通过参与这些测评，学生能够获得详细的心理健康报告，帮助他们更全面地了解自己的心理状态。这些在线心理健康测评工具具有高度的灵活性和便捷性。学生可以在任何时间、任何地点进行测评。这种便捷的测评方式，使得学生能够在最需要的时候，快速了解自己的心理状况。例如，当学生感觉到持续的情绪低落或无法应对学业压力时，可以立即通过测评工具进行自我评估，从而及时采取适当的应对措施。

测评工具通常包含一系列标准化的问题，通过分析学生的回答，生成个性化的心理健康报告。这些报告不仅包括具体的测评结果，还提供详细的解释和建议，帮助学生理解自己的心理状态。个性化的建议部分，通常会根据学生的具体情况，推荐相应的心理健康资源和应对策略。例如，对于压力过大的学生，报告可能会建议他们进行放松训练或寻求专业的心理咨询。参与在线心理健康测评还可以提高学生的自我认识和自我管理能力。通过定期测评，学生可以监测自己的心理变化，及时发现潜在的问题。例如，定期进行压力测评，可以帮助学生了解压力的来源和变化趋势，从而采取积极的管理措施，防止压力积累到不可控的程度。这种自我监测和管理的方式，培养了学生的自我关怀意识，增强了他们的心理健康素养。

互联网平台通常还会结合测评工具，提供一系列后续支持和资源。例如，在测评后，学生可以通过平台获取相关的心理健康教育材料，参加线上心理健康课程或活动，进一步提升自己的心理健康水平。一些平台还提供在线咨询和辅导服务，学生可以根据测评结果，预约专业的心理咨询师，获得更加个性化的帮助和指导。这种综合性的支持系统，确保了学生在测评后的每一步，都能得到充分关注和帮助。此外，在线心理健康测评工具还有助于教育机构和心理健康服务提供者，更好地了解学生的心理健康状况。通过匿名的数据收集和分析，教育机构可以掌握学生群体的心理健康趋势和需求，从而制定更有效的心理健康教育和干预措施。心理健康服务提供者也可以根据测评数据，提供更加精准和高效的服务，提升整体的心理健康支持水平。

第四节　在线课程对大学生心理健康的影响

一、正面影响

（一）灵活性与便利性

在线课程允许学生根据自己的时间安排进行学习，减少了时间和地点的限制。这种灵活性有助于缓解大学生因时间管理不当而产生的焦虑和压力。

（二）个性化学习体验

在线课程提供了更多的学习资源和个性化的学习路径，学生可以根据自己的兴趣和需要选择学习内容，增加了学习的自主性和积极性，从而提升学习动力和自信心。

（三）减少社交压力

对于社交焦虑的学生，在线课程提供了一个减少面对面交流压力的学习环境。这种方式可以让他们更加专注于学习，减少因社交恐惧而产生的心理负担。

（四）丰富的心理健康资源

许多在线课程平台提供丰富的心理健康资源，如心理健康讲座、冥想练习和情绪管理课程。这些资源帮助学生更好地了解和管理自己的心理健康。

二、负面影响

（一）缺乏面对面互动

虽然在线课程提供了便利，但缺乏面对面的交流和互动，可能导致学生感到孤独和隔离。这种缺乏社交互动的学习环境，可能会影响学生的社交能力和情感支持网络的建立。

（二）自律性要求高

在线课程要求学生具备较高的自律性和时间管理能力。对于自律性较差的学生，可能会因为无法合理安排学习时间而产生压力和焦虑，进而影响心理健康。

（三）技术问题和网络障碍

在线学习依赖于技术和网络的支持，技术问题如网络不稳定、设备故障等，可能导致学生的学习体验受挫，从而引发情绪波动和压力。

（四）屏幕时间过长

长时间盯着屏幕学习，可能导致视力疲劳、头痛和注意力下降，同时也可能影响睡眠质量和心理健康。屏幕时间过长还可能导致学生缺乏身体活动，从而影响身体健康和心理状态。

三、应对策略

（一）加强时间管理

学校和教育平台应提供时间管理培训和工具，帮助学生合理安排学习时间，平衡学习和休息，减轻因时间管理不当而产生的压力。

（二）提供心理支持

在线课程平台应增加心理支持服务，如在线心理咨询、情感支持小组和心理健康教育课程，帮助学生在学习过程中及时获得心理支持和帮助。

（三）促进社交互动

通过线上讨论组、小组项目和虚拟社交活动等方式，增加学生之间的互动和交流，帮助学生建立社交联系，减少孤独感和隔离感。

（四）鼓励身体活动

在线课程平台和学校应鼓励学生进行适当的身体活动，如在线健身课程和体育活动，帮助学生保持身体健康，提升整体的心理健康水平。

第六章　社交媒体与大学生心理健康

第一节　社交媒体对大学生心理健康的双重影响

一、正面影响

（一）增强社交联系

社交媒体为大学生提供了一种便利的方式，使他们能够轻松地与朋友、家人和同学保持联系。这种联系不仅仅是通过即时通信工具，还包括分享生活动态、参与各种线上群组讨论等多种形式。通过这些途径，学生们可以在繁忙的学业生活中保持与外界的联系，这有助于他们在学业压力下仍然感受到来自社交网络的支持与关爱。利用社交媒体，大学生能够随时随地与亲友交流，分享自己的日常生活点滴。无论是学习上的困惑、生活中的烦恼，还是一些愉快的经历，都可以通过社交平台迅速传递给他人。这种及时的沟通方式，使得他们能够快速获得情感上的支持和建议，从而在心理上感受到更多的安全感和归属感。

社交媒体上的群组讨论和兴趣小组为大学生提供了一个拓展人际关系的机会。无论是学术讨论、课外活动还是兴趣爱好，学生们都可以找到志同道合的伙伴，交流心得，互相帮助。这不仅丰富了他们的大学生活，还拓宽了他们的社交圈子，结识更多有共同兴趣和目标的朋友。社交媒体的多样化功能还帮助大学生在不同的社交情境中找到适合自己的表达方式和沟通渠道。例如，一些内向的学生可能会发现，在线上沟通比面对面交流更加轻松和自如，他们可以通过文字、图片或视频表达自己的想法和感受，从而更好地融入社交圈，增强自信心和社交能力。

（二）获取心理健康资源

心理健康资源在社交媒体平台上得到了广泛传播，使大学生能够方便地获取各种相关信息。这些平台提供了丰富的心理健康资讯，包括如何应对压力、焦虑和抑郁等常见心理问题。通过阅读和学习这些资讯，学生们可以更加全面地了解心理健康的重要性和维护方法，从而在日常生活中更好地管理自己的心理状态。社交媒体上也有许多专家讲座和在线咨询服务，学生可以通过观看讲座视频或参与在线讨论，获得心理健康专家的专业建议。这些专家讲座往往涵盖了广泛的主题，包括情绪管理、人际关系和自我提升等方面。通过专家的指导，学生们不仅可以学习到实用的心理健康技巧，还能在遇到困扰时获得具体的解决方案。

支持群体是社交媒体平台上的另一重要资源，这些群体由志同道合的人组成，大家通过线上交流分享自己的经历和感受。学生们可以在这些支持群体中找到情感上的共鸣和支持，交流相似的经历和困惑，从而感受到自己并不孤单。这种集体交流的方式，有助于提升学生的自我认知和心理素质，让他们在面对压力和挑战时更加坚强和乐观。在社交媒体平台上，学生们还可以找到各种心理健康应用程序和工具，这些工具可以帮助他们进行自我评估、设定目标和追踪进展。例如，一些应用程序提供冥想和放松练习，帮助学生缓解焦虑和提高专注力。通过这些数字化的心理健康工具，学生们可以更好地管理自己的情绪和心理健康，养成良好的心理习惯。

（三）表达与宣泄情感

学生们有了一个表达内心情感和宣泄情绪的平台。在这个虚拟空间中，他们可以自由地分享自己的心情、生活经历以及遇到的困惑。无论是喜悦、悲伤、焦虑还是愤怒，都可以在社交媒体上得到抒发和释放。这样的情感表达，有助于减轻内心的压力和焦虑，使学生们在忙碌的学业生活中找到一个情绪宣泄的出口。另外，社交媒体提供了一个让学生与朋友分享重要生活时刻的平台。通过发布照片、视频和文字，他们可以记录和展示自己的日常生活。这种分享不仅是一种自我表达的方式，也是一种情感的传递。朋友和家人的点赞、评论和互动，能够让学生感受到来自他人的关注和支持，从而增强他们的情感满足感和幸福感。

在社交媒体上，学生们还可以参与各种话题讨论和线上活动，这为他们提供了更多的情感表达渠道。无论是参与热点话题的讨论，还是在兴趣小组中分享心得，学生们都能够找到志同道合的朋友，交流彼此的想法和感受。这种互动不仅丰富了他们的社交生活，也为他们提供了情感支持和理解，有助于提升他们的心理健康水平。社交媒体上的匿名功能也为那些不愿公开情感的人提供了一个安全的表达空间。一些学生可能会因为害怕被评价或误解而不敢在现实生活中表达内心的真实感受，而社交媒体的匿名性则允许他们在无需暴露身份的情况下，坦率地表达自己的情绪和想法。这种匿名表达有助于减轻他们的心理负担，获得一种情感的释放和舒缓。

（四）激励和支持

社交媒体上的励志故事和积极向上的内容，能够为大学生提供强大的激励和支持。这些故事常常展现个人在面对困境时的坚韧和奋斗精神，学生们通过阅读和观看这些内容，能够获得深刻的启发和力量。这种正能量的传播，有助于他们在学业和生活的挑战中保持积极的心态，不轻言放弃。此外，社交媒体上活跃着许多正能量的社区和支持群体，这些群体致力于帮助成员们互相激励和鼓舞。在这些群体中，学生们可以分享自己的奋斗经历，交流应对困难的策略，并从他人的故事中汲取力量。这种集体支持不仅增强了学生的自信心，还培养了他们的心理韧性，使他们在面对挫折时更加坚强和乐观。

学生们还可以关注一些积极向上的公众人物或组织，这些人物或组织往往传播鼓舞人心的内容和思想。例如，一些名人和专家会在社交媒体上分享他们的成功经验和生活哲学，学生们通过学习这些内容，可以提升自己的视野和心智，激发内在的动力和潜力。社交媒体平台上充满了各种激励性的语录、视频和图片，这些内容在无形中对学生们产生着积极的影响。当他们感到迷茫或沮丧时，浏览这些充满正能量的内容，能够迅速提升他们的情绪和信心。这些简单而有力的激励方式，有助于他们重新审视自己的目标和方向，并以更积极的态度面对未来的挑战。

二、负面影响

（一）社交比较和自卑感

社交媒体上的内容通常经过精心编辑和筛选，展示了他人生活中的高光时刻和成功经历。大学生在浏览这些内容时，容易产生一种误解，认为他人的生活比自己的更精彩、更成功。这种现象往往会导致不必要的社交比较，使他们感到自卑和不满，从而对自己的生活和成就产生怀疑。这种负面情绪的累积，可能会严重影响他们的自我认同和心理健康。社交媒体上的高光时刻和精致生活展示，使得学生们很容易忽视这些背后的真实和普通时刻。他们可能会认为自己的生活不如别人，缺乏亮点和价值。这种比较带来的压力，往往会导致他们对自己的评价过低，进而产生自卑感和挫败感。长期的自卑情绪不仅影响他们的心理健康，还可能妨碍他们的学业和社交生活。

在这个充满对比和竞争的社交媒体环境中，学生们常常会被他人的成功所吸引，而忽略了自己取得的进步和成就。他们可能会陷入一种追求完美和成功的困境，认为只有达到他人展示的标准，才能获得认可和满足。然而，这种追求往往是不现实的，因为每个人的成长轨迹和生活背景都是不同的。过度的社交比较不仅让他们难以满足，还会导致他们失去自信，陷入负面情绪的循环。社交媒体的虚拟环境放大了人与人之间的差距，使得学生们更容易感受到孤独和被排斥。他们可能会觉得自己与那些在社交媒体上看起来光鲜亮丽的人格格不入，从而产生一种被边缘化的感觉。这种情感上的疏离感，加剧了他们的自卑和不满情绪，对他们的心理健康造成了负面的影响。

（二）网络霸凌和负面互动

社交媒体上的网络霸凌和负面互动是一个日益严重的问题，对学生的心理健康构成了重大威胁。网络霸凌包括恶意评论、嘲笑、侮辱和威胁，这些行为在虚拟世界中尤为常见。受害者在面对这些恶意攻击时，往往会感到无助和孤立，因为网络上的匿名性使得施暴者难以追踪和惩罚。被霸凌的学生可能会因此失去对社交媒体的信任，甚至对人际关系产生恐惧和排斥心理。恶意评论和负面互动不仅仅是语言上的攻击，它们对受害者的心理伤害是深远的。被嘲笑或侮辱的学生可能会产生强烈的自卑感，质疑自己的价值和能力。这种情感上的创伤，常常伴随着焦虑、抑郁和自尊心的严重受损。长期的负面互动和霸凌行为，可能会导致学生出现社交回避行为，拒绝与他人交流，逐渐陷入自我封闭的状态。

网络霸凌的受害者常常会感到孤立无援，因为他们的困境难以在现实生活中寻求帮助。许多学生在面对网络上的攻击时，往往选择沉默，害怕反抗会引来更多的攻击或进一步的羞辱。这种孤立感加剧了他们的心理压力，使他们陷入一种无助和绝望的状态。被孤立的学生在日常生活中也可能表现出行为异常，如情绪低落、注意力不集中，甚至有自我伤害的倾向。除了直接的心理伤害，网络霸凌还会对学生的学业和社交生活产生负面影响。被欺凌的学生常常难以集中精力学习，成绩下滑，同时也会避开社交活动，害怕再次受到攻击。这种逃避行为不仅影响了他们的学业表现，还会限制他们的人际交往和社交技能的发展，进而影响他们的长远发展。

（三）时间管理不当

过度使用社交媒体会占用大学生大量的时间，严重影响他们的学习和生活节奏。社交媒体的高度吸引力和互动性，使得学生们很容易沉迷其中，不知不觉中花费了大量宝贵的时间在浏览信息和与人交流上。这种现象导致了他们在学业上的拖延和懈怠，无法按时完成学习任务，进而增加了学业压力和焦虑感。长时间使用社交媒体也会扰乱学生的日常生活习惯和作息时间。很多学生在夜深人静时仍在刷屏，导致他们的睡眠时间被大大压缩。睡眠不足不仅影响了他们的身体健康，还使他们在课堂上无法集中精力，学习效率明显下降。这种恶性循环使得他们在学业上难以取得理想的成绩，进一步加剧了他们的心理压力和焦虑情绪。

社交媒体的即时性和高频率更新，使得学生们时刻都想查看最新动态和消息，导致他们难以集中注意力进行长时间的学习和工作。他们的注意力被频繁打断，学习的连贯性和深度受到严重影响。长此以往，学生们的学习效果会大打折扣，面对考试和作业时会感到力不从心，进而产生强烈的焦虑感和无助感。社交媒体的过度使用还会影响学生的生活节奏和习惯。他们可能会为了追赶网络热点而熬夜，或是为了回复朋友的消息而忽视实际生活中的重要事务。这种时间管理不当的现象，使得他们的生活变得混乱无序，缺乏规律和计划。日复一日，学生们会发现自己的生活和学习效率都在下降，心理上也会因为无法控制时间而感到焦虑和沮丧。

（四）隐私和安全问题

在社交媒体上分享个人信息的过程中，隐私泄露的风险始终存在，学生们可能因此遭遇网络诈骗和身份盗窃等问题。社交媒体平台上的个人资料，包括照片、地址和联系方式，可能被不法分子利用，从而造成财产损失和身份被盗用。这种安全隐患不仅直接威胁到学生的财产安全，还会对他们的心理健康产生负面影响，使他们感到不安和担忧。此外，网络诈骗和身份盗窃的风险让学生们在使用社交媒体时变得小心翼翼，时刻担心自己的隐私是否被泄露。社交媒体平台上频繁出现的诈骗手段和虚假信息，使得学生们在分享个人信息时感到不确定和恐惧。这种持续的心理负担，可能导致他们产生焦虑和不信任感，甚至影响他们的正常社交和生活。

当个人信息被泄露后，恶意用户可能会利用这些信息进行骚扰、威胁和攻击。这种情况会使受害者感到无助和恐惧，对他们的心理健康造成严重影响。学生们在面对这些网络暴力时，往往缺乏有效的应对手段，心理上的创伤和压力也因此加剧。隐私和安全问题不仅影响个人的生活质量，还可能波及他们的学业和未来发展。学生们在遭遇隐私泄露和网络诈骗后，可能会对社交媒体产生抵触心理，减少在线互动和信息分享。这种过度的防范心理，可能限制他们的社交圈和职业机会，进而影响他们的学业表现和职业发展。

三、应对策略

（一）提高媒介素养

教育机构应加强对大学生的媒介素养教育，以帮助他们理性使用社交媒体并避免陷入不良影响。通过系统化的教育，学生能够学会辨别虚假信息，从而减少受到误导的可能性。社交媒体上充斥着大量未经证实的信息和夸张的生活展示，学生们如果没有足够的媒介素养，很容易被这些表象所迷惑，产生不必要的社交比较和心理压力。媒介素养教育可以指导学生们更有效地管理和控制自己的社交媒体使用时间。过度依赖社交媒体不仅浪费了宝贵的时间，还影响了他们的学业和生活节奏。通过学习合理的时间管理方法，学生们可以在日常生活中更好地平衡社交媒体的使用与其他重要事务，确保在不影响学业和生活的前提下，充分利用社交媒体带来的便利和乐趣。

媒介素养教育还应包括培养学生的批判性思维能力，使他们能够对社交媒体上的信息进行深入分析和判断。面对各种信息和观点，学生们需要具备独立思考的能力，识别信息的真实性和来源的可靠性，避免被虚假信息误导。这种批判性思维不仅有助于学生们在社交媒体上做出明智的选择，也能增强他们在其他领域的学习和分析能力。教育机构应通过各种形式的活动和课程，鼓励学生们积极参与媒介素养教育。例如，通过举办讲座、研讨会和实践活动，让学生们了解媒介素养的重要性和具体应用方法。通过实际案例和互动环节，学生们可以更直观地理解如何理性使用社交媒体，避免过度依赖和不必要的社交比较，从而在心理上保持健康和平衡。

（二）建立心理支持系统

学校应建立完善的心理健康支持系统，为学生提供多方面的帮助，尤其是在面对社交媒体带来的负面影响时。一个全面的心理支持系统应包括心理咨询服务，帮助学生在遇到心理困扰时获得专业的支持和指导。心理咨询师可以为学生提供个性化的建议，帮助他们处理因社交媒体引发的焦虑、自卑等问题，从而促进心理健康的恢复。情感支持小组也是心理支持系统中不可或缺的一部分。这些小组由具有相似经历的学生组成，通过定期的讨论和交流，成员们可以互相支持，分享经验，缓解因社交媒体带来的负面情绪。这样的支持小组不仅能增强学生的归属感和互助精神，还能让他们感受到集体的力量。

心理健康教育课程则为学生提供了系统的心理健康知识和技能培训。这些课程可以帮助学生了解常见的心理问题及其应对策略，培养他们的心理韧性和自我调节能力。通过学习如何识别和处理心理压力，学生可以更好地应对社交媒体带来的各种挑战，保持心理健康和积极的心态。学校还可以通过举办讲座、工作坊等活动，提高学生对心理健康的重视和认知。通过这种形式的互动，学生不仅能够获得知识，还能在心理健康方面得到启发和支持。学校应鼓励学生主动寻求心理支持，并消除对心理问题的污名化。通过宣传和教育，学生可以认识到心理健康问题是普遍存在的，不必感到羞耻或孤立。建立一个开放和支持的校园环境，使得每个学生在需要时都能放心地寻求帮助，是学校心理支持系统的重要目标。

（三）倡导积极的社交媒体使用习惯

鼓励学生在社交媒体上传播积极向上的内容，是营造健康网络环境的关键一步。通过分享正能量的故事和有益的信息，学生们可以共同创造一个充满希望和支持的线上氛围。这不仅能提升个人的心理健康，也能影响他人，使整个社交媒体环境更加积极。此外，学生们应该被引导参与正能量的社群活动。这些活动可以包括志愿服务项目、线上学习小组和兴趣爱好社区等。通过参与这些积极的社群，学生们可以找到志同道合的朋友，分享有益的经验和资源，增强归属感和幸福感。这种正向的互动有助于减少网络上的负面行为和霸凌现象，因为学生们会更倾向于维护自己所珍视的积极社区。

学校和家庭应通过教育和引导，让学生认识到网络霸凌的危害性和不良影响。通过举办讲座、工作坊和讨论会等活动，提高学生对网络行为规范和道德的认知，促使他们在网络上采取更加负责任和尊重他人的行为方式。学生们应学会在遇到负面互动时冷静处理，采取理性的应对策略，避免情绪化的回应。倡导积极的社交媒体使用习惯还包括对信息的筛选和辨别能力。学生们应被教育如何判断信息的真实性。通过传播真实、有用和积极的信息，他们不仅能为他人提供帮助，也能增强自己的媒介素养和信息处理能力。这种习惯的养成有助于建立一个更为可信和有价值的网络环境。社交媒体平台也应发挥积极作用，通过技术手段和社区规范来营造健康的互动环境。平台可以通过算法推荐积极向上的内容，限制负面信息的传播，并为用户提供举报和屏蔽不良内容的工具。平台与用户共同努力，才能更有效地减少网络霸凌和负面互动，构建一个更加健康和积极的社交空间。

（四）隐私保护和安全教育

随着社交媒体的普及，学生们在网络上分享个人信息的频率增加，但许多人并未意识到其中的潜在风险。教育机构应积极开展隐私保护和网络安全教育，通过课程、讲座和宣传活动，向学生们传授如何合理分享个人信息，避免隐私泄露和安全隐患。掌握这些知识，有助于他们在网络世界中更好地保护自己。学生们需要了解在社交媒体上分享信息的原则和方法。隐私保护不仅仅是减少信息分享的数量，还包括选择分享内容的类型和范围。教育学生们如何设置社交媒体隐私选项，了解哪些信息适合公开，哪些应该保密，是保护隐私的重要一步。通过指导他们正确使用隐私设置和安全选项，学生们可以有效降低个人信息被滥用的风险。

面对网络欺凌和不良信息，学生们也需要学会正确的应对方法。网络欺凌对心理健康的影响深远，许多学生在遇到此类问题时感到无助和孤立。学校应提供明确的指导和支持渠道，帮助学生在遭遇网络欺凌时能够及时寻求帮助并采取有效措施。教育他们识别和举报不良信息，以及如何保护自己不受侵害，是维护心理健康的重要保障。网络安全教育还应包括对虚假信息和网络诈骗的识别与防范。许多学生在网络上容易受到误导或被骗，因此，掌握如何识别虚假信息、了解常见的诈骗手段，是保护个人财产和信息安全的关键。通过案例分析和模拟训练，学生们可以提高警觉性，学会在网络世界中保持理性和谨慎。学校还可以建立和推广心理支持系统，为遭遇网络欺凌和隐私泄露的学生提供心理咨询和法律援助。一个健全的支持系统不仅可以帮助学生及时处理心理创伤，还能为他们提供具体的法律和技术建议，进一步增强他们的安全感和信心。

第二节　大学生使用社交媒体的行为与心理状态

一、大学生使用社交媒体的行为

（一）频繁互动和分享

大学生经常使用社交媒体进行互动和分享。他们通过发布状态、上传照片和视频，以及评论和点赞他人的内容来保持与朋友和家人的联系。这种频繁的互动使得社交媒体成为他们日常生活的重要组成部分。

（二）信息获取与学习

除了社交互动，大学生还利用社交媒体获取信息和进行学习。通过关注新闻账号、学术页面和教育视频，他们可以及时获取最新的资讯和知识。这种行为帮助他们拓宽视野，获取课堂外的额外知识。

（三）参与在线社群和活动

大学生积极参与各种在线社群和活动，这些社群和活动涵盖了学术讨论、兴趣爱好和社会活动等方面。通过参与这些群体，学生们不仅能拓展社交圈，还能找到志同道合的朋友和有共同兴趣的人。

（四）娱乐和放松

使用社交媒体进行娱乐和放松是大学生常见的行为。观看视频、浏览图片和参与线上游戏是他们缓解学习压力和消磨时间的重要方式。这种娱乐行为帮助他们在繁忙的学习生活中找到放松的机会。

（五）自我展示与形象管理

大学生常常通过社交媒体展示自我，管理个人形象。他们精心挑选和发布内容，以塑造特定的形象和获得他人的认可。这种行为反映了他们对自我形象和社会评价的重视。

二、大学生使用社交媒体的心理状态

（一）社交归属感和支持

使用社交媒体能增强大学生的社交归属感和支持网络。通过与朋友和家人保持联系，他们感到不孤单，获得情感上的支持和慰藉。这种归属感有助于他们在面对压力和挑战时保持心理平衡。

（二）焦虑和自卑感

然而，社交媒体上的虚假信息和他人展示的高光时刻也可能引发大学生的焦虑和自卑感。他们容易将自己的日常生活与他人的成功经历进行比较，从而产生自我怀疑和不满足。这种心理状态对他们的自我认同和心理健康产生负面影响。

（三）心理压力和时间管理困难

过度使用社交媒体会导致大学生的时间管理困难和心理压力增加。他们可能因为长时间沉迷于社交媒体，而推迟学业任务，导致学业压力积累。这种时间管理不当的现象进一步加剧了他们的焦虑和压力。

（四）隐私和安全担忧

大学生在社交媒体上分享个人信息时，常常会担忧隐私泄露和安全风险。网络欺凌、身份盗窃和网络诈骗等问题使他们感到不安和焦虑。这种安全隐患对他们的心理健康产生了显著影响。

（五）积极心态和心理韧性

尽管存在负面影响，社交媒体上的正能量内容和社区支持也能增强大学生的积极心态和心理韧性。通过接触励志故事和参与正向社群，他们能够获得激励和鼓舞，提升自信心和应对挑战的能力。

第三节　利用社交媒体进行心理健康教育的策略

一、创建心理健康教育平台

（一）专门账号和页面

学校和教育机构可以在各大社交媒体平台上创建专门的心理健康教育账号和页面，这是提高学生心理健康素养的重要举措。这些账号和页面通过定期发布有关心理健康的文章、视频和图文内容，可以有效地向学生普及心理健康知识，帮助他们了解常见心理问题及其应对方法。通过多样化的内容形式，学生们可以更容易地获取信息，提升他们的心理健康意识。建立专门的心理健康教育账号和页面，可以利用社交媒体的广泛覆盖面和高互动性，触及更多的学生群体。通过发布引人入胜的文章和视频，账号和页面能够吸引学生的关注和参与，使他们在轻松的环境中学习心理健康知识。例如，短视频平台可以通过一分钟的心理健康小贴士，向学生传递重要的信息，而图文并茂的帖子则可以深入讲解具体的心理健康话题。

这些专门账号和页面不仅限于发布内容，还应注重与学生的互动。通过留言板、私信和评论区，学生可以就自己的疑问和困惑与心理健康专家进行交流，获得专业的指导和建议。这种互动方式不仅能增强学生的参与感，还能让他们在遇到心理困扰时有一个可靠的求助渠道，缓解他们的焦虑和压力。专门的心理健康教育账号和页面可以通过策划和举办线上活动，如心理健康讲座、互动问答和主题讨论等，进一步促进学生对心理健康问题的关注和理解。这些活动可以邀请心理学专家、知名学者或有经验的心理咨询师参与，为学生提供权威的知识和实用的技巧。学生不仅可以学习到新的知识，还能与其他同龄人交流经验。

创建专门的心理健康教育账号和页面还可以定期发布与学生心理健康相关的最新研究成果和数据分析，帮助学生了解当前的心理健康趋势和挑战。这些信息可以为学生提供有价值的参考，帮助他们更好地理解和管理自己的心理健康状态。同时，这些专门账号页面还可以分享成功的心理健康案例和经验，激励学生积极应对心理问题，寻求有效的解决方法。

（二）在线资源库

建立在线资源库是学校和教育机构支持学生心理健康的重要措施。这些资源库应包括丰富的心理健康资源，如自助指南、冥想练习和应对策略，方便学生随时查阅和使用。学生能够在需要时迅速获取可靠的信息和工具，以维护和提升他们的心理健康。在线资源库应当包含全面的自助指南，这些指南可以覆盖从处理压力和焦虑到应对抑郁和人际关系问题的各个方面。自助指南应以简明易懂的语言编写，结合具体的案例和步骤，帮助学生更好地理解和应用相关的心理健康技巧。这些指南可以根据不同的心理问题进行分类，便于学生在遇到特定困扰时能够快速找到相应的解决方案。

冥想作为一种有效的心理健康干预手段，能够帮助学生放松身心，减轻压力和焦虑。资源库可以提供各种形式的冥想练习，如引导冥想、呼吸练习和正念冥想等，供学生选择和练习。通过定期的冥想练习，学生可以培养良好的心理习惯，提升情绪管理能力。应对策略部分应包括具体的心理健康应对技巧和策略，这些策略可以帮助学生在面对各种心理挑战时采取有效的措施。比如，如何在考试压力下保持冷静，如何处理人际冲突，如何在生活中保持积极心态等。这些应对策略应以实用性为导向，结合实际生活中的常见问题，为学生提供切实可行的解决方案。

在线资源库还可以提供一些互动工具，如心理健康评估问卷和情绪记录表等，帮助学生自我监测和评估心理状态。学生可以定期检查自己的心理健康状况，及时发现潜在问题并采取相应措施。此外，资源库还可以链接到其他有用的心理健康网站和应用，为学生提供更多的学习和帮助资源。建立在线资源库不仅方便学生自主学习和应用心理健康知识，还能在整体上提高校园的心理健康水平。学生能够在任何时间、任何地点获取所需的心理健康资源，有助于他们在日常生活中更好地管理自己的心理状态，提升心理韧性和应对能力。

二、建立在线支持群体

（一）情感支持小组

在社交媒体上建立由心理咨询师或志愿者带领的情感支持小组，是帮助学生应对心理困扰和情感问题的有效方式。这些小组为学生提供了一个安全且保密的空间，使他们能够自由地表达自己的感受和困扰，获得来自同伴和专业人士的理解与支持。通过这种形式的情感支持，学生们可以在面对压力和挑战时不再感到孤单和无助。情感支持小组由专业的心理咨询师或经过培训的志愿者主持，确保每个参与者都能在一个温暖和有保障的环境中分享自己的故事。主持人通过引导和倾听，帮助学生们敞开心扉，表达内心的困惑和情感。同时，主持人还提供专业的建议和指导，帮助学生找到应对问题的有效方法。这种专业的支持不仅可以缓解学生的心理压力，还能提高他们的情感管理能力。

加入情感支持小组的学生可以从其他成员的经历中获得共鸣和启发。通过倾听和分享彼此的故事，学生们可以发现自己并不孤单，很多人都面临着相似的困扰和挑战。这种同伴支持可以极大地增强学生的心理韧性和自我效能感，使他们在面对困难时更加坚定和自信。同时，小组成员之间的互相鼓励和支持，也能促进积极的情感交流，营造一个互助互爱的社区氛围。情感支持小组还可以组织各种互动活动和讨论，帮助学生更深入地理解和应对自己的情感问题。例如，小组可以开展主题讨论、角色扮演和情景模拟等活动，让学生在实际情境中练习情感表达和问题解决技巧。学生不仅可以学到实用的情感管理方法，还能在实践中提高自我调节能力和社交技巧。情感支持小组还可以为学生提供持续的情感支持和关怀。通过定期的在线会议和交流，学生们可以保持长期的联系和互动，形成一个稳定的支持网络。在遇到新的困扰或挑战时，他们可以随时向小组成员寻求帮助和建议。这种持续的情感支持可以有效预防和缓解心理问题，促进学生的心理健康和全面发展。

（二）匿名讨论平台

开设匿名讨论平台是一种有效的方法，可以帮助学生在不透露身份的情况下表达心理困扰和问题。这种平台为学生提供了一个安全的空间，让他们可以自由地分享内心的困惑和情感，而不必担心被他人评判或嘲笑。匿名讨论不仅能减轻羞耻感，还能鼓励更多学生参与，获得他人的支持和建议。匿名讨论平台的最大优势在于保护参与者的隐私。这种保护措施使得学生们在表达心理问题时更加放心，无需担心身份泄露所带来的负面影响。对于许多学生来说，能够在一个完全匿名的环境中坦诚地表达自己的感受，是一种非常宝贵的机会。他们可以更加真实地反映自己的心理状态，从而获得更有针对性帮助和支持。

由于身份匿名，学生们可以更加开放地讨论各种心理健康话题，无论是常见的焦虑和抑郁，还是更为敏感的个人问题。通过这种自由交流，学生们可以互相分享经验和建议，从他人的故事中找到共鸣和解决方法。这种互动不仅能提供情感支持，还能拓宽学生的视野，帮助他们更全面地理解和应对心理问题。平台上的讨论通常由专业的心理咨询师或经过培训的志愿者进行监控和引导，确保讨论内容的安全性和有效性。通过专业人员的参与，学生们可以获得科学的建议和指导，避免因误导性信息而产生不必要的恐慌或误解。专业人员还可以及时识别并干预可能存在的严重心理问题，提供必要的帮助和支持。匿名讨论平台还可以通过设立专门的主题版块，针对不同类型的心理问题提供有针对性讨论和资源。例如，设立焦虑管理、抑郁应对、人际关系处理等专题区，让学生根据自己的需求选择参与。这种分类讨论不仅提高了平台的实用性，还能使学生更加高效地找到所需的支持和信息。

三、心理健康教育内容创作

（一）创意视频和动画

利用短视频和动画制作心理健康教育内容，是一种生动有趣且有效的方式来向学生传递重要的信息。这些创意视频和动画能够以简洁且吸引人的形式展示心理健康知识和应对技巧，从而提高学生的关注度和参与度。短视频和动画可以通过故事化的手法，将抽象的心理健康知识具象化。例如，通过角色扮演和情景模拟，学生可以看到在面对压力、焦虑或人际冲突时，如何有效地应对和处理。这种直观的表现形式能够帮助学生在实际生活中更好地运用所学到的技巧，从而增强他们的心理韧性。

动画和短视频的灵活性允许内容创作者在传递信息的过程中加入幽默元素和创意设计。这种轻松愉快的氛围能够缓解学生学习心理健康知识时的紧张情绪，使他们更愿意投入其中。通过有趣的情节和引人入胜的画面，学生们在观看过程中不仅获得了知识，还能享受到学习的乐趣，增加了他们对心理健康教育的兴趣和积极性。短视频平台的广泛使用，使得这些心理健康教育内容能够迅速传播，覆盖更广泛的学生群体。学校和教育机构可以利用热门短视频平台，如抖音、快手、Instagram 等，定期发布心理健康相关的视频和动画。这不仅能吸引学生的目光，还能通过社交分享功能，让更多的人看到和受益。互动性是短视频和动画的另一个优势。通过在视频结尾加入互动问题、测验或任务，学生们可以在观看后立即参与互动，加深对所学内容的理解和记忆。比如，在讲解一种应对焦虑的技巧后，可以邀请学生在评论区分享他们的体验和心得，或者完成一个小任务。这种互动不仅增加了学生的参与感，也使心理健康教育变得更具实用性。

（二）名人和 KOL 合作

与名人和网红（KOL）合作推广心理健康教育内容，是一种利用他们影响力来吸引更多学生关注心理健康的重要策略。名人和 KOL 在社交媒体上的广泛影响力和强大号召力，能够将心理健康话题带入学生的视野，从而提高他们对心理健康教育的重视和参与度。通过与这些有影响力的人合作，心理健康教育内容可以更迅速地传播到广大学生群体中。名人和 KOL 通常拥有庞大的粉丝基础，他们的言行对粉丝有着深远的影响。当他们公开谈论心理健康问题、分享个人经历或推广心理健康教育活动时，能够引起学生的共鸣和关注。学生们更容易接受来自他们崇拜或信任的名人和 KOL 的信息，因此，这种合作方式能够显著提高心理健康教育内容的传播效果。

名人和 KOL 的参与还可以帮助打破心理健康的污名化问题。然而，当他们看到自己喜欢的名人或 KOL 公开谈论心理健康，甚至分享他们的个人经历时，能够激励学生勇敢地面对自己的问题。名人和 KOL 的示范作用，能够鼓励学生正视心理健康问题，并积极参与相关的教育活动，寻求专业的帮助和支持。与名人和 KOL 合作还可以增加心理健康教育内容的多样性和吸引力。名人和 KOL 可以根据他们的特长和风格，创作独特的心理健康内容，如访谈、短视频、直播等。这些内容形式多样、富有创意，不仅能吸引学生的注意力，还能使心理健康教育更加生动有趣。学生们可以在轻松愉快的氛围中学习和了解心理健康知识，增加他们的学习兴趣和参与度。

学校和教育机构可以通过举办名人和 KOL 参与的心理健康讲座、线上活动和互动问答等活动，进一步增强学生的参与感和互动性。例如，可以邀请知名心理学家与名人共同主持线上直播，讨论心理健康话题，解答学生的问题。这种形式的活动，不仅能提供专业的心理健康知识，还能通过名人和 KOL 的影响力，吸引更多学生参与和关注。

四、互动式学习与参与

（一）在线问答和讨论

定期举办心理健康主题的在线问答和讨论活动，是提高学生心理健康意识和理解的重要方法。这种活动形式能够让学生实时参与，提问和交流，从而增强他们对心理健康话题的兴趣和理解。通过在线互动，学生们可以在轻松的环境中探讨心理健康问题，获取专业的建议和支持。在线问答和讨论活动的实时性使得学生能够在第一时间表达自己的疑虑和困惑。心理健康专家或咨询师在现场回答问题，能够提供及时和针对性的建议，帮助学生解决他们面临的具体问题。这种直接的互动方式，不仅能满足学生的求知欲，还能让他们感受到被重视和支持，增强他们的参与感和归属感。

在线问答和讨论活动还可以打破时间和空间的限制，吸引更多的学生参与。这种便利性使得更多学生能够接触到心理健康知识和资源，扩大了心理健康教育的覆盖面。同时，录制和保存这些活动的内容，还可以让未能实时参与的学生事后观看和学习，持续发挥教育作用。通过设置不同主题的问答和讨论，学生们可以根据自己的兴趣和需求选择参与的活动。专家的专业解答、同龄人的分享和互动讨论，能让学生在多方面了解心理健康问题，提升他们的心理健康素养。

在线问答和讨论活动不仅有助于普及心理健康知识，还能帮助学生建立一个支持性的社交网络。学生们可以结识有相似经历和兴趣的同龄人，分享彼此的故事和经验，形成一个互助互爱的社区。这种同伴支持对学生的心理健康具有重要的积极影响，能够缓解他们的孤独感和压力。通过定期举办心理健康主题的在线问答和讨论活动，学校和教育机构还可以不断收集学生的反馈和需求，从而更好地调整和优化心理健康教育的内容和方式。了解学生的实际困扰和问题，能使心理健康教育更加贴近学生的生活和心理需求，提高教育的有效性和针对性。

（二）心理健康测评和反馈

提供在线心理健康测评工具是帮助学生自我评估心理状态的有效手段。这些测评工具可以让学生在方便快捷的环境中了解自己的心理健康状况，并根据测评结果获得个性化的建议和反馈。学生能够更好地理解和管理自己的心理健康，从而提高他们的整体心理素养。在线心理健康测评工具通常包括一系列科学设计的问题，涵盖情绪、压力、人际关系等多个方面。学生通过回答这些问题，可以系统地评估自己的心理状态。测评结果能够提供详细的分析，帮助学生识别潜在的心理问题，如焦虑、抑郁或压力过大等。这种自我评估不仅能提高学生的自我认知，还能促使他们主动寻求帮助和支持。

根据测评结果，系统可以生成具体的建议，如情绪调节技巧、压力管理方法和改善人际关系的策略等。这些建议通常结合实际案例和具体步骤，具有很强的操作性，学生可以在日常生活中逐步应用和实践。这种个性化的反馈有助于学生采取针对性的措施，改善自己的心理健康状况。在线心理健康测评工具的便捷性和隐私保护特性，使得学生更愿意使用这种方式进行自我评估。相较于面对面的心理咨询，在线测评避免了面对面交流的尴尬和隐私泄露的风险，学生可以在安全、私密的环境中完成测评。这种保护隐私的特性，能够吸引更多学生参与，尤其是那些对心理问题感到羞耻或不愿公开寻求帮助的学生。

通过定期使用在线心理健康测评工具，学生可以持续监控自己的心理状态，及时发现和应对心理问题。教育机构可以定期提醒学生进行测评，并结合测评结果提供相应的支持和资源。比如，针对测评中发现的问题，学校可以组织相关的心理健康讲座、工作坊或一对一咨询服务，帮助学生进一步了解和解决心理问题。在线心理健康测评工具还可以为学校和教育机构提供有价值的数据支持。通过汇总和分析学生的测评结果，学校可以了解学生群体的心理健康状况和变化趋势，为制定和调整心理健康教育和干预措施提供依据。这种数据驱动的决策，能够提高心理健康服务的针对性和有效性，最终促进校园心理健康环境的改善。

五、加强危机干预和支持

（一）即时聊天和咨询服务

在社交媒体平台上提供即时聊天和心理咨询服务，是帮助学生应对心理危机的重要举措。这样的服务能够让学生在遇到心理困扰时，第一时间获得专业的帮助和支持，及时缓解他们的焦虑和压力。即时聊天功能的实时性，使得学生可以随时随地与心理咨询师进行交流，避免了等待和预约的烦恼，从而迅速得到所需的心理援助。即时聊天和心理咨询服务的便捷性，使得学生在心理危机时更愿意寻求帮助。相比传统的面对面咨询，在线聊天服务可以在学生感到舒适和安全的环境中进行，减少了心理障碍和羞耻感。学生可以在家中、宿舍或任何他们感到放松的地方，通过社交媒体平台与心理咨询师沟通，这种方式不仅保护了他们的隐私，还能让他们更加开放和真实地表达自己的感受和困扰。

提供这种服务的平台，通常会配备经过专业训练的心理咨询师，他们具备丰富的心理学知识和实际咨询经验，能够为学生提供科学和有效的指导。无论是面对突如其来的情感困扰、学业压力，还是复杂的人际关系问题，心理咨询师都能根据具体情况给予适当的建议和支持，帮助学生找到解决问题的方法和途径。此外，即时聊天和心理咨询服务还可以通过定期跟踪和随访，提供持续的心理支持。心理危机的解决往往需要时间和过程，持续的关怀和指导对于学生的心理康复至关重要。通过定期的在线交流，心理咨询师可以了解学生的进展情况，及时调整咨询方案，并给予必要的鼓励和支持，帮助他们逐步走出困境。即时聊天和心理咨询服务也可以为学生提供丰富的心理健康资源和信息。咨询过程中，心理咨询师可以推荐适合的心理健康书籍、文章和视频，介绍相关的心理健康活动和课程，帮助学生进一步了解和学习心理健康知识。这种资源的共享，不仅能增强学生的心理健康素养，还能为他们提供更多的支持和选择。

(二) 紧急联系方式和资源

通过在社交媒体平台和学校网站上发布心理危机干预热线、当地心理健康服务机构的信息，学生可以在遇到紧急情况时第一时间找到专业的援助。这种信息的及时获取，对于挽救生命和避免严重心理创伤具有关键作用。紧急联系方式如心理危机干预热线，能够为学生提供 24 小时的即时支持。当学生感到无助或面临严重的心理困扰时，他们可以拨打这些热线，获得专业心理咨询师的指导和帮助。这些热线通常配备训练有素的专业人员，能够在紧急情况下提供情感支持、危机干预和必要的行动建议，帮助学生渡过难关。

提供当地心理健康服务机构的信息，可以让学生了解在他们身边有哪些可供选择的心理健康资源。这些信息应包括机构的名称、地址、联系方式和服务内容，帮助学生快速找到适合的心理健康服务。学生可以在需要时方便地预约面谈咨询，参加心理健康活动或寻求长期的心理治疗。紧急联系方式和资源链接不仅仅是危机时的救命稻草，也是一种预防性的支持措施。学校和教育机构应定期更新和宣传这些信息，确保学生在平时就能熟悉和掌握这些资源的使用方法。通过在新生入学时的心理健康教育课程中介绍这些资源，或在学校公告栏和社交媒体平台上定期发布相关信息，学生可以在心理危机发生前就了解如何寻求帮助。

教育机构还可以通过合作与本地心理健康服务机构建立紧密联系，共同为学生提供更全面的支持。例如，定期邀请心理健康专家来校举办讲座和工作坊，或通过网络平台提供在线咨询服务，进一步扩展学生的支持网络。这样的合作不仅能增强学生的心理健康保障，还能提高学校整体的心理健康服务水平。提供紧急联系方式和资源链接，还应注重信息的可及性和易用性。信息应以简明清晰的格式呈现，方便学生查阅和保存。例如，可以在学校网站和社交媒体账号的首页设置明显的紧急求助按钮，点击即可显示所有相关的联系方式和资源链接。还可以制作印有紧急联系方式的小卡片，发放给学生，确保他们随时携带，必要时能迅速使用。

第四节　社交媒体中的心理健康支持社区

一、创建专门的心理健康支持群体

（一）在线论坛和讨论区

设立专门的在线论坛和讨论区，是帮助学生匿名分享心理健康经历、困扰和解决方法的有效方式。这些平台允许学生在匿名的情况下畅所欲言，避免了因身份暴露而带来的尴尬和羞耻感。通过这种形式，学生可以更加自由地表达自己的心理问题，寻求他人的理解和建议。在线论坛和讨论区应由专业人员进行监督，以确保讨论的安全性和有效性。心理健康专家和受过培训的志愿者可以在这些平台上提供指导，并及时介入和处理可能出现的负面信息。通过专业监督，可以防止误导性或有害信息的传播，确保学生在安全的环境中交流和学习。

许多学生在面对心理问题时，往往因为害怕被评判或嘲笑而不愿寻求帮助。匿名分享消除了这一顾虑，使学生能够更加坦诚地表达自己的困扰和感受。同时，匿名性还鼓励更多学生参与讨论，分享他们的经验和解决方法。这些论坛和讨论区还应设置多个主题板块，涵盖不同类型的心理健康话题。例如，可以设立焦虑管理、抑郁应对、人际关系处理等专题区，方便学生根据自己的需求选择合适的板块参与讨论。通过这种分类讨论，学生可以更有针对性地寻找和分享信息，提高讨论的实用性和效率。

学生们可以通过留言、评论和私信等方式，与其他成员进行实时互动和交流。在讨论中，他们不仅可以得到心理健康专家的指导，还能从同龄人的分享中获得共鸣和启发。这种互动形式，不仅能增强学生的参与感和归属感，还能帮助他们建立起一个支持性的社交网络，缓解孤独感和压力。为了进一步提高论坛和讨论区的有效性，可以定期举办在线活动，如主题讨论、问答环节和经验分享会等。这些活动可以邀请心理健康专家或有相关经历的公众人物参与，同时吸引更多学生参与互动，扩大讨论的影响力和覆盖面。

二、举办在线活动和讲座

（一）实时问答和直播讲座

定期举办心理健康主题的实时问答和直播讲座，是提升学生心理健康知识和兴趣的有效方法。这些活动通过邀请心理学家、心理咨询师和有相关经历的公众人物参与，为学生提供一个互动交流的平台。学生可以在这些活动中提问和互动，获得专业的建议和支持，增强他们对心理健康话题的兴趣和理解。心理健康专家在实时问答和直播讲座中，能够针对学生提出的具体问题，提供科学的解释和实用的建议。这种面对面的互动，不仅可以满足学生的好奇心和求知欲，还能帮助他们解开心理困惑，找到应对心理问题的方法。此外，专家们通过分享自己的专业知识和经验，能够让学生更深入地了解心理健康的重要性和维护方法，提升他们的心理素养。

邀请有相关经历的公众人物参与这些活动，也能为学生带来更多的启发和鼓舞。公众人物的真实经历和成功应对心理问题的故事，可以为学生树立榜样，激励他们积极面对和处理自己的心理困扰。这种亲身经历的分享，往往比单纯的理论讲解更有感染力和说服力，能够在学生中引起强烈的共鸣和反响。实时问答和直播讲座的互动性，使得学生可以即时获取反馈和建议，增强他们的参与感和投入感。学生可以通过留言、弹幕或现场提问的方式，与讲座嘉宾直接交流。

定期举办这些活动，还可以帮助学生养成关注心理健康的习惯。通过持续的教育和互动，学生可以逐渐认识到心理健康的重要性，并学会在日常生活中关注和管理自己的心理状态。这种长期的教育效果，对于提高整体的校园心理健康水平，具有深远的意义。为了确保实时问答和直播讲座的效果，可以利用社交媒体平台进行广泛宣传。提前公布讲座主题、嘉宾信息和互动方式，可以激发学生的兴趣和期待。同时，讲座结束后，可以将录制的视频和互动内容保存并分享，方便未能实时参与的学生事后观看和学习，扩大教育的覆盖面和影响力。

（二）专题工作坊和训练营

组织专题工作坊和心理健康训练营，是帮助学生学习具体心理健康技能和应对策略的有效途径。这些活动通过集中培训和实际操作，让学生在实践中掌握处理压力、调节情绪和提升社交技能的技巧。专题工作坊和训练营能够为学生提供一个深度学习和交流的平台，增强他们的心理韧性和应对能力。专题工作坊可以围绕不同的心理健康主题展开。例如，压力管理工作坊可以教学生如何识别压力源，并通过呼吸练习、时间管理和放松技巧等方法有效缓解压力。情绪调节工作坊则可以帮助学生理解和管理自己的情绪，学习正念冥想和情绪表达的技巧，避免情绪失控对生活和学业的影响。社交技能训练营则可以通过角色扮演和模拟场景，让学生练习如何在社交场合中自信地表达自己，改善人际关系。

这些工作坊和训练营的互动性和实践性，是其重要特点。学生们不仅可以听取专家的讲解，还能参与到各种实际操作和练习中。通过动手实践和小组讨论，学生们可以将学到的理论知识应用到实际情境中，加深对心理健康技能的理解和掌握。同时，这种互动形式也能促进学生之间的交流和互助，形成一个支持性网络，共同进步。心理健康训练营通常为期较长，可以通过多次培训和持续指导，帮助学生建立和巩固良好的心理习惯。训练营的设置可以是集中的几天培训，也可以是每周一次的系列课程。无论哪种形式，都应注重系统性和渐进性，逐步引导学生从基础知识到高级技能的学习和应用。这种持续的教育模式，能够有效提高学生的心理健康水平，帮助他们在面对生活和学业的各种挑战时更加从容。

为了确保专题工作坊和训练营的效果，教育机构可以邀请专业的心理学家、心理咨询师和有经验的教育工作者担任讲师和指导员。他们的专业知识和实际经验，能够为学生提供科学、实用和权威的指导。此外，可以结合学生的需求和反馈，不断调整和优化课程内容和教学方法，确保每一个参与者都能从中受益。

三、提供即时支持和紧急联系方式

（一）即时聊天和心理咨询服务

学生在面对心理问题时，往往会因为害怕被评判或不愿暴露身份而不敢寻求帮助。即时聊天和心理咨询服务通过匿名交流，消除了这种顾虑，让学生可以在一个完全私密的环境中坦诚表达自己的感受和困扰。

（二）紧急联系方式和资源链接

提供详细的紧急联系方式和资源链接，是确保学生在心理危机时能迅速找到合适帮助的关键举措。这些信息包括心理危机干预热线、当地心理健康服务机构的联系方式，以及其他相关支持资源，可以为学生提供及时的援助和指导。在社交媒体平台和学校网站上发布这些信息，可以确保学生在需要时能够方便快捷地获取。

四、增强学生间的相互支持

（一）同伴辅导和支持网络

发展同伴辅导和支持网络，是提升学生心理健康支持体系的重要手段。这种方式不仅让学生在接受专业帮助的同时，还能获得来自同龄人的支持和鼓励。同伴辅导员经过培训，能够学习如何有效地支持和帮助有心理困扰的同学，形成一个温暖而有力的支持社区。同伴辅导员因为与学生有着相似的经历和背景，能够更好地理解他们的感受和困扰。这种同龄人的陪伴和支持，可以让学生感到被接纳和理解。

通过系统的培训，同伴辅导员可以掌握基本的心理健康知识和辅导技巧，学会如何倾听、共情和提供有效的建议。他们还会学习如何识别严重的心理问题，并在必要时引导同学寻求专业的心理咨询师的帮助。这种专业化的培训，确保同伴辅导员能够提供科学、有效支持。同伴辅导和支持网络还可以通过定期的交流和活动，增强学生的归属感和互助精神。例如，可以组织定期的同伴辅导小组讨论会，让学生在轻松的环境中分享他们的感受和经历。学生不仅可以获得情感支持，还能从其他同学的经验中找到解决问题的方法和灵感。同伴辅导和支持网络的建立，还可以为学生提供一个安全的环境，让他们勇敢地面对和表达自己的心理问题。同伴辅导和支持网络通过匿名和保密的方式，消除了这些顾虑，让学生可以放心地表达自己的困扰，获得及时的支持和帮助。

第七章　移动应用程序在心理健康教育中的应用

第一节　心理健康教育类移动应用的现状与发展

一、心理健康教育类移动应用的现状

（一）普及度和使用率逐年提高

心理健康教育类移动应用的普及度和使用率逐年提高，越来越多的学生和公众开始依赖这些应用来获取心理健康支持和教育。近年来，随着智能手机和互联网的广泛普及，心理健康应用变得越来越便捷和易于访问。这些应用通过提供丰富的功能和资源，使用户能够随时随地进行心理健康自我评估、学习应对技巧和获取心理咨询服务，极大地提升了心理健康服务的可及性和便捷性。在当前快节奏的生活和学习环境中，心理健康问题日益突出。越来越多的学生和公众认识到心理健康的重要性，并希望通过有效的途径来缓解压力、焦虑和其他心理问题。心理健康教育类移动应用恰好满足了这一需求，通过简便易用的界面和多样化的功能，帮助用户进行心理健康管理。这些应用不仅提供自我评估工具，使用户能够快速了解自己的心理状态，还通过视频、文章和互动课程等形式，教授用户应对技巧和自我调节方法。

用户可以在任何时间和地点使用这些应用，无需预约或面对面咨询，这大大降低了心理健康服务的门槛。同时，许多应用提供匿名服务，保护用户的隐私，使他们在寻求帮助时感到更加安心和自由。这种隐私保护措施尤其适合那些对心理问题有顾虑或羞于启齿的人群。教育机构和公共卫生组织也意识到心理健康应用的重要性，积极推广和应用这些技术。许多学校和大学将心理健康应用纳入学生健康计划，帮助学生

应对学习压力和心理困扰。公共卫生组织则利用这些应用进行心理健康教育和宣传，提高公众对心理健康问题的认识和重视。这些举措不仅提高了心理健康应用的使用率，也增强了社会整体的心理健康水平。随着人工智能和大数据技术的发展，这些应用能够提供更加个性化和精准的服务。通过分析用户的数据，应用可以提供量身定制的建议和方案，提高干预的有效性和用户的满意度。例如，一些应用已经能够通过语音识别和情感分析技术，实时监测用户的心理状态，并提供相应的支持和建议。

（二）功能多样化

当前的心理健康教育类移动应用功能多样化，涵盖了从心理健康测评、自助指南、情绪调节练习到在线心理咨询等多方面的服务。用户可以根据自身需求选择不同的功能模块，进行个性化的心理健康管理。这种多样化的功能设计，使得心理健康应用能够满足不同用户的多样化需求，提供全面而个性化的心理健康支持。通过科学的测评工具，用户可以对自己的心理状态进行全面评估。这些测评工具通常包括情绪状况、压力水平、焦虑和抑郁倾向等多个方面。

自助指南提供了丰富的自助资源，如文章、视频、音频和互动课程，帮助用户学习心理健康知识和应对技巧。自助指南通常涵盖压力管理、情绪调节、人际关系、睡眠改善等多个方面。通过这些自助资源，用户可以学习到科学的心理调节方法，提升自我管理能力。这种自助式的学习和练习，既灵活又便捷，适合不同背景和需求的用户。情绪调节练习是心理健康应用中备受欢迎的功能。这些练习通常包括冥想、呼吸训练、正念练习等，帮助用户缓解压力、放松身心、提升情绪控制力。通过定期进行这些练习，用户可以逐步改善情绪状况，提升心理韧性。这种实践性的功能模块，不仅能够即时缓解情绪问题，还能够在长期使用中，培养用户的心理调节习惯。

用户可以通过应用预约和进行在线咨询，与专业的心理咨询师进行一对一交流。这种即时的咨询服务，为用户提供了专业的心理支持，帮助他们解决具体的心理问题。在线心理咨询不仅方便快捷，还能够打破地域限制，使用户在家中也能获得高质量的心理服务。这种服务方式，尤其适合那些有急需心理帮助但无法或不愿面对面咨询的用户。用户可以加入兴趣小组或支持社区，与其他用户分享经验、交换意见、互相鼓励。这种社交支持，能够增强用户的归属感和支持感，帮助他们在社区中找到情感支持和认同。这种互动性和社区感，能够进一步提升用户的心理健康水平。随着技术的发展和应用的不断完善，心理健康应用将继续扩展和创新，帮助更多用户维护心理健康，提升生活质量。

（三）用户体验和界面设计日益优化

许多心理健康应用注重用户体验和界面设计，力求通过简洁、直观的界面和易于操作的功能，提高用户的使用满意度。这些应用在设计时，采用了用户友好的界面，确保功能模块清晰可见，操作简便，使用户能够轻松找到所需的服务。简洁的设计不仅提升了应用的美观性，还减少了用户在使用过程中的困惑和操作难度，从而提升了整体使用体验。为了进一步增强用户体验，一些心理健康应用还结合了游戏化元素，使学习心理健康知识和进行情绪管理练习变得更加有趣和吸引人。通过游戏化设计，应用能够激发用户的参与热情和持续使用的动机。比如，通过设置奖励机制、积分系统和成就徽章等，用户在完成某些任务或达成特定目标时，可以获得奖励和认可。这种激励机制不仅提高了用户的参与度，还增强了他们的成就感和满足感。

用户可以根据自己的喜好和需求，自定义界面布局和主题颜色，选择适合自己的功能模块。这种个性化设置，不仅让用户感受到尊重和重视，还能提升他们的使用舒适度和满意度。个性化界面设计使得应用更加贴近用户的使用习惯和审美偏好，增强了用户的归属感。许多心理健康应用还重视用户的反馈和建议，通过持续改进和优化，提升用户体验。开发团队定期收集用户的使用反馈，通过用户评价和数据分析，发现界面设计和功能使用中的问题，并进行针对性改进。例如，通过优化界面响应速度、减少操作步骤、提高系统稳定性等，增强用户的操作流畅度和满意度。用户反馈机制不仅帮助应用发现和解决问题，还增强了用户的参与感和信任感。

一些心理健康应用在设计上融入了沉浸式体验，利用虚拟现实和增强现实技术，提供更加逼真和互动的心理健康服务。用户可以通过虚拟现实设备，进行情景再现和沉浸式的情绪调节练习，获得更真实的体验和感受。这种创新的设计不仅提升了用户的使用体验，还增强了心理健康干预的效果。在移动设备普及的时代，心理健康应用还注重跨平台兼容性和移动端优化。许多应用在设计时，确保在不同的操作系统和设备上都能顺畅运行，并根据移动设备的特点进行优化，如触控操作、屏幕适配等。这种跨平台设计，使用户无论是在手机、平板还是电脑上，都能获得一致的使用体验。

（四）专业性和科学性

心理健康教育类移动应用的内容和服务越来越注重专业性和科学性。许多应用由心理学专家团队开发，并基于最新的心理学研究成果，确保提供的内容和建议具有科学依据和实际效果。这种专业化的设计和内容开发，使得心理健康应用在帮助用户维护心理健康方面具备了更高的可信度和有效性。这些应用通常涉及多领域的心理健康内容，包括情绪管理、压力应对、焦虑和抑郁的预防和干预等。心理学专家团队根据最新的研究成果，设计了多种科学有效的心理健康测评工具和干预方法，确保用户在使用过程中能够得到准确评估和针对性的建议。通过这种科学的测评和干预，用户能够更好地了解自身的心理状况，并采取适当的措施进行调整和改善。

为了保证内容的科学性，许多心理健康应用在开发过程中，与知名的心理学研究机构和大学合作，进行严谨的科学验证。许多应用聘请了经过专业认证的心理咨询师和治疗师，为用户提供在线咨询和辅导服务。这些专业人士不仅拥有丰富的实践经验，还经过严格的培训和认证，能够为用户提供高质量的心理支持和帮助。在线咨询服务的引入，使得用户可以随时随地获得专业的心理帮助，提升了心理健康服务的可及性和有效性。

心理健康应用在设计和内容上也遵循了严格的伦理和隐私保护原则。为了保护用户的隐私和数据安全，这些应用在数据收集、存储和使用方面，采取了多重安全措施，确保用户的信息不会被泄露或滥用。这种对隐私和伦理的重视，进一步增强了用户对应用的信任感和使用意愿。应用中的自助指南和练习内容，也经过了科学验证和实践检验。比如，许多应用提供的冥想和正念练习，是基于大量研究证明其对缓解压力和改善情绪的有效性。这些科学验证的内容，使得用户在使用时能够得到真正的益处，而不是依赖未经证实的方法。这种科学性的保障，使得心理健康应用在市场上具有更高的认可度和竞争力。为了保持高水平的专业性和科学性，心理健康应用的开发团队还持续进行用户研究和效果评估，通过收集用户反馈和数据分析，不断改进和优化应用内容。通过这种持续的改进机制，应用能够不断提升其服务质量和效果，满足用户不断变化的需求。

二、心理健康教育类移动应用的发展

（一）智能化和个性化

通过人工智能和大数据分析技术，这些应用可以更精准地了解用户的心理状态和需求，提供量身定制的心理健康支持和建议。人工智能技术的应用，能够使心理健康应用更深入地挖掘和分析用户数据，包括情绪记录、行为习惯和生理指标，从而为每个用户生成个性化的心理健康方案。通过对海量用户数据的收集和分析，应用可以识别出不同用户群体的共性和个性需求，并根据这些数据提供个性化的建议和干预措施。例如，应用可以分析用户的情绪波动和行为模式，识别出潜在的心理问题，并在问题初现时就提供有效的应对策略和情绪调节计划。这种精准的个性化服务，不仅能够提高用户的心理健康水平，还能够预防严重心理问题的发生。

智能化的心理健康应用还可以通过机器学习算法，不断优化和改进服务内容和形式。通过学习用户的反馈和使用数据，应用可以不断调整和完善个性化建议，提高服务的准确性和有效性。例如，如果某个情绪调节方法对多数用户效果显著，应用会优先推荐该方法；反之，则会逐步淘汰效果不佳的建议。这种自我学习和优化的机制，使得应用能够保持高效和实用性。智能化心理健康应用可以通过手机的传感器和用户的日常互动，实时感知用户所处的环境和状态。例如，应用可以根据用户的地理位置、时间和活动记录，判断其当前的生活状态和可能面临的压力。如果用户在深夜频繁使用手机，应用可以提醒其注意休息，提供睡眠改善建议；如果用户处于高压力环境中，应用可以主动提供放松和减压的方法。

通过智能语音助手和聊天机器人，用户可以随时与应用进行对话，获取即时的心理支持和建议。这种互动方式不仅方便快捷，还能够增加用户的参与感和信任度。此外，应用还可以通过情绪识别技术，实时监测用户的情绪变化，提供更加贴心和精准的服务。例如，当用户表现出焦虑或抑郁的情绪时，应用可以立即提供安慰和鼓励，并引导用户进行放松练习。随着技术的发展，心理健康教育类移动应用将更加智能化和个性化。例如，应用可以根据用户的情绪记录和行为数据，自动生成个性化的情绪调节计划和应对策略。

（二）虚拟现实（VR）和增强现实（AR）技术的应用

虚拟现实（VR）和增强现实（AR）技术在心理健康教育中的应用前景广阔。这些技术能够模拟现实场景，帮助用户在沉浸式环境中进行心理训练和情绪调节。例如，通过 VR 技术，用户可以在安全的虚拟环境中练习应对社交焦虑或恐惧症的技巧，提升实际生活中的应对能力。VR 技术通过创建高度逼真的虚拟场景，使用户仿佛身临其境，进行各种心理练习，从而在不受外界干扰的情况下，集中精力进行心理干预。AR 技术则通过将虚拟元素叠加在现实环境中，使用户在真实世界中进行心理训练和情绪调节。比如，用户可以通过 AR 眼镜看到周围环境中的虚拟提示和指导，帮助其在实际生活场景中应用所学的心理技巧。AR 技术可以在用户感到压力或焦虑时，实时提供缓解情绪的建议和方法，从而在日常生活中更好地管理和调节情绪。这些技术还可以用于暴露疗法，帮助用户克服恐惧症。通过 VR，用户可以在虚拟环境中逐渐接触其恐惧的对象或场景，例如高空、密闭空间或社交场合。在专业指导下，用户可以在虚拟环境中逐步减少对这些恐惧刺激的反应，增强对实际生活中类似情境的适应能力。这种沉浸式的暴露疗法，能够有效地减少用户的恐惧反应，提高心理治疗的效果。

通过 VR 头戴设备，用户可以进入一个安静、自然的虚拟环境，如海滩、森林或山谷，在这种放松的氛围中进行冥想和正念练习。虚拟环境中的自然声音和视觉效果，有助于用户更快地进入冥想状态，提高练习的效果和体验。AR 技术可以在用户进行正念练习时，提供实时反馈和指导，帮助其更准确地掌握正念技巧。在心理健康教育和培训中，VR 和 AR 技术也提供了新的可能性。心理健康教育者可以使用这些技术，为学生和患者创建互动性强、沉浸感高的学习和训练环境。教育者可以模拟各种心理情境，帮助学生和患者学习如何在不同情况下进行心理干预和自我调节。这种实践性强的教育方式，能够大大提高心理健康教育的效果和参与度。

（三）社交互动和社区支持

通过建立用户社区，应用可以为用户提供一个分享经验、交流心得和互相支持的平台。这种社交互动不仅能增强用户的参与感和归属感，还能通过同伴支持和集体智慧，帮助用户更好地应对心理问题。用户社区的建立，使得应用不仅仅是一个单向的服务平台，而是一个双向互动的支持系统，用户可以在这里找到志同道合的朋友，分享自己的心理健康经历，获取他人的支持和鼓励。通过与其他用户的互动，用户可以获得情感支持，减少孤独感和孤立感。在社区中，用户可以分享自己的挑战和成功，获得他人的反馈和建议，找到解决问题的新方法和新思路。这种互动不仅有助于个人问题的解决，还能增强用户的自我效能感和自信心，促进积极的心理健康发展。

未来的心理健康应用可以组织线上讨论会、分享会和主题活动，鼓励用户积极参与，形成强大的社区互动氛围。这些活动可以围绕特定的心理健康主题展开，帮助用户在互动中学习和成长。同时，应用可以通过推送个性化的社区内容和活动，提升用户的参与度和黏性。通过同伴支持，用户可以感受到理解和共鸣，减少心理负担和压力。同伴支持不仅可以提供情感上的安慰，还能在行为上提供具体的建议和帮助。例如，用户可以在社区中找到正在经历相似问题的人，互相分享应对策略和方法，共同进步。这种互助互励的机制，可以有效提升用户的心理健康水平，促进积极的心理变化。

通过集体智慧，用户可以借鉴他人的经验和智慧，找到更有效的解决方案。社区中的多样化观点和经验，可以为用户提供丰富的参考和启示，帮助其更全面地理解和应对心理问题。应用可以通过话题讨论、经验分享和案例分析等形式，激发社区成员的集体智慧，促进知识和经验的交流与传播。未来的心理健康应用还可以通过技术手段，增强社交互动和社区支持的效果。例如，应用可以利用人工智能技术，自动匹配志趣相投的用户，建立互助小组，提高互动的效率和效果。同时，应用可以通过数据分析，了解用户的互动行为和需求，提供个性化的社区推荐和活动推送，提升用户的体验和满意度。

（四）多学科融合

心理健康教育类移动应用的发展将越来越多地融合多学科知识，如医学、教育学、社会学等。这种跨学科的合作可以丰富应用的内容和功能，使其在心理健康教育和干预中发挥更全面的作用。例如，结合营养学知识，应用可以提供饮食建议以辅助心理健康管理。营养对心理健康的影响已得到广泛认可，合理的饮食可以改善情绪、增强心理韧性。因此，应用可以通过多学科知识的整合，提供个性化的饮食建议，帮助用户在日常生活中更好地管理心理健康。融合医学知识，心理健康应用能够为用户提供更专业的心理健康评估和干预方案。通过医学专家的参与，应用可以基于科学的评估工具和干预方法，提供准确的心理健康诊断和治疗建议。这种专业化的服务，不仅提升了应用的可信度和有效性，还能帮助用户更好地理解和应对自己的心理健康问题。例如，应用可以结合临床心理学的研究成果，提供个性化的认知行为治疗（CBT）方案，帮助用户改变负面思维模式。

教育学知识的融入，使得心理健康应用在心理健康教育方面更加系统和全面。教育学的理论和方法，可以帮助应用设计更加有效的心理健康教育内容和课程，提升用户的学习效果。通过互动课程、学习模块和评估反馈，用户可以系统地学习心理健康知识和技能。此外，教育学的融入还可以帮助应用设计符合不同年龄和教育背景用户需求的内容，使其更加个性化和实用化。社会学知识的融合，可以帮助心理健康应用更好地理解用户的社会背景和环境因素对心理健康的影响。社会关系、社会支持和社会环境在心理健康管理中起着重要作用。通过社会学的研究成果，应用可以提供更有针对性的社会支持和干预方案。例如，应用可以分析用户的社交网络和社会支持系统，提供个性化的社交建议和支持，帮助用户建立和维护积极的社会关系，增强心理健康水平。

多学科融合不仅可以提升应用的内容和功能，还能促进不同学科之间的合作和创新。通过跨学科的合作，心理健康应用可以不断吸收和整合各领域的最新研究成果和实践经验，提升整体服务水平和用户体验。例如，结合运动生理学知识，应用可以设计科学的运动方案，帮助用户通过运动改善心理健康。运动对情绪调节和心理健康的积极影响已得到广泛证实，因此，运动生理学的融入可以进一步丰富应用的功能，提供多样化的健康管理方案。未来的心理健康教育类移动应用将在多学科融合的基础上，继续发展和创新。通过整合医学、教育学、社会学等多学科知识，应用可以提供更加全面和专业的心理健康服务。结合多学科的智慧，心理健康应用将更好地满足用户的多样化需求，帮助其在日常生活中更有效地管理心理健康。

（五）国际化和本地化

随着全球化的发展，心理健康教育类移动应用将同时走向国际化和本地化。应用开发者将根据不同国家和地区的文化背景和心理健康需求，推出本地化的版本，提供更贴合当地用户的服务。不同文化和社会背景下，心理健康问题的表现形式和应对方式可能有所不同，因此本地化是应用成功的重要因素。开发者需要深入了解当地的文化习俗、语言特点和心理健康需求，针对性地设计和调整应用内容，使其更加符合本地用户的习惯和期望。优秀的心理健康应用也将通过国际化推广，服务全球用户，促进国际之间的心理健康交流与合作。通过跨国推广，应用可以将先进的心理健康知识和技术传播到更多的国家和地区，帮助全球用户改善心理健康状况。国际化的推广不仅扩大了应用的影响力和用户群体，还推动了不同国家和地区在心理健康领域的交流与合作。通过共享经验和资源，各国可以互相学习借鉴，提升全球心理健康服务的整体水平。

在国际化和本地化的过程中，应用开发者需要平衡全球标准和本地需求。标准化的技术和服务质量保证了应用在不同市场的可靠性和专业性，而本地化的调整则确保了应用能够满足各地用户的特定需求。例如，应用可以在保留核心功能和内容的基础上，根据不同国家的法律法规、语言和文化习俗，进行界面设计和内容调整，以便更好地适应当地市场。心理健康应用的本地化还包括对当地心理健康资源的整合和利用。开发者可以与本地的心理健康机构、专家和社区组织合作，共同提供服务和支持。这种合作不仅提升了应用的本地化水平，还增强了其在当地市场的竞争力和认可度。此外，通过整合本地资源，应用可以提供更具针对性和实用性的服务，满足用户的多样化需求。在进入不同国家和市场时，开发者需要了解当地的市场环境、用户需求和竞争状况，制定相应的市场推广策略。通过与国际组织、科研机构和跨国企业的合作，应用可以借助全球资源和平台，提升自身的知名度和影响力。同时，通过参与国际学术会议和交流活动，开发者可以了解最新的心理健康研究成果和技术动态，不断提升应用的科学性和创新性。

第二节　大学生对心理健康应用程序的需求与使用情况

一、大学生对心理健康应用程序的需求

（一）方便快捷的心理评估工具

大学生希望能够随时随地进行心理健康自我评估，了解自己的心理状态。这一需求在现代大学生群体中尤为突出，因他们面临学业、社交、未来规划等多重压力，心理健康问题不容忽视。便捷的心理评估工具能让他们在需要时迅速了解自己的心理状态，从而及时采取应对措施。大学生需要的是一种能够在日常生活中无缝衔接的工具，无论是在课堂间隙、图书馆自习还是宿舍休息时，都能轻松使用。他们需要快速获取评估结果和分析，提供及时的心理健康建议。传统的心理健康评估往往需要预约、等待和面对面的沟通，而现代大学生的生活节奏快，这种方式可能会导致问题的延误。通过心理健康应用程序，学生可以立即进行自我评估，获取即时的反馈和分析，避免了烦琐的等待过程。这种即时性不仅能够帮助他们更快地理解自身的心理状态，还能减少由于不确定性带来的额外焦虑。

心理评估工具的设计应简洁直观，操作简单，以便大学生能在最短的时间内完成评估。用户友好的界面和易于理解的指导语，能够大大提高评估工具的使用率和有效性。此外，评估工具应具备高度的准确性和科学性，基于心理学专业知识和研究成果，确保所提供的分析和建议具有实际意义和参考价值。这样，大学生在完成评估后，能够获得科学的、个性化的心理健康建议，从而更有效地管理自己的心理健康。心理健康评估工具还应具备个性化的功能，根据用户的历史评估数据和行为模式，提供更加精准的分析和建议。例如，对于有过焦虑或抑郁历史的学生，评估工具可以特别关注这些方面，提供更有针对性的建议和支持。同时，评估结果应以图表或可视化的方式呈现，帮助学生更直观地理解自己的心理状态变化。

结合现代科技，如人工智能和大数据分析，心理健康评估工具还可以不断学习和优化，提升其精准度和实用性。通过对大量用户数据的分析，这些工具能够识别出更

多的心理健康问题模式，为大学生提供更为全面的心理健康支持。总之，方便快捷的心理评估工具不仅能够满足大学生随时随地了解自身心理状态的需求，还能通过快速、准确反馈，帮助他们及时采取有效的心理健康管理措施，提升整体生活质量和学习效率。

（二）情绪管理和压力缓解功能

大学生需要应用程序提供有效的情绪管理练习，如冥想、呼吸训练和正念练习。这些功能可以帮助他们在面对学业和生活中的各种压力时，找到内心的平静和情绪的平衡。大学生活充满了挑战和压力，学生们常常需要找到快速且有效的方式来调节自己的情绪和减轻压力。冥想、呼吸训练和正念练习都是经过科学验证的有效方法，能够帮助大学生放松心情，提升注意力，改善心理健康。他们希望应用程序能教导多种压力缓解技巧，帮助应对学业和生活中的压力。通过应用程序，学生可以学习到许多实用的技巧，比如如何在考试前进行深呼吸放松，如何在感到焦虑时进行正念冥想，或者如何在感到压力过大时进行身体扫描放松。这些技巧不仅能够在短时间内帮助他们缓解压力，还能在长期使用中培养他们的抗压能力和情绪管理能力。

应用程序还应提供个性化的情绪管理计划，根据用户的心理评估结果和个人需求，量身定制适合他们的情绪管理方案。例如，对于容易焦虑的学生，可以重点推荐呼吸训练和正念冥想；对于压力大的学生，可以提供冥想和身体扫描放松练习。通过这种个性化的服务，应用程序能够更有效地帮助学生应对不同类型的心理压力。情绪管理和压力缓解功能还可以通过互动和游戏化的方式进行，增加趣味性和参与度。例如，应用程序可以设置每日情绪管理打卡，用户每天完成冥想或呼吸训练后，可以获得积分或奖励，激励他们坚持练习。这样的设计不仅提高了用户的参与积极性，还能在潜移默化中培养他们的情绪管理习惯。

应用程序应提供教育资源和信息，让学生了解压力和情绪管理的重要性，以及科学的理论基础。这些教育内容可以通过文章、视频和互动课程等形式呈现，帮助学生深入了解心理健康知识。例如，通过学习如何识别和理解自己的情绪，学生可以更好地掌控自己的心理状态，避免陷入长期的压力和焦虑中。应用程序还应具备社交功能，允许用户分享自己的情绪管理经验和心得，与其他用户互相支持和鼓励。通过建立一个支持性的社区，学生们可以在面对压力时找到同伴的理解和支持，增强自信心和抗压能力。这种社交互动不仅有助于缓解个体的心理压力，还能增强整个社区的心理健康水平。

（三）多学科融合的健康建议

大学生希望心理健康应用程序能结合营养学、运动学等多学科知识，提供全面的健康管理建议。现代大学生活节奏快、压力大，学生们不仅需要心理健康方面的支持，还需要在饮食、运动和睡眠等方面得到科学的指导和建议。多学科融合的健康管理方案能够帮助他们在各个方面保持良好的生活习惯，从而促进整体的身心健康。合理的饮食对心理健康有着重要的影响，应用程序可以根据用户的健康数据和生活习惯，推荐适合的饮食方案。例如，通过分析用户的日常饮食记录，应用程序可以建议如何调整膳食结构，以确保营养均衡。通过整合营养学知识，应用程序可以教育学生了解哪些食物有助于减缓压力和焦虑，哪些饮食习惯可能会对情绪产生负面影响。

适度的运动不仅有助于身体健康，还能有效改善情绪，减轻压力。大学生希望应用程序能够根据其体能状况和时间安排，制定个性化的运动计划，推荐科学的锻炼方法和强度。应用程序可以包括各种运动视频教程和指导，帮助学生在宿舍或健身房内进行锻炼。此外，应用程序还可以通过追踪用户的运动数据，提供实时反馈和激励，帮助他们养成规律运动的习惯。睡眠质量对心理健康有着直接的影响，许多大学生面临睡眠不足或睡眠质量差的问题。应用程序应结合睡眠科学知识，提供帮助学生改善睡眠的建议和工具。例如，通过记录和分析用户的睡眠模式，应用程序可以提出个性化的睡眠优化建议，如设定固定的睡眠时间、创建理想的睡眠环境、减少睡前使用电子设备等。应用程序还可以提供冥想和放松音频，帮助用户在睡前放松，进入深度睡眠。

多学科融合的健康建议不仅可以覆盖饮食、运动和睡眠，还可以扩展到其他相关领域，如时间管理、学习技巧和人际关系等。通过整合各个领域的科学知识，应用程序可以为用户提供全面的健康管理方案，帮助他们在大学生活中保持身心平衡，提高整体幸福感。例如，通过时间管理建议，帮助学生合理安排学习和休息时间；通过学习技巧指导，提升学习效率，减少学业压力；通过人际关系建议，帮助学生建立和维护积极的人际关系，增强社会支持感。应用程序的设计还应考虑到个性化需求，根据用户的具体情况提供定制化的健康管理建议。例如，对于体能较差的学生，应用程序可以建议逐步增加运动强度。通过个性化的、多学科的健康管理方案，应用程序能够更好地满足大学生的全面健康需求，帮助他们在各个方面保持良好的生活习惯，从而提升整体的身心健康水平。

(四) 教育资源和学习模块

大学生期望应用程序提供丰富的心理健康知识，帮助他们理解和管理心理问题。心理健康教育是提升大学生心理素质的重要途径，应用程序可以通过提供系统的教育资源，帮助学生全面了解心理健康的基本知识和常见问题。大学生希望应用程序能够涵盖广泛的心理健康主题，如焦虑、抑郁、压力管理、自尊和人际关系等，使他们能够获得科学的理论基础和实用的应对方法。他们希望通过互动课程学习心理调节技巧，提高自我管理能力。互动课程不仅能够增强学习的趣味性和参与感，还能通过实践练习和即时反馈，帮助学生更好地掌握心理调节技巧。例如，应用程序可以提供关于正念冥想、认知行为疗法和情绪管理的互动课程，学生可以在课程中进行模拟练习，获得详细的指导和反馈，从而提高实际应用能力。这种互动式学习模式，能够有效增强学生的自主学习能力和自我管理水平。

大学生希望应用程序的教育资源和学习模块能够不断更新，紧跟最新的心理学研究成果和实践方法。通过定期添加新的内容和课程，应用程序可以保持其教育资源的前沿性和实用性。学生可以通过应用程序及时了解最新的心理健康知识和技术，提升自身的心理健康管理水平。这种动态更新的教育资源，不仅可以满足学生的持续学习需求，还能激发他们的学习兴趣和动力。应用程序应提供多种形式的学习材料，如文章、视频、音频和互动课程等，满足不同学习偏好的学生需求。例如，一些学生可能更喜欢通过阅读文章获取知识，而另一些学生则可能更倾向于通过观看视频或参与互动课程进行学习。丰富多样的学习资源，可以让学生根据自己的学习习惯和偏好，选择最适合自己的学习方式。

大学生还希望应用程序能够提供个性化的学习路径和进度跟踪功能。通过个性化的学习建议和进度跟踪，应用程序可以帮助学生制定合理的学习计划，督促其按时完成学习任务，并提供适时的激励和反馈。例如，应用程序可以根据学生的学习进度和成绩，推荐适合的后续课程和学习材料，帮助其逐步提升心理健康知识和技能。这样的社交互动，不仅可以增强学习的乐趣和效果，还能建立一个支持性的学习社区，促进学生之间的互动和合作。

（五）危机干预和紧急援助

在当今大学生群体中，面对心理健康问题，特别是在危机时刻，快速获取帮助变得至关重要。因此，开发并推广一款集成紧急求助功能的应用程序显得尤为迫切和必要。这种应用程序不仅能够提供直接的联系途径，使学生能在需要时迅速联系到心理援助专家，还能通过技术手段实时监测用户的心理状态。当检测到严重的心理问题时，应用程序应能够自动发出预警，并提供相应的干预建议，以最大程度地减少潜在的心理危机。大学生群体面临着来自学业压力、人际关系等多方面的挑战，这些问题可能在某些情况下演变为严重的心理健康危机。因此，应用程序的紧急求助功能不仅是一种技术支持，更是对学生心理健康的重要保障。通过预警系统，应用程序可以根据用户的行为模式和情感状态进行分析，及时识别出潜在的心理风险，进而采取相应的干预措施。这种个性化的反馈和支持，不仅能有效地帮助学生应对突发的心理问题，还能在早期阶段预防潜在的心理危机的发生。

紧急求助应用程序的设计不仅要考虑技术的实用性，还需兼顾用户体验和隐私保护。学生在使用过程中，需要感受到操作简便和信息安全的保障。因此，应用程序的界面设计应简洁直观，功能操作应尽可能智能化和自动化，以减少用户在紧急情况下的操作负担和焦虑感。同时，隐私保护机制也至关重要，确保用户的个人信息和心理健康数据不被泄露或滥用，从而建立学生对应用程序的信任和依赖感。

二、大学生对心理健康应用程序的使用情况

（一）使用频率与习惯

大学生对于心理健康应用程序的使用频率和习惯因个体差异而有所不同。部分学生会定期使用这些应用程序进行心理状态的自我评估和情绪管理，借此保持良好的心

理健康状态。另一方面，有些学生则仅在感受到较大压力或遇到心理困扰时，才会选择使用这些应用程序寻求帮助。

（二）功能需求与满意度

在使用心理健康应用程序的过程中，大学生对不同功能的需求和满意度各不相同。常见的功能包括情绪跟踪、压力管理技巧、心理测评以及紧急求助等。学生普遍认为这些功能可以帮助他们更好地了解自己的心理状态并采取相应的措施。总体来说，学生对心理健康应用程序的核心功能表现出较高的满意度，但在个性化服务和用户体验方面，仍有提升空间。

（三）隐私保护与安全性

隐私保护是大学生在使用心理健康应用程序时最为关注的问题。许多学生担心个人心理健康数据的安全性，害怕这些敏感信息被泄露或滥用。因此，应用程序在数据保护方面的承诺和技术措施，如数据加密、匿名使用、用户授权等，直接影响了学生的使用意愿和信任度。

（四）应用程序的技术可靠性

大学生对心理健康应用程序的技术可靠性也有一定要求，特别是在紧急求助功能方面。学生期望在危机时刻能够迅速获得响应和帮助，因此，应用程序的稳定性和响应速度是他们考量的重要因素。此外，智能分析和预警系统的准确性和及时性也直接关系到应用程序的有效性和使用价值。

（五）用户体验与界面设计

心理健康应用程序的用户体验和界面设计在大学生的使用过程中起到重要作用。简洁直观的界面设计、易于操作的功能设置以及友好的用户交互，都能提高学生的使用满意度和积极性。反之，复杂烦琐的操作流程和不合理的界面布局，可能会导致学生在使用过程中感到困扰和挫败，从而降低使用频率。

（六）心理教育与支持资源

心理健康应用程序除了提供技术支持，还应包括丰富的心理教育资源和支持信息。大学生希望通过这些应用程序获取有关心理健康的知识、学习自我调适的方法，并能在需要时获得专业的心理支持和辅导。应用程序中集成的教育内容和资源库，可以帮助学生提高心理健康素养。

第三节　移动应用程序对大学生心理健康的影响

一、心理健康意识的提升

移动应用程序通过提供丰富的心理健康知识和自我评估工具，帮助大学生更好地了解和认识自己的心理状态。定期使用这些应用程序可以提高学生的心理健康意识，使他们能够及早识别心理问题，并采取有效的应对措施，从而预防心理疾病的发生和发展。

二、情绪管理与压力缓解

许多心理健康应用程序提供情绪跟踪和压力管理功能，帮助大学生记录和分析自己的情绪变化。通过这些功能，学生可以识别出引发负面情绪和压力的原因，并学习相应的应对技巧，如深呼吸练习、冥想、正念训练等，从而有效缓解心理压力，改善情绪状态。

三、心理支持与危机干预

在遇到心理困扰或危机时，移动应用程序可以提供即时的心理支持和干预建议。紧急求助功能使学生能够在危急时刻快速联系到专业的心理援助，获得及时的帮助和指导。这种即时响应机制能够有效减少心理危机的严重性，防止极端行为的发生。

四、社交支持网络的构建

一些心理健康应用程序还提供社交互动功能，允许用户与其他有类似经历的学生交流和分享。大学生可以建立起自己的社交支持网络，获得同伴的理解和支持，从而增强心理韧性和应对能力。这种社交互动不仅有助于缓解孤独感，还能提供情感上的支持和鼓励。

五、个性化心理健康服务

移动应用程序通常会根据用户的个人数据和行为模式，提供个性化的心理健康服务。应用程序可以针对不同学生的需求，推荐相应的心理健康资源和干预措施。这种个性化的服务方式能够更有效地帮助学生解决具体的心理问题，提升心理健康管理的效果。

六、心理教育与技能培训

心理健康应用程序不仅提供心理支持，还包含丰富的心理教育内容和技能培训课程。大学生可以通过这些课程学习心理学知识、掌握心理调适技巧，如情绪调节、压力管理和人际沟通等。通过系统学习和培训，学生能够提升自我管理能力和心理素养，更好地应对学业压力和生活挑战。

七、数据监测与预警机制

现代心理健康应用程序普遍具有数据监测和预警功能，通过对用户行为和情绪数据的持续监测，及时识别出可能的心理健康风险。当系统检测到异常情况时，会自动发出预警，并建议用户采取相应的干预措施。这种预警机制能够帮助学生及早发现和处理心理问题。

八、长远影响与可持续发展

持续使用心理健康应用程序可以对大学生的心理健康产生长远的积极影响。通过定期的心理健康管理和干预，学生能够逐渐形成健康的心理习惯和应对机制，从而在未来的学习和生活中保持良好的心理状态。与此同时，心理健康应用程序的发展和普及，也推动了社会对大学生心理健康问题的关注和重视，有助于整体提升大学生群体的心理健康水平。

第八章 在线心理健康评估工具的应用

第一节 在线心理健康评估工具的类型与功能

一、在线心理健康评估工具的类型

(一) 自我报告问卷

自我报告问卷是最常见的在线心理健康评估工具。这类问卷通常包括一系列与情绪、行为和心理状态相关的问题，用户根据自己的感受和经历进行回答。常见的自我报告问卷包括贝克抑郁量表（BDI）、焦虑自评量表（SAS）和健康问卷（PHQ-9）等。这些工具可以帮助用户快速了解自己的心理健康状况，并为进一步的专业评估提供参考。自我报告问卷的设计通常简单明了，用户在完成问卷时不会感到过多的压力或困惑。每个问题都与用户的日常情绪和行为直接相关，使用户能够直观地反映自己的心理状态。贝克抑郁量表（BDI）是评估抑郁症状的常用工具，涵盖了包括情绪、认知和身体症状在内的多方面内容。通过回答这些问题，用户可以迅速了解自己是否存在抑郁症状，以及症状的严重程度。

焦虑自评量表（SAS）是另一种常见的自我报告问卷，用于评估焦虑症状。SAS包含了20个项目，分别涉及情绪、认知、行为和生理反应等方面。用户通过对这些项目的回答，可以了解自己的焦虑水平，从而为寻求进一步的帮助提供依据。用户可以在早期阶段识别出自己的焦虑问题，并及时采取措施进行调整和干预。健康问卷（PHQ-9）则是评估抑郁症状的另一个重要工具，它基于《精神疾病诊断与统计手册》（DSM）的标准设计。PHQ-9包括9个问题，分别评估用户在过去两周内的情绪、兴趣、食欲、睡眠和能量水平等方面的变化。用户根据自己的实际情况进行回答，可以了解自己是否存在抑郁症状以及这些症状的严重程度。PHQ-9的简洁设计使得用户可以快速完成问卷，并立即获得初步的评估结果，为进一步的专业诊断提供参考。

自我报告问卷的另一个优势在于其高效性和易于使用。用户可以随时随地通过在线平台完成问卷，而不需要预约或亲自前往心理咨询机构。这种便利性使得更多的用户能够参与到心理健康评估中来，特别是那些可能对面对面咨询感到不适或不方便的用户。在线平台通常会在用户完成问卷后立即生成评估结果，提供具体的反馈和建议，帮助用户了解自己的心理健康状况。此外，自我报告问卷还具有较高的隐私保护性。用户可以在匿名状态下完成问卷，减少因隐私问题而产生的顾虑。这种匿名性使得用户更愿意提供真实的答案，从而提高评估结果的准确性和可信度。隐私保护性不仅增加了用户的参与度，还促进了心理健康评估的普及和推广。

尽管自我报告问卷在评估心理健康方面具有诸多优势，但也存在一定的局限性。例如，用户的自我报告可能受到主观偏见的影响，导致评估结果不够准确。此外，问卷的设计和题目设置也可能影响用户的回答，进而影响评估结果的可靠性。因此，在使用自我报告问卷进行心理健康评估时，还需结合其他评估方法和专业咨询，综合分析用户的心理健康状况。

(二) 心理健康测评量表

心理健康测评量表通常由专业心理学家设计，具有较高的科学性和可信度。这些量表通过系统的评分和标准化的评估方法，能够准确反映用户的心理健康水平。常用的心理健康测评量表包括明尼苏达多相人格测验（MMPI）、症状自评量表（SCL-90）和一般健康问卷（GHQ）等。这些工具不仅可以用于个人的心理健康评估，还常用于临床诊断和研究。明尼苏达多相人格测验（MMPI）是一种广泛应用的心理健康测评工具，它通过多项评估指标，系统地评估个体的心理健康状况。MMPI涵盖了情绪、行为、社交能力等多个方面，能够全面反映个体的心理特征和潜在问题。该量表的设计经过了多次修订和验证，确保其在不同人群中的适用性和准确性。通过MMPI的评估结果，专业心理学家可以详细了解个体的心理状态，为进一步的心理干预提供科学依据。

症状自评量表（SCL-90）是一种用于评估个体心理症状的工具。SCL-90包含90个项目，分别评估个体在焦虑、抑郁、敌对、恐惧等九个方面的症状。这些项目的设计基于临床经验和科学研究，能够准确反映个体的心理症状严重程度。通过系统的评分方法，SCL-90不仅可以帮助个体了解自己的心理健康状况，还可以用于监测心理干预的效果。专业心理学家常常将SCL-90的结果作为临床诊断的重要参考。一般健康问卷（GHQ）是一种用于评估心理健康和心理困扰的量表。GHQ的设计目的是识别个体的心理困扰和潜在问题，帮助早期发现和干预心理健康问题。GHQ包括多个版本，如GHQ-12、GHQ-28等，适用于不同的评估需求和人群。GHQ通过一系列简明的问题，评估个体在情绪、行为、社交能力等方面的健康状况。其简洁易用的特点使得GHQ广泛应用于心理健康筛查和临床研究。

除了这些具体的量表，心理健康测评量表的设计和使用还遵循严格的科学原则。首先，这些量表的题目设置经过科学验证，确保其有效性和可靠性。每个题目都经过统计分析和实证研究，能够准确反映评估对象的心理特征和状态。其次，心理健康测评量表通常采用标准化的评分方法，通过系统的评分标准，确保评估结果的客观性和一致性。评分标准的制定基于大规模的样本数据，具有较高的统计学意义。通过量表的评估结果，临床心理学家可以识别个体的心理问题，制定针对性干预计划。例如，MMPI的结果可以帮助心理学家了解个体的性格特征和潜在问题，制定个性化的心理治疗方案。SCL-90的结果可以用于评估心理治疗的效果，调整治疗策略。GHQ的结果可以帮助早期发现心理困扰，提供及时的心理支持和干预。

研究人员通过量表的数据，分析个体和群体的心理特征，探索心理健康问题的成因和机制。例如，通过大规模的MMPI数据，研究人员可以分析不同人群的心理健康差异，发现影响心理健康的因素。通过SCL-90的数据，研究人员可以评估不同心理治疗方法的效果，优化心理干预策略。GHQ的数据可以用于心理健康筛查的研究，提升心理健康服务的质量和效果。

（三）情绪和压力评估工具

情绪和压力评估工具专门用于测量用户的情绪状态和压力水平。这些工具通过日记记录、情绪跟踪和压力评分等方式，帮助用户详细记录和分析自己的情绪变化及压力来源。情绪记录日记、压力自评问卷（PSS）和情绪平衡量表（EBI）等是常见的评估工具，它们在情绪和压力管理中扮演着重要角色。情绪记录日记是一种帮助用户追踪和记录日常情绪波动的工具。用户可以定期记录自己的情绪状态、发生的事件及其对情绪的影响。通过这种记录，用户能够更清晰地了解自己情绪的起伏，并识别出情绪变化的触发因素。例如，当用户在感到压力时，可以通过日记追踪到相关的事件或情境，从而更好地理解压力来源。这种方法不仅有助于情绪自我监控，还能提供有价值的数据供专业心理咨询师进行分析和干预。

压力自评问卷（PSS）包括一系列问题，旨在评估用户在过去一段时间内的压力体验和感知。用户可以量化自己感受到的压力，并了解压力对其生活的影响。PSS 的设计基于广泛的心理研究，具有较高的可靠性和有效性。通过 PSS 的评估结果，用户可以识别压力源，并采取有效的应对策略来减轻压力。例如，如果 PSS 结果显示用户感受到的压力较高，可能会提示其采取放松练习、时间管理技巧或寻求心理支持等措施。情绪平衡量表（EBI）是用于评估用户情绪状态平衡性的工具。EBI 包括多个维度，评估用户在不同情绪状态下的表现和感受。该工具的设计旨在帮助用户了解自己情绪的平衡程度，从而指导情绪管理和调节。情绪平衡量表能够提供详细的反馈，帮助用户识别情绪失调的迹象，例如过度的焦虑或抑郁。基于这些反馈，用户可以采取针对性干预措施，如情绪调节训练或心理咨询，以维持情绪的稳定和平衡。

情绪和压力评估工具的一个显著优势是其实时性和连续性。用户可以在不同的时间点进行评估，从而获得持续的情绪和压力状态的反馈。这种持续性不仅有助于及时发现情绪和压力问题，还能够监测干预措施的效果。例如，情绪记录日记可以帮助用户跟踪情绪波动的趋势，并在出现异常时及时调整应对策略。压力自评问卷（PSS）可以定期进行，以评估压力管理措施的效果，帮助用户逐步改善压力状态。此外，这些工具还能够支持个性化的干预方案。通过对情绪和压力评估结果的分析，用户可以获得量身定制的建议和指导。例如，基于 PSS 的评估结果，用户可以了解到自己在某些方面需要改进，如时间管理或应对技巧，并根据这些建议调整生活方式。情绪平衡量表（EBI）的反馈也可以帮助用户发现情绪管理中的短板，并针对性地进行训练和改进。

然而，情绪和压力评估工具的有效性也受到用户自我报告准确性的影响。用户的主观感受和报告可能受到各种因素的干扰，如情绪波动、环境变化或个人偏见。因此，为了提高评估结果的可靠性，建议将这些工具与其他评估方法结合使用，并在专业心理咨询师的指导下进行分析和干预。

（四）行为评估工具

行为评估工具主要用于评估用户的行为模式及其对心理健康的影响。这些工具通常涵盖了睡眠、饮食、运动和社交等方面，能够通过问卷和日记的形式帮助用户深入了解并改善自己的行为习惯。常见的行为评估工具包括睡眠质量量表（PSQI）、饮食行为问卷和运动习惯评估表等，这些工具在整体心理健康管理中发挥着重要作用。睡眠质量量表（PSQI）包含一系列与睡眠相关的问题，如入睡时间、睡眠持续时间、夜间觉醒频率以及白天的困倦程度等。通过这些问题的回答，用户可以获得对自身睡眠质量的全面了解。例如，PSQI 可以帮助识别因睡眠障碍导致的情绪问题。基于评估结果，用户能够获得改善睡眠质量的建议，如调整作息时间、改善睡眠环境或寻求专业帮助，从而提升整体心理健康。

饮食行为问卷则聚焦于用户的饮食习惯及其对心理健康的影响。饮食与心理健康之间存在密切关系，饮食习惯的改变可能会显著影响心理状态。通过饮食行为问卷，用户可以评估自己的饮食模式，如饮食频率、食物选择以及饮食对情绪的影响等。问卷的结果可以揭示不良饮食习惯的潜在问题，例如高糖、高脂饮食可能导致的心理健康问题。基于这些评估结果，用户可以获得针对性的饮食调整建议，从而改善饮食习惯并促进心理健康。运动习惯评估表用于分析用户的运动频率、强度和类型。运动是保持心理健康的重要因素，定期的身体活动有助于缓解压力、改善情绪和增强整体健康。通过运动习惯评估表，用户可以了解自己的运动情况，如每周运动次数、运动时间及运动类型等。评估结果可以帮助用户识别运动不足的问题，并提供增加身体活动的建议，例如设定具体的运动目标、选择适合的运动项目或制定个性化的运动计划。这些建议不仅能提高用户的身体健康，还能对其心理状态产生积极影响。

用户可以定期填写问卷或记录日记，跟踪自己的行为模式和心理状态的变化。这种长期跟踪能够提供持续的反馈，帮助用户识别行为习惯变化对心理健康的影响。例如，通过对睡眠质量的持续评估，用户可以了解睡眠干预措施的效果，从而及时调整策略。行为评估工具的这种长期跟踪功能有助于用户保持健康的行为模式，并实现心理健康的持续改善。

（五）生物反馈评估工具

生物反馈评估工具通过监测生理指标来评估用户的心理健康状态，这些工具利用生物反馈技术提供客观的生理数据支持。通过使用可穿戴设备或传感器，生物反馈工具能够实时监测如心率、皮肤电导和呼吸频率等生理数据，从而帮助用户深入了解其心理健康状况。心率变异性分析仪是一种常用的生物反馈工具。该仪器通过测量心率的变化，提供有关自律神经系统活动的详细信息。心率变异性（HRV）是衡量心脏跳动间隔变化的指标，反映了个体的应激水平和放松状态。高心率变异性通常表明良好的心理健康和自我调节能力，而低心率变异性可能与压力、焦虑或情绪不稳定有关。通过心率变异性分析，用户可以获得关于其心理健康的实时反馈，并在需要时调整生活方式或采取应对措施来改善心理状态。

皮肤电导（Galvanic Skin Response，GSR）反映了皮肤表面汗腺活动的变化，与情绪和压力水平密切相关。当个体经历紧张或焦虑时，皮肤电导通常会增加。通过使用皮肤电导测量仪，用户可以实时监测其生理反应，并通过数据分析识别出压力源和情绪变化。这种生物反馈可以帮助用户了解自身对压力的反应，并采取措施缓解焦虑或压力，改善整体心理健康。脑电图仪通过测量脑电波的活动模式，评估用户的脑部功能和心理状态。不同类型的脑电波（如 α 波、β 波、θ 波）与不同的心理状态和情绪体验相关。例如，α 波通常与放松和专注状态相关，而 β 波则与紧张和焦虑有关。便携式脑电图仪能够实时记录和分析脑电波活动，提供关于用户心理健康的详细数据。这些数据可以帮助用户了解其脑部活动与心理状态之间的关系，从而制定有效的心理健康干预措施。

用户可以通过这些工具获得即时的生理数据反馈，从而及时识别和调整心理状态。例如，通过实时监测心率变异性，用户可以在感受到压力时立即采取深呼吸或放松练习，帮助恢复心理平衡。生物反馈工具的实时性使得用户能够获得快速的反馈，并及时采取措施改善心理健康。通过对用户的生理数据进行深入分析，工具可以提供量身定制的建议和指导。例如，基于皮肤电导测量结果，用户可以了解到其在不同情境下的压力水平，从而调整应对策略。脑电图仪的分析结果也可以帮助用户识别情绪状态与脑波活动之间的关系，并制定个性化的心理健康方案。

（六）游戏化心理健康评估工具

游戏化心理健康评估工具通过将心理健康评估融入互动游戏的形式，提供了一种新颖而有效的评估方法。这些工具通过设计富有趣味性的游戏情境，将心理健康评估与游戏体验相结合，利用游戏行为和决策分析用户的情绪、认知和行为特征。心理健康游戏应用是游戏化评估工具的一种常见形式。这些应用通过设计多样化的游戏任务和挑战，将心理健康评估融入其中。例如，用户在游戏中可能会遇到需要解决的问题或面对虚拟的情境，游戏中的选择和行为会被记录和分析。这种方法不仅能够提供有关用户心理状态的客观数据，还能通过互动体验让用户在轻松的环境中完成评估。游戏化的方式减少了传统评估方法中的严肃和紧张感，使用户更愿意主动参与，从而获得更真实的反馈。

互动测试游戏也是游戏化心理健康评估的一种有效工具。这类游戏通常结合了心理学测试和游戏元素，通过游戏过程中的互动和决策来评估用户的心理健康状况。例如，游戏中可能设计了一些需要快速反应或解决难题的情境，通过用户的表现和选择来分析其情绪和心理状态。互动测试游戏的趣味性和参与感使得用户在不知不觉中完成心理健康评估，减轻了评估的压力和抗拒心理。此外，游戏化心理健康评估工具的另一大优势是能够提供即时的反馈和建议。游戏中的数据分析可以实时生成用户的心理健康评估报告，并提供针对性反馈和建议。比如，游戏中的虚拟角色可能会根据用户的行为模式提供相关的情绪管理建议或心理调节方法。这种即时反馈不仅帮助用户了解自己的心理状态，还能在游戏中体验和应用相关的心理健康知识。

游戏化心理健康评估工具通过其互动性和趣味性，能够吸引更多用户的参与，尤其是那些可能对传统评估方法持有抵触态度的用户。游戏的设计能够激发用户的积极性和参与感，使其在轻松愉快的氛围中完成心理健康评估，从而获得更加真实和准确的结果。这种方式打破了传统评估的单调和枯燥，为用户提供了全新的体验。设计师可以根据目标用户群体的特点和需求，调整游戏的内容和形式，使其更加贴近用户的实际情况。例如，对于青少年群体，可以设计具有教育意义的游戏任务，以引导他们正确理解和应对心理健康问题。而对于成年人，则可以设计更具挑战性的游戏场景，以满足其需求和兴趣。这种适应性使得游戏化心理健康评估工具能够广泛应用于不同人群和场景。

（七）综合心理健康评估平台

综合心理健康评估平台通过整合多种评估工具和资源，提供了全面的心理健康评估服务。这类平台通常结合了自我报告问卷、心理健康测评量表、情绪和压力评估工具等，形成一个集成化的评估系统，以满足用户对心理健康管理的全面需求。综合评估平台的主要优势在于其多样化的评估工具整合。通过集成不同类型的评估工具，平台能够为用户提供全方位的心理健康评估。例如，自我报告问卷可以帮助用户快速了解自己的情绪状态，而心理健康测评量表则提供了更深入的心理状态分析。情绪和压力评估工具进一步帮助用户识别情绪波动和压力源，从而全面评估用户的心理健康状况。这种工具的整合不仅提供了多层次的评估数据，还能帮助用户从多个角度了解自己的心理健康状况。

通过对用户的评估数据进行综合分析，平台能够提供详细的心理健康报告，并根据用户的具体情况给出个性化的反馈和建议。这种报告不仅包括用户的心理健康状态概述，还可能提供针对性改善建议和资源推荐，例如心理咨询服务、情绪调节技巧和压力管理方法。个性化的报告和建议使用户能够更清晰地了解自己的心理状况，并采取具体措施进行改善。综合心理健康评估平台不仅仅局限于评估工具，还可能包括在线咨询、心理健康课程和支持小组等服务。例如，平台可能提供即时的在线心理咨询服务，使用户能够在评估后获得专业的心理支持。心理健康课程和支持小组则可以帮助用户学习和应用心理调节技巧，提升其心理健康水平。通过这些综合服务，平台为用户提供了一站式的心理健康管理支持。

综合心理健康评估平台的灵活性和适应性也是其重要优势。这些平台通常能够根据用户的需求和反馈进行调整和优化。例如，平台可以根据用户的心理健康状况推荐不同的评估工具和服务，确保评估和干预措施的针对性和有效性。灵活的功能设置使得平台能够适应不同人群的需求，无论是普通用户还是专业心理服务提供者，都可以从中获得有价值的支持和资源。

二、在线心理健康评估工具的功能

（一）情绪跟踪与管理

情绪跟踪与管理功能在在线心理健康评估工具中扮演了重要角色，提供了一种系统化的方法来记录和监测用户的情绪变化。这类功能通常通过各种方式，如情绪日记、评分系统和图表，帮助用户深入了解自身情绪波动的模式和原因。情绪跟踪工具允许用户以日记形式记录每日的情绪状态。用户可以详细描述每天的情绪经历以及可能的触发事件。这样的记录不仅帮助用户识别情绪变化的规律，还使他们能够追踪情绪状态与生活事件之间的关系。这种自我记录的方式使用户能够更清楚地看到自己情绪波动的背景，从而在感受到负面情绪时，更容易进行自我调节或采取应对措施。

情绪评分系统是一种常见的情绪跟踪方式，用户可以通过设定的评分标准，对自己的情绪状态进行量化评估。这种评分系统通常包括从"非常低"到"非常高"的情绪等级选项，用户可以根据自己的感受选择相应的评分。这种量化的数据不仅方便用户进行情绪变化的对比和分析，还为心理健康专业人员提供了有价值的数据支持。这些数据可以帮助专业人员识别用户情绪问题的趋势，并据此制定更有针对性干预计划。情绪跟踪工具还经常使用图表来展示用户的情绪数据。这些图表通常以图形化的形式呈现情绪评分的变化趋势，帮助用户直观地看到情绪的波动情况。用户可以更容易识别情绪高峰和低谷，发现情绪问题的潜在模式。这种可视化的数据展示不仅增强了用户对自己情绪状况的理解，也为心理健康干预提供了清晰的参考依据。

在长期使用情绪跟踪工具的过程中，用户能够逐渐建立对自己情绪的敏感性和管理能力。通过对情绪数据的不断监测和分析，用户可以学会识别出负面情绪的早期迹象，并及时采取适当的应对措施。这种自我调节的能力对于改善心理健康和预防情绪问题的恶化具有重要作用。同时，情绪跟踪功能还为心理健康专业人员提供了宝贵的数据支持。通过分析用户的情绪记录和评分，专业人员能够获得关于用户情绪状态的详细信息。这些数据可以帮助他们了解用户的情绪波动模式，识别潜在的心理问题，并制定更为有效的干预策略。专业人员可以根据用户的情绪变化趋势，提供有针对性建议和支持，帮助用户更好地管理和改善自己的情绪状态。

（二）压力测评与缓解

压力测评与缓解功能在现代在线心理健康评估工具中占据了重要地位，通过自评问卷和生理数据监测来评估用户的压力水平，并识别潜在的压力源。这些工具不仅能够量化用户的压力状态，还可以为用户提供个性化的压力缓解建议和技巧，帮助他们有效地管理和减轻压力。自评问卷是压力测评的常用方法，通过对用户进行压力相关问题的询问，帮助评估其压力水平。这些问卷通常包括一系列针对压力感知、压力源和应对策略的问题，用户根据自身的感受进行回答。这种方法的优点在于可以综合了解用户在不同情境下的压力状态，从而评估其整体的压力水平。例如，常用的压力自评问卷（PSS）可以量化用户的压力感受，揭示其面临的主要压力源。通过这种量化的数据，用户能够清晰地了解自己所处的压力状况，并在此基础上进行相应的调整。

生理数据监测也是评估压力水平的一种有效手段。这些工具通过可穿戴设备或传感器监测用户的生理指标，如心率、皮肤电导和呼吸频率等。这些生理数据可以提供客观的压力水平评估，因为压力通常会对生理指标产生明显的影响。基于测评结果，这些工具通常会提供个性化的压力缓解建议和技巧。深呼吸练习是一种常见的缓解压力的方法，通过缓慢而深长的呼吸可以帮助用户放松身体，减轻紧张感。冥想和正念训练则通过帮助用户专注于当下，减少内心的焦虑和担忧，从而缓解压力。这些技巧通常会结合具体的练习指导和建议，帮助用户在日常生活中有效地应用。

个性化的压力缓解建议不仅包括具体的练习技巧，还可能涉及生活方式的调整。例如，工具可能建议用户增加运动量、改善睡眠质量或调整饮食习惯，这些都是影响压力水平的重要因素。通过这些综合的建议，用户可以从多个方面入手，进行全面的压力管理。在长期使用这些工具的过程中，用户可以逐渐建立起有效的压力管理策略。通过持续监测压力水平和实施缓解措施，用户能够掌握应对压力的方法，并将其应用于实际生活中。这种持续的压力管理不仅有助于改善用户的心理健康，还有助于提高他们的生活质量和整体幸福感。

（三）行为监测与改善建议

行为监测与改善建议功能在在线心理健康评估工具中扮演了重要角色，通过对用户的行为习惯进行详细跟踪，评估其对心理健康的影响，并提供有针对性的改进措施。这些工具通常涵盖睡眠、饮食、运动和社交活动等多个方面，帮助用户全面理解行为习惯与心理健康之间的关系。睡眠质量直接影响到个体的心理状态，长期的睡眠不足或不规律的作息时间可能导致焦虑、抑郁等问题。在线心理健康评估工具通过记录用户的睡眠时间、入睡难易度和睡眠中断情况，分析其睡眠模式。这些数据能够揭示用户的睡眠问题，并提供具体的改善建议，例如调整作息时间、减少睡前使用电子设备，或者采用放松技巧如渐进性肌肉放松和深呼吸等，以提高睡眠质量。通过这些建议，用户能够逐步改善睡眠状况。

营养不均衡的饮食可能会导致情绪波动和心理问题。在线评估工具通过监测用户的饮食习惯，如摄入的食物种类、餐次频率和营养成分等，评估其饮食对心理健康的影响。这些工具通常会提供改善建议，比如增加富含 Omega-3 脂肪酸的食物，如鱼类和坚果，或建议减少高糖、高脂肪食物的摄入。通过优化饮食习惯，用户不仅能够改善身体健康，还能提升心理状态。定期的身体活动有助于释放压力、提高心理韧性。评估工具通常会记录用户的运动频率、强度和类型，并分析其对心理健康的影响。例如，对于运动不足的用户，工具可能建议增加每天的步行时间，或参与适合的有氧运动和力量训练。通过这些运动建议，用户可以增强体质，缓解心理压力，改善情绪。

良好的社交关系能够提供情感支持和心理慰藉。在线评估工具通过记录用户的社交频率和质量，评估其社交活动对心理健康的影响。工具可能会建议用户增加与家人和朋友的互动，参加社交活动或志愿服务，以增强社会支持系统。通过积极参与社交活动，用户可以改善人际关系，增加社会支持，进而提升心理健康水平。

（四）心理健康教育与资源

心理健康教育与资源在在线心理健康评估工具中占据了核心地位，这些工具通常提供丰富的教育材料，如文章、视频、课程和音频等，旨在提升用户的心理健康知识和技能。这些资源不仅帮助用户了解心理健康的基本概念，还提供了实用的自我调适技巧，以应对日常生活中的各种挑战。在线工具提供的心理健康教育资源包括各种形式的教育材料，这些材料通常涵盖了心理健康的基本理论、常见心理问题的识别与处理方法以及自我调适技巧等内容。用户可以通过阅读相关文章，观看教育视频，或参与在线课程，深入了解心理健康的各个方面。这些资源的多样性使得用户可以根据个人的学习偏好和需求选择合适的内容，从而有效提高对心理健康的认识。

通过系统的教育和培训，用户能够掌握心理调适技巧，例如认知行为疗法（CBT）的基本原则、正念练习、情绪调节技巧等。这些技巧不仅有助于用户在面对压力和困难时保持心理平衡，还能够提高他们的自我管理能力。通过学习这些技巧，用户能够更好地应对生活中的挑战，增强应对困难的能力，从而提升整体的心理健康水平。在线心理健康评估工具还常常提供互动性强的教育资源，例如心理健康工作坊、在线咨询和讨论小组等。这些互动形式不仅提供了更多的学习机会，还允许用户与专业人士和其他用户进行交流，分享经验和解决问题。这种互动不仅可以增加用户的参与感，还能够在实际应用中获得更多的支持和反馈。此外，这些工具还提供了丰富的音频资源，如放松训练音频、正念冥想引导等，这些资源可以帮助用户在忙碌的生活中找到片刻的宁静，练习放松技巧。这些音频资源的便捷性使得用户可以随时随地进行心理调适练习，进一步支持心理健康的维护。

（五）数据记录与长期监测

在线心理健康评估工具在数据记录与长期监测方面发挥了重要作用，这些工具通过系统地记录用户的评估数据和使用历史，为长期心理健康管理提供了坚实的基础。这种记录不仅帮助用户跟踪心理健康状态的变化趋势，还为心理健康专业人员提供了宝贵的数据支持，以评估干预措施的效果并制定相应的管理计划。这些工具通常会自动收集用户在每次评估中的数据，包括情绪状态、压力水平、行为习惯等。这些数据被整合进用户的历史记录中，使得心理健康状态的变化可以被准确地跟踪。用户可以清晰地看到自己心理健康的长期趋势，识别出变化的模式和潜在的问题。这种数据的连续记录有助于用户更好地理解自身的心理状态，及时发现并应对可能出现的心理问题。

通过分析用户的长期数据，专业人员可以评估干预措施的有效性，了解不同干预策略对用户心理健康的影响。这种基于数据的评估可以帮助专业人员优化干预方案，更加精准地满足用户的需求。例如，如果某一干预措施在一段时间内未能带来显著改善，专业人员可以根据数据调整策略，探索其他更有效的干预方法。通过对用户心理状态变化的系统分析，心理健康专业人员可以制定出个性化的管理计划，涵盖心理调适技巧、生活方式调整以及持续的心理支持。这种个性化的计划能够更好地适应用户的实际情况，帮助他们在长期内维持良好的心理健康状态。数据记录与监测工具还能够生成详细的趋势报告，帮助用户和专业人员更直观地了解心理健康的变化情况。这些报告通常包含图表、趋势线和总结性分析，使得数据更加易于解读。用户可以通过这些报告了解自己心理健康的进展情况，而专业人员则可以利用这些报告为用户提供更加针对性的建议和支持。

（六）隐私保护与安全性

在在线心理健康评估工具中，隐私保护与数据安全是至关重要的功能，这些工具通常采取多种措施以确保用户个人信息和心理健康数据的安全性。保护用户隐私不仅是维护用户信任的关键，也是确保工具广泛应用的重要保障。在线心理健康评估工具通常采用先进的加密算法对用户的个人信息和评估数据进行加密处理。这种加密处理确保了即使数据在传输过程中被拦截，未经授权的第三方也无法解读数据内容，从而有效防止了信息泄露和数据滥用。通过强大的数据加密技术，工具能够为用户提供一个安全的评估环境，使得用户可以放心地分享和记录自己的心理健康信息。

许多在线评估工具允许用户在不透露个人身份信息的情况下进行心理健康评估。这种匿名性不仅减少了用户因隐私问题而产生的顾虑，还鼓励了更多用户主动参与评估。匿名使用功能使得用户可以自由地表达自己的真实感受和经历，从而提高评估结果的准确性和可靠性。这种隐私保护机制有助于提升用户对工具的信任度，从而增加工具的使用率。在线心理健康评估工具通常要求用户在使用前进行明确的授权，用户可以选择同意或拒绝分享个人信息和心理健康数据。工具提供的用户授权设置通常包括数据使用范围、数据存储时长及数据共享等方面的详细说明。这种透明的授权机制不仅使用户能够掌控自己的数据使用情况，还提高了工具的透明度和可信度，从而增强了用户的信任感。

许多工具在数据存储和处理过程中采用多层安全防护措施，如防火墙、入侵检测系统和定期的安全审计。这些措施确保了用户数据在存储过程中不会受到未授权的访问或篡改，从而进一步提升了数据的安全性。通过这些综合的安全措施，工具能够有效地保护用户的隐私，避免数据泄露和滥用的风险。

第二节 在线心理健康评估工具的设计与实施

一、用户需求分析

在设计在线心理健康评估工具时，首先需要进行详细的用户需求分析。这包括了解目标用户的心理健康需求、常见问题和使用习惯。通过用户调研、访谈和问卷调查，设计者可以收集到第一手的用户需求数据，为工具的功能设计和界面优化提供依据。

二、用户界面设计

良好的用户界面设计是确保在线心理健康评估工具易用性的重要因素。界面应简洁直观，操作流程应尽可能简单，以方便用户快速完成评估。色彩搭配和字体选择应考虑用户的视觉舒适度，界面元素的布局应符合用户的使用习惯，提供良好的用户体验。

三、个性化与定制化

在线心理健康评估工具应具备个性化和定制化功能，根据用户的个人特点和需求提供量身定制的评估服务。通过数据分析和用户画像技术，工具可以推荐适合用户的评估量表和干预建议，提高评估的针对性和有效性。个性化功能可以增强用户的使用体验和满意度。

四、多平台适配

在线心理健康评估工具应支持多平台适配，确保用户可以在不同的设备上无缝使用。设计者应开发适用于移动端（如智能手机和平板电脑）和桌面端（如 PC 和 Mac）的应用版本，保证评估工具在不同平台上的兼容性和稳定性，满足用户的多样化使用需求。

五、用户教育与培训

在工具的设计和实施过程中，用户教育与培训是不可忽视的环节。提供详细的使用指南、教程视频和常见问题解答，帮助用户快速上手和熟练使用评估工具。同时，通过心理健康教育内容，提高用户的心理健康知识水平和自我管理能力，使他们更好地利用评估工具进行心理健康管理。

六、专业支持与咨询

设计在线心理健康评估工具时，应考虑提供专业的心理健康支持和咨询服务。用户在使用过程中，如果遇到心理困扰或需要进一步的专业帮助，工具应能够快速连接到心理健康专业人员或咨询服务，提供及时的支持和干预，确保用户在评估后的需求得到有效满足。

第三节 大学生心理健康在线评估的有效性

一、在线评估的便捷性和可访问性

（一）随时随地评估

在线心理健康评估的一个显著优势是其随时随地的评估能力。这种灵活性使得大学生能够在任何地点、任何时间完成心理健康评估，从而极大地提升了评估的便捷性。以往，心理健康评估通常需要预约面谈或亲自前往心理咨询中心，这不仅费时费力，还可能导致学生因时间安排问题而错过评估机会。然而，在线评估通过互联网平台提供了 24 小时的服务，使得学生可以在课余时间、宿舍、图书馆等任意地方进行评估。这种无缝的访问方式让心理健康评估成为日常生活的一部分，减少了对时间和地点的依赖。此外，在线评估的便捷性也体现在其对学生心理状态的实时反应能力。大学生的心理状态可能会因为课程压力、社交困扰或个人生活事件而不断变化。传统的面对面评估方式可能无法捕捉到这些快速变化的心理状态，而在线评估允许学生在感受到心理压力的第一时间进行评估，及时获取反馈。这种实时性有助于早期发现潜在的心理健康问题，并在问题尚未加重之前采取相应的干预措施。

在线心理健康评估还突破了地域限制，使得无论学生身处校园内外还是在实习、旅行期间，都能够进行评估。这种灵活性尤其对那些因学业繁忙或远离校园的学生尤为重要，他们可以避免因地理限制而无法参与心理健康评估的困境。此外，在线评估平台通常提供多种语言和多样化的评估选项，进一步提升了其对不同背景学生的适应性。

（二）广泛覆盖和参与

通过这种平台，大学生心理健康评估能够触及更多的学生群体，特别是那些由于各种原因可能不愿意面对面寻求帮助的学生。这种覆盖范围的扩大显著提高了心理健康评估的参与度，使更多的学生有机会获得必要的心理健康支持。在线平台打破了传统心理咨询的物理限制，能够服务于更多的学生。在传统的心理咨询中，往往由于咨询中心的空间限制或预约难度，无法满足所有有需要的学生。而在线评估通过网络进行，使得无论是城市还是偏远地区的学生，只要能上网，就能够参与评估。这种无障碍的参与方式使得评估不仅限于校园内的学生，还能够覆盖到更广泛的群体，如在外实习或交流的学生。在线评估平台特别适合那些不愿意公开心理困扰的学生。许多学生可能因为担心隐私泄露或者害怕被他人发现而不愿意面对面寻求帮助。在线评估提供了匿名和隐私保护的选项，能够让学生在不暴露个人信息的情况下进行心理健康检查。这种隐秘性降低了参与的心理门槛，使得更多的学生愿意主动参与评估，从而获取所需的帮助和支持。

平台可以提供多种心理健康测量工具，如焦虑、抑郁、压力等评估量表，学生可以根据自身情况选择合适的评估类型。这种个性化的评估选择进一步提升了参与度，因为学生可以根据自己的具体情况进行评估，而不必担心评估工具的不适用性。

（三）隐私保护和匿名性

通过提供匿名选项，这些平台有效地减少了学生在评估过程中可能产生的隐私顾虑，使他们更加愿意参与并提供真实的信息。隐私问题常常成为学生寻求帮助的障碍，他们可能因为担心个人信息被泄露或被他人知晓而选择回避。然而，在线评估通过设计匿名机制，避免了这些顾虑，为学生提供了一个安全的评估环境。在线平台允许用户使用虚拟身份进行评估，避免了个人信息的直接暴露。用户可以在不透露真实姓名的情况下完成心理健康问卷，这种匿名性降低了他们对个人信息泄露的担忧。学生可以自由地表达自己的真实感受和心理状况，而不必担心这些信息会被他人看到或用于其他目的。这种保护措施使得评估结果更加真实可靠，有助于准确评估学生的心理健康状况，并为后续的干预提供有效依据。

匿名性还使得那些平时对心理问题感到羞愧或困惑的学生更愿意参与评估。很多学生由于害怕被贴上"心理问题"标签，或者担心被同学、老师误解而不愿意寻求帮助。在线评估通过保护用户身份，减少了这种社会压力，使得学生可以在一个无形的保护罩下进行评估。平台能够吸引到更多的学生主动参与，并且能够从中获得有价值的心理健康数据。在线评估平台通常会采取多种技术手段来确保数据的安全性。平台会对用户数据进行加密处理，防止数据在传输和存储过程中被非法获取。数据处理和存储符合隐私保护的法律法规，进一步增强了学生对平台的信任感。这样的技术保障不仅保护了用户的隐私，也提升了学生参与评估的意愿。

二、数据分析和结果反馈的及时性

（一）实时数据处理

在线心理健康评估工具的实时数据处理能力是其显著优势。评估数据可以被即时收集和分析，进而提供迅速的评估结果，这对于帮助学生及时了解自身的心理健康状况至关重要。传统的心理评估方式通常需要一定的时间来整理和分析数据，这可能导致学生在等待结果的过程中感到焦虑或不安。然而，在线评估工具能够通过先进的技术手段，实时处理评估数据，从而为学生提供即时的反馈。在数据收集过程中，在线评估工具能够自动化地记录和存储用户的回答，无需人工干预。这种自动化处理不仅提高了数据录入的准确性，还减少了由于手动操作可能出现的错误。随着评估数据的不断输入，系统会实时更新数据，并根据预设的算法和模型进行分析。这种即时的数据处理能力确保了学生在完成评估后能够快速获得结果，避免了传统方式中可能存在的时间延迟。

当学生完成心理健康评估后，能够迅速看到评估结果，及时了解自己目前的心理状况，这有助于他们更早地识别潜在的问题。及时获得的反馈信息能够引导学生对自己的心理状态进行反思，并采取必要的行动，例如寻求进一步的专业帮助或进行自我调整。这种即时的反馈机制大大提高了评估的实用性，使得学生能够在最需要的时候获得支持。实时的数据处理还为心理健康服务提供了动态监测的可能性。通过对学生评估数据的持续跟踪和分析，在线平台能够识别出心理健康趋势和变化。这种动态监测能力使得心理健康服务机构能够及时了解学生群体的心理健康状况，并根据数据变化制定针对性干预措施。这种基于实时数据的监测和调整机制，有助于优化心理健康服务，提高干预的效果。

（二）个性化反馈和建议

在线心理健康评估工具的一个重要功能是能够根据评估结果提供个性化的反馈和建议。这种个性化的服务不仅提升了评估的针对性，还为学生提供了具体的心理健康指导和资源推荐。传统的心理评估通常提供的是通用的结果和建议，未必能够完全符合每位学生的实际情况。而在线评估平台通过分析每个学生的具体回答，能够生成量身定制的反馈，确保每个学生都能获得与其情况相匹配的指导和帮助。系统通过分析学生的评估数据，能够准确识别出其心理健康状态的具体特征。例如，如果评估结果显示学生在焦虑、抑郁或压力管理方面存在问题，系统可以针对这些问题提供详细的反馈。这种个性化的反馈不仅仅是对评估结果的简单总结，而是对每一个具体问题进行深入解析，并提供具体的应对策略。这种详细的指导帮助学生理解自身的心理状况，并采取合适的措施进行改善。

在反馈的基础上，系统还能够推荐适合学生的资源和支持服务。例如，对于那些表现出较高焦虑水平的学生，系统可能会推荐在线的放松训练课程、心理辅导视频或者相关的自助书籍。这样的资源推荐基于学生的具体需求，使得学生能够找到适合自己的工具和方法，进一步支持其心理健康的改善。个性化的反馈和建议不仅提供了理论上的指导，还结合了实际的操作资源，帮助学生从多个方面改善心理健康。此外，个性化的建议还包括了针对性行动计划。系统可以根据评估结果，为学生提供量身定制的行动步骤，如建议进行定期的心理自评、参加心理健康讲座或寻求专业的心理咨询。这些行动计划能够帮助学生在日常生活中有针对性地进行心理健康管理，逐步提升其整体的心理素质。

个性化的反馈和建议不仅提升了心理评估的有效性，还增强了学生对评估结果的接受度。学生感受到评估结果与个人情况的紧密关联，更容易相信反馈的有效性，并主动采纳系统的建议。这种个性化的服务模式，能够使心理健康评估不仅仅停留在结果报告层面，而是转化为实际的改进行动，真正帮助学生实现心理健康的提升。

（三）数据的长期跟踪和分析

在线心理健康评估平台的一个关键优势是其能够实现数据的长期跟踪和分析。这种长期跟踪不仅帮助观察学生心理健康状况的变化趋势，还能在问题出现的早期进行干预，确保及时解决潜在的心理健康问题。传统的心理健康评估通常是一次性的检查，缺乏对变化的动态监测，而在线平台通过持续的数据记录和分析，能够提供更加全面的心理健康评估。在线平台能够积累并存储大量的历史数据，形成学生心理健康状况的长期记录。这种数据积累允许平台对学生的心理状态进行趋势分析，观察心理健康问题的发展轨迹。通过比较不同时间点的评估结果，系统可以识别出潜在的问题趋势。例如，如果学生的焦虑或抑郁水平在一段时间内持续上升，系统能够及时警示这些变化，为进一步的干预提供依据。这样，学生和相关的心理健康服务人员能够在问题加重之前采取措施，从而避免更严重的心理健康问题。

通过对长期数据的分析，平台能够识别出各种心理健康问题的模式和规律。例如，系统可能发现某些学期或特定时间点学生的心理健康状况普遍下滑，这些信息可以帮助学校了解可能的压力来源，如考试季节、学业负担或其他因素。这种模式识别为学校制定更有效的心理健康支持策略提供了依据，如调整课程安排、提供针对性的心理辅导等。通过对比干预前后的评估数据，平台能够分析不同干预策略的实际效果，并根据数据结果优化干预方案。这种数据驱动的评估方式使得心理健康服务能够更加科学化和精细化，从而提升干预的有效性。例如，如果某种心理健康干预措施对学生群体中的某部分人群效果显著，系统可以推荐该措施作为针对性解决方案。

三、心理健康教育和干预的整合

(一)评估与教育的结合

在线心理健康评估工具与心理健康教育资源的结合,是提升学生心理健康水平的重要途径。通过评估结果,学生不仅能了解自身的心理状态,还可以被引导学习相关的心理健康知识和自我调适技巧。这种评估与教育的结合,有助于提高学生对心理健康问题的认识,并为他们提供科学的应对策略,促进其心理健康的持续改善。在线评估工具在评估结束后,能够根据学生的具体结果,推荐针对性的心理健康教育资源。这些资源可以包括心理健康知识的文章、视频讲解、自助书籍等,学生可以根据自己的需求选择适合的内容进行学习。例如,如果评估结果显示学生存在焦虑问题,系统可以推荐关于焦虑管理的文章和视频,帮助学生理解焦虑的成因和应对方法。这种个性化的资源推荐,使得学生能够获得与其心理状态紧密相关的教育内容,从而更加有效地进行自我调适。

通过评估引导学生学习自我调适技巧,有助于提升其心理韧性和应对能力。很多学生可能并不了解如何应对心理压力或情绪波动,而评估结果可以为他们提供具体的调适技巧。例如,系统可以推荐放松训练、正念冥想、情绪管理等技巧的学习资源,让学生在日常生活中逐步应用和练习。这些技巧不仅帮助学生应对当前的心理问题,还为他们建立长期的心理健康管理习惯提供了基础。通过评估与教育的结合,在线平台能够在发现问题的同时,立即提供解决方案。这种即时的教育干预,有助于在问题刚出现时进行有效应对。例如,学生在评估中发现自己存在轻度抑郁倾向,系统可以立即推荐相关的心理教育资源和自助练习,帮助学生在早期阶段进行调适,从而预防抑郁症状的加重。这种早期干预机制,不仅提高了心理健康教育的效果,还为学生提供了及时的支持和帮助。

通过不断学习和应用心理健康知识,学生可以逐步掌握维护心理健康的基本原则和方法。长此以往,学生在面对学业压力、生活变故等挑战时,能够更加从容地应对,减少心理问题的发生。这种综合性的教育模式,为学生提供了全面的心理健康支持,有助于其整体心理素质的提升。

（二）及时的心理干预

通过迅速将评估结果传递给心理健康服务机构或学校的心理辅导员，可以便于他们快速制定干预计划，提供必要的心理支持和帮助。这种及时的干预机制，能够在问题初现时就采取有效措施，从而为学生的心理健康提供更有力的保障。在线评估工具能够实时收集和处理数据，在评估完成后立即生成详细的报告。这个报告不仅包括学生的心理健康状况，还详细记录了可能存在的具体问题和风险等级。通过将这些信息及时传递给相关的心理健康服务人员，他们可以迅速了解学生的心理状态，并根据具体情况制定相应的干预计划。这种高效的信息传递，缩短了从发现问题到采取行动的时间，有助于及时对学生进行心理干预。

许多心理问题在早期阶段，如果能够及时干预和处理，往往可以有效缓解或解决。通过在线评估工具的即时反馈，心理辅导员可以在问题刚刚显现时就介入，提供个性化的支持和指导。例如，如果评估结果显示学生有严重的焦虑或抑郁倾向，心理辅导员可以立即安排一对一的咨询，帮助学生面对和处理这些问题。这样的及时干预，不仅能有效减轻学生的心理负担，还能预防问题的进一步恶化。通过在线评估工具，学校能够建立起完整的心理健康档案，实时跟踪每位学生的心理健康状况。这些数据不仅可以帮助心理辅导员了解个别学生的具体情况，还可以用于分析和识别全校范围内的心理健康趋势和问题。例如，如果某段时间内，多个学生表现出相似的心理问题，学校可以针对这一现象采取集体性的干预措施，如举办心理健康讲座或开展心理辅导活动，从而在更大范围内提升学生的心理健康水平。

及时传递的评估结果也可以加强家校合作，提升心理干预的效果。通过与家长沟通，心理辅导员可以共同制定干预计划，并在家庭环境中提供持续的支持和监督。家长的参与不仅有助于学生在家庭中获得更好的心理支持，还能通过共同努力，帮助学生建立健康的心理状态和应对技巧。这种家校合作的模式，使得心理干预不仅局限于学校，而是延伸到学生的日常生活中，从而实现更加全面和有效的心理健康管理。

（三）资源的整合与共享

在线心理健康评估平台的一个重要优势在于其能够整合和共享各类心理健康资

源。这种资源整合不仅为学生提供了丰富的心理健康服务选择，还提升了服务的可及性和便利性，使学生能够在需要时获得全面的支持。在线平台可以将各种心理健康资源集中在一个地方，方便学生随时访问。例如，平台可以提供在线咨询服务，让学生在任何时间都能联系到专业的心理辅导员。在线咨询打破了时间和空间的限制，使得学生即使在深夜或周末，也能获得及时的心理支持。这样的便利性对于那些在面对面咨询中感到不便或不适的学生尤为重要，他们可以在一个更加舒适和私密的环境中表达自己的困扰，从而更好地接受心理辅导。

在线平台可以组织和推广各类心理健康讲座，这些讲座可以涵盖广泛的主题，从情绪管理、压力应对到人际关系处理等。通过这些讲座，学生不仅能够获取丰富的心理健康知识，还能学习到实用的自我调适技巧。心理健康讲座不仅是知识的传递，更是学生交流和互动的机会，帮助他们从不同的角度理解和解决心理问题。平台可以通过视频直播、录播等多种形式，确保学生能够灵活选择适合自己的学习方式，进一步提升学习效果。通过组织支持小组，平台可以为有相似困扰的学生提供一个交流和互助的平台。在支持小组中，学生可以分享自己的经历和感受。这种同伴支持不仅有助于缓解学生的孤独感和无助感，还能够通过互相学习和借鉴，找到更有效的应对策略。支持小组的形式多样，可以是在线讨论区、定期的视频会议或线下活动，平台可以根据学生的需求灵活安排，确保每个学生都能找到适合自己的支持方式。

学校和心理健康服务机构可以通过平台共享专业资源，如心理健康测评工具、专业咨询师资源、教育材料等。这种资源共享不仅提升了服务的质量和效率，还能够在资源有限的情况下，实现最大化利用。例如，一所学校可能没有足够的专业心理辅导员，但通过在线平台，可以接入外部的专业资源，为学生提供高质量的心理健康服务。

第四节　心理健康评估结果的解读与干预

在线心理健康评估结果的解读与干预是心理健康管理的重要环节，通过准确解读评估结果，制定科学的干预计划，可以有效帮助学生应对心理问题。

一、评估结果的解读

评估结果的解读是整个干预过程的基础。心理健康评估结果通常包括多项指标，如焦虑水平、抑郁程度、情绪稳定性等。心理健康服务人员需要对这些指标进行综合分析，了解学生的整体心理健康状况。评估工具的科学性和可靠性直接影响解读结果的准确性，因此选择经过验证的评估工具是至关重要的。解读评估结果时应考虑学生的个体差异，包括年龄、性别、文化背景等。不同背景的学生在面对相同心理问题时，可能表现出不同的反应和需求。因此，解读结果时应结合具体的个体信息，进行全面和细致分析，避免一刀切的解读方式。解读评估结果时，还需关注动态变化。通过多次评估结果的对比，能够观察学生心理健康状态的变化趋势，识别出长期存在的问题和新出现的症状。这种动态解读能够提供更为全面和深入的心理健康分析，为后续的干预提供有力的依据。

二、干预策略的制定

干预策略应根据评估结果的具体情况量身定制，确保针对性和有效性。首先，需要确定干预的重点问题，例如焦虑、抑郁、自我效能感低等。根据重点问题，选择相应的干预方法和技术，如认知行为疗法、情绪管理技巧、社交技能训练等。短期目标旨在迅速缓解学生的急性心理困扰，如减轻焦虑症状、改善睡眠质量等；长期目标则关注学生的持续心理健康发展，如提高自我管理能力、增强心理韧性等。明确的目标有助于干预过程的有序进行和效果的逐步显现。此外，干预策略还应考虑资源的整合与协调。例如，可以结合学校的心理健康教育资源，组织相关的心理健康讲座、工作坊等，提供全方位的支持。同时，必要时应引入外部专业资源，如心理咨询师、精神科医生等，确保干预的专业性和全面性。

三、干预措施的实施

心理辅导员或相关心理健康服务人员应与学生建立信任关系，确保干预措施的顺利开展。良好的沟通和信任关系是干预成功的基础，学生在信任的环境中更愿意分享自己的困扰和感受，从而更好地接受和参与干预过程。干预措施的实施应灵活调整，根据学生的反馈和进展，及时修改和优化干预计划。例如，如果某种干预方法对某个学生效果不显著，可以尝试其他方法或结合多种方法进行综合干预。灵活调整的目的是确保干预措施的最大效果，真正帮助学生解决心理问题。通过干预，让学生学会识别和管理自己的情绪，掌握应对心理困扰的技巧，逐步提升自我管理能力。培养自我效能感不仅有助于当前问题的解决，更为学生的长期心理健康奠定了基础。

四、效果评估与反馈

干预措施实施后，效果评估与反馈是必不可少的环节。效果评估包括定量评估和定性评估。定量评估可以通过再次进行心理健康评估，比较干预前后的评估结果，客观反映干预效果。定性评估则可以通过与学生的交流、观察学生的行为变化等方式，了解学生的主观感受和实际变化。及时反馈给学生和相关人员，进行必要的调整和优化。例如，如果评估显示某种干预措施效果显著，可以继续深化和巩固；如果效果不理想，则需重新分析原因，调整干预策略。通过不断评估与反馈，确保干预过程的持续优化和效果最大化。在线心理健康评估结果的解读与干预，是一个系统化、科学化的过程。通过准确解读评估结果、制定科学的干预策略、实施灵活的干预措施以及进行有效的效果评估与反馈，可以全面提升学生的心理健康水平，为其学习和生活提供坚实的心理保障。

第九章　游戏化在心理健康教育中的应用

第一节　游戏化的概念与心理健康教育中的应用

一、游戏化的概念

游戏化是指将游戏元素和设计技术应用于非游戏情境，以提升用户参与度、激励行为变化和增强体验感。通过引入游戏机制，如积分、奖励、挑战和排行榜等，游戏化能够使任务和活动更具趣味性和互动性，从而提高用户的积极性和参与度。

二、游戏化在心理健康教育中的应用

（一）增强学习动机

引入游戏化元素，如积分、等级和奖励机制，是提升心理健康教育吸引力的有效方法。游戏化通过将心理健康教育内容与游戏机制相结合，极大地增强了学生的学习动机，使得课程不再单调乏味，而是充满趣味性和挑战性。通过这些激励措施，学生能够在学习过程中体验到乐趣，从而更愿意投入时间和精力。积分系统作为游戏化的重要组成部分，能有效激励学生的学习兴趣。学生在完成特定的心理健康学习任务或活动后，可以获得积分，这些积分可以用于解锁新内容、兑换奖励或提升等级。积分不仅给予学生即时的成就感，还激发了他们的竞争心理，使他们不断追求更高的分数和更好的表现。这种外部激励机制帮助学生保持对心理健康教育的关注，并促使他们主动参与学习过程。

等级制度通过设立明确的目标和进阶路径，提供了清晰的进步标志。学生通过完

成课程中的挑战和任务逐步提升自己的等级，每个新等级的达成都带来新的奖励和学习机会。这种等级制度不仅为学生设定了短期和长期的目标，还激励他们不断努力，以达到更高的等级。这种机制有效地增强了学生的目标导向，使他们在学习过程中不断追求进步。通过设置各种奖品和成就徽章，学生能够在完成特定的学习任务后获得实物或虚拟的奖励。这些奖励不仅是一种物质激励，还象征着学生的努力和成就，进一步增强了他们的学习动机。奖励机制能够满足学生的成就感需求，激励他们在心理健康课程中付出更多的努力，从而实现更深入学习和实践。

游戏化策略还通过设计有趣的挑战和任务来提升学生的参与度。任务和挑战的设计不仅增加了课程的趣味性，还提供了多样化的学习方式。学生在完成这些挑战时，不仅能够掌握心理健康知识，还能在互动和竞争中提升自己的学习体验。这种挑战驱动的学习模式使得心理健康教育更加生动和引人入胜，有效地保持了学生的学习热情。

（二）提供互动体验

游戏化设计中的互动体验和模拟环境对于学生的心理健康教育具有重要意义。通过引入互动情境和模拟体验，游戏化设计能够有效地帮助学生在虚拟环境中实践和掌握心理健康技巧。互动情境的引入使学生能够主动参与到心理健康学习过程中。与传统的被动学习方式不同，游戏化设计中的互动情境让学生在模拟的环境中面对实际问题，这种沉浸式的体验能够提升他们的学习兴趣和参与感。在游戏中，学生可能会遇到各种心理压力的情境，例如考试焦虑或人际冲突，通过模拟这些情境，他们能够更真实地感受到压力的影响，并在此过程中学习应对策略。此种参与式学习模式使得心理健康知识不再是单纯的理论，而是变成了可操作的技能。

模拟体验能够让学生在安全的虚拟环境中进行练习，进而加深对心理健康技巧的理解和应用。在游戏化设计中，学生可以通过角色扮演游戏模拟处理压力和情绪管理的情境。例如，他们可能会扮演一个面临考试压力的学生，通过一系列的游戏任务和挑战来学习如何有效地放松和管理情绪。这种体验式学习不仅让学生在面对类似现实情境时更具信心，而且还能帮助他们掌握具体的应对策略。这种模拟体验的优势在于它能够为学生提供一个无需担心失败的练习空间，从而鼓励他们勇于尝试和探索不同的解决方案。游戏化设计中的互动体验还能促进学生的自我反思和成长。在游戏的过程中，学生常常需要面对各种选择和决策，这些决策不仅影响游戏的进展，也会反映出他们在心理健康方面的理解和应用能力。通过游戏中的反馈机制，学生可以实时了解自己在处理心理压力和情绪管理方面的表现，并根据反馈调整自己的策略。这种自我反思的过程有助于学生更好地认识到自己的心理状态和应对能力，从而促进他们在真实生活中应用所学的技巧。

（三）改善情绪调节能力

游戏化工具中的实时反馈机制对改善情绪调节能力具有显著的作用。实时反馈机制能够帮助学生即时了解自己的表现和进步情况，这种及时的反馈为学生提供了重要的情绪调节信息，使他们能够迅速调整自己的情绪和行为，从而更好地掌握和应用情绪调节技巧。实时反馈机制不仅让学生能够清晰地看到自己的操作和决策对游戏进展的影响，还能帮助他们识别自己的情绪反应。例如，当学生在游戏中面临挑战时，系统可能会提供有关他们情绪状态和应对策略的反馈。这种即时反馈让学生能够实时调整自己的情绪和行为，从而更有效地应对游戏中的压力情境。在实际生活中，这种快速反应的能力可以帮助学生更好地管理情绪，面对各种压力源时能够迅速采取适当的调节措施。

在游戏中，反馈通常是针对学生的具体行为和决策的，帮助他们了解哪些行为是有效的，哪些行为可能导致负面结果。这种反馈不仅让学生能够即时调整自己的游戏策略，还能增强他们对自身情绪反应的觉察能力。例如，当学生在游戏中遭遇挫折时，系统可能会提供情绪调节建议或成功的应对策略。这种反馈有助于学生认识到自己的情绪变化，并提供实际的调节方法，使他们能够在实际生活中应用这些技巧，从而更好地管理自己的情绪。实时反馈机制还能够激励学生持续改进和发展情绪调节技能。通过不断获取关于自己表现的反馈，学生可以了解到自己在情绪管理方面的进步情况，从而获得积极的强化和鼓励。这种积极的反馈有助于提升学生的自信心和动机，使他们愿意在面对情绪挑战时采取更加积极和有效的调节策略。随着时间的推移，学生在游戏中逐渐掌握的情绪调节技能将转化为现实生活中的实际能力，帮助他们更好地应对生活中的各种压力和情绪问题。

（四）促进社交互动

促进社交互动是游戏化应用在教育中的一大优势。这类应用通常设计有多人参与的元素，例如团队合作和竞争，这不仅使学生之间的互动变得更加丰富，还能极大地增强他们的合作精神。学生们在共同参与任务和挑战的过程中，能够彼此加深了解，建立更紧密的联系。这种联系不仅仅是表面的，它有助于形成更为坚实的心理支持网络，进而推动集体心理健康的整体提升。当学生们被分配到不同的团队中，他们必须相互协作，共同努力以实现共同的目标。这种合作不仅要求学生们充分发挥各自的长处，还需要他们在面对困难时相互支持。学生们学会了如何在团队中发挥作用，如何倾听他人的意见，以及如何处理冲突。这些技能的培养对学生的个人发展和未来的职业生涯都是极其重要的。

在游戏化应用中，健康的竞争可以激发学生的积极性，推动他们更加努力地参与学习活动。这种竞争不仅限于与他人的比较，更是对自身能力的挑战。通过参与竞争，学生们能够提高自我认识，增强自信心，并且学会如何在竞争中保持冷静，处理压力。这种经历对于培养学生的心理韧性有着积极的影响，同时也有助于他们在集体中建立良好的社会关系。游戏化应用中的任务和挑战通常是设计得富有趣味性的，这能够有效地吸引学生的兴趣和参与。这种趣味性使得学习过程变得更加轻松和愉快，学生们在享受游戏乐趣的同时，也能够在不知不觉中完成学习任务。在这样的环境下，学生们更容易建立友谊，形成积极的社交圈子。这种轻松愉快的互动方式，有助于减少学生之间的紧张情绪，促进他们之间的合作与理解。

当学生们在游戏中遇到困难时，他们往往会寻求队友的帮助，这种互助行为能够增强他们之间的信任感和依赖感。学生们能够获得情感上的支持和鼓励，进而提升他们的自我效能感和心理健康水平。在游戏化应用的环境下，学生们学会了如何依赖他人，如何在集体中找到归属感，这对他们的心理发展具有重要意义。

（五）个性化学习体验

个性化学习体验是游戏化应用的一大亮点，它能够根据用户的表现和进度提供针对性反馈和建议。这种体验不仅仅是为了满足学生的独特需求，更是为了使每个学生的学习过程更加高效和有针对性。个性化学习体验通过多种方式实现，使心理健康教育更加贴合个人实际情况，从而提升教育的整体效果。游戏化应用可以通过实时监测学生的学习进度和表现，为他们提供即时的反馈。这种反馈不仅仅是简单的错误提示，而是基于学生当前的学习状况，给出具体的改进建议和指导。这种个性化的反馈能够帮助学生及时发现自己的不足，并且在第一时间进行纠正，避免了长期积累的学习问题。这种即时的、针对性的反馈，有助于学生更快地进步，提升他们的学习效率和自信心。

游戏化应用能够根据学生的兴趣和能力，灵活调整学习内容。这种调整不仅仅是对学习难度的变化，更是对学习材料的个性化定制。例如，对于对某一特定主题感兴趣的学生，游戏化应用可以提供更多相关的扩展内容，激发他们的学习热情；而对于在某一方面表现出色的学生，应用可以设置更具挑战性的任务，以满足他们的进步需求。学生们的学习体验变得更加丰富和多样化，他们的兴趣和能力也得到了更好发挥和提升。传统的教学模式往往难以顾及每个学生的心理需求，而游戏化应用则能够通过个性化的设计，关注到每个学生的情感状态和心理健康。例如，当学生在学习中遇到困难时，应用可以通过激励性的话语和鼓励性的提示，帮助他们保持积极的心态；在学生表现出情绪低落或焦虑时，应用也能够提供放松和减压的活动，帮助他们调整心理状态。通过这种个性化的心理关怀，游戏化应用能够有效提升学生的心理健康水平，使他们在学习中更加轻松和愉快。

每个学生的学习节奏和理解能力都是不同的，游戏化应用能够允许学生根据自己的节奏进行学习，而不是被统一的进度所限制。这种自主性使得学生能够在不感到压力的情况下，按照自己的步伐进行学习，减少了学习中的焦虑感和挫败感。自主掌控学习进度，使得学生能够更好地融入学习过程，提升了他们的学习体验和效果。学生们不仅仅是被动地接受知识，更是通过各种互动和反馈，进行自我评估和反思。通过个性化的报告和分析，学生能够清楚地看到自己的学习进展和不足之处，从而制定更为科学合理的学习计划。

（六）降低心理健康话题的抵触感

传统的心理健康教育方式往往严肃、单调，容易引发学生的抵触和不适。然而，通过游戏化的设计，心理健康教育变得更加轻松和有趣，使学生更愿意接受和参与，从而有效减少了因传统教育方法带来的压力和不适感。相比于传统的讲授和书本学习，游戏化的教育形式更加互动和生动。游戏中的任务、奖励机制以及虚拟角色等元素，使得心理健康教育不再枯燥无味，而是变成了一种令人期待和愉快的活动。学生们在游戏中不仅可以学习心理健康知识，还可以通过完成任务获得成就感和满足感，这种积极的体验大大降低了他们对心理健康话题的抵触情绪。

游戏化设计能够通过虚拟情景模拟真实生活中的心理健康问题，使学生在安全的环境中进行练习和反思。通过游戏中的模拟情境，学生可以体验到各种心理健康问题的应对策略，例如如何管理压力、处理人际关系和应对情绪波动等。这种模拟不仅使学生在实际遇到类似问题时能够更从容应对，还可以帮助他们在游戏中练习和巩固心理健康技能，从而减少对心理健康话题的恐惧和抗拒。游戏化设计可以通过团队合作和社交互动，增强学生之间的支持和理解。在许多游戏化的心理健康教育应用中，团队合作和社交互动是重要的组成部分。学生们在游戏中需要与同伴合作，共同解决问题和完成任务。这种合作不仅增强了他们的团队精神和合作能力，还使他们在互相支持和鼓励中体验到集体的力量和温暖。这种积极的社交互动，有助于消除学生对心理健康问题的孤立感和羞耻感，使他们更加开放和积极地参与心理健康教育。

游戏化设计可以通过逐步升级的难度和挑战，使学生在克服困难中体验到成长和进步的乐趣。传统的心理健康教育往往一次性传递大量的信息，容易让学生感到压迫和不知所措。而游戏化的设计则通过层层递进的难度和任务，让学生在逐步解决问题中获得成就感和自信心。每一个小的成功和进步，都能够增强他们的自我效能感和心理韧性，使他们更加愿意接受和面对心理健康话题。个性化的反馈和支持是游戏化设计降低心理健康话题抵触感的另一个关键因素。在游戏化的心理健康教育中，学生能够根据自己的表现获得个性化反馈和指导。这种个性化的支持不仅使学生感到被关注和重视，还能够针对他们的具体问题提供有效的解决方案。这种贴心的反馈和指导，使学生在学习心理健康知识的过程中感到舒适和安心，从而减少了他们对心理健康话题的排斥和抵触。

第二节　大学生对游戏化心理健康教育的接受度

一、游戏化心理健康教育的优势

（一）增强参与感

游戏化教育作为一种新兴的教学方法，通过引入游戏设计元素来增强学习体验，已成为提高学生参与感的重要手段。游戏化教育的核心在于通过设定明确的任务目标和奖励机制，调动学生的主动性和积极性，使他们在轻松愉快的环境中学习和掌握知识。与传统的教学模式相比，这种方法能够更加有效地吸引学生的注意力，促使他们积极参与课程活动，从而提高整体学习效果。通过设计具有挑战性和趣味性的任务，游戏化教育能够激发学生的学习兴趣。任务的设置不仅要符合学生的知识水平，还应具有一定的难度和趣味性，这样才能引发学生的好奇心和探索欲。例如，在心理健康教育的游戏中，设计一些需要团队合作完成的任务，不仅能增强学生的集体意识，还能让他们在解决实际问题的过程中，体验到成功的喜悦和成就感。这种积极的情绪反馈会使学生更加愿意投入学习中，从而提升他们的参与度。

游戏化教育通常会设置各种奖励机制，如积分、徽章、等级等，来鼓励学生积极参与和努力学习。奖励不仅能够作为对学生努力的肯定，还能有效地激励他们在学习过程中不断进步。研究表明，适当的奖励能够增强学生的内在动机，使他们对学习活动产生更多的兴趣和投入。例如，学生在完成某个心理健康课程中的挑战后，获得了一个虚拟徽章，这种形式的奖励不仅满足了学生的成就感，还增强了他们对游戏化教育的认同感和参与感。此外，游戏化教育通过模拟真实情境的方式，能够增强学生的沉浸感和参与感。在游戏化教育中，通常会创建一些与现实生活相关的情境，让学生在虚拟的环境中进行体验和练习。这种方法可以帮助学生更好地理解和应用所学知识，同时提升他们的实际操作能力。例如，心理健康教育中的角色扮演游戏可以让学生模拟应对各种心理问题的情境，使他们在实践中掌握应对技巧。这种模拟体验不仅能够提高学生的参与感，还能够使他们在轻松的氛围中，学会如何在真实生活中应对类似问题。

为了确保游戏化教育能够真正提高学生的参与感，需要不断优化游戏的设计和实施方案。游戏的内容和形式必须与教学目标相一致，确保学生在游戏过程中能够真正学习到所需的知识。同时，教师的引导和支持也是至关重要的，他们需要在游戏过程中提供适时的反馈和帮助，帮助学生克服困难并保持积极的学习态度。通过不断改进和优化游戏化教育的方法，可以进一步提升学生的参与感，使其成为提高学习效果的有效途径。

（二）提高记忆效果

游戏化教育被广泛应用于各个领域，以提高学习效果。游戏化教育将传统的教学方法与游戏元素相结合，创造了一个互动性强、参与感高的学习环境，这种环境能有效提升学生的学习兴趣和积极性。通过创建虚拟的心理健康场景，学生能够在模拟的环境中进行角色扮演和决策，这种方式使得抽象的心理健康知识变得具体而生动。比如，在一个模拟的压力管理游戏中，学生可以扮演一个面临多重任务的职场新人，通过游戏中的选择和行动来学习如何有效管理压力。这种情景模拟不仅帮助学生将理论知识与实际情境相结合，还能让他们在实践中逐步掌握应对心理健康挑战的技能。

互动体验通过设计各种任务、挑战和反馈机制，激发学生的主动学习和思考。比如，在一个关于情绪调节的游戏中，学生可能需要在规定时间内完成一系列任务，每完成一个任务就会获得即时的反馈。这种互动方式不仅使学习过程变得更加有趣和具有挑战性，还能够帮助学生在不断实践中加深对心理健康知识的记忆和理解。游戏中的即时反馈让学生能够迅速了解自己在学习中的表现，并根据反馈调整学习策略，从而提高学习效果。除了情景模拟和互动体验，游戏化教育还通过激励机制来增强学生的学习动机。许多游戏中设计了积分、等级和奖励系统，这些激励措施可以有效促使学生持续参与学习。例如，在一个关于心理健康的教育游戏中，学生完成特定任务或达到某个学习目标后可以获得虚拟奖励或荣誉，这种正向激励不仅增加了学习的乐趣，还促进了学生对心理健康知识的掌握。

游戏化教育通过社交互动进一步加强了心理健康知识的记忆和应用。在许多游戏中，学生需要与其他玩家合作或竞争，这种社交互动不仅提高了他们的参与度，还能促进知识的分享和交流。例如，在一个团队合作游戏中，学生可能需要共同解决一个关于心理健康的问题，这种合作和讨论不仅增强了他们对知识的理解，还提高了他们在现实生活中应对类似问题的能力。

（三）提供安全环境

游戏化教育的一个重要优势在于它为学生提供了一个虚拟且安全的环境，使他们能够在其中练习应对心理压力和情感问题的技巧。这个虚拟空间不仅能减少现实生活中的压力，还能为学生提供一个无风险的练习平台，帮助他们在实际情境中更好地应对心理健康挑战。虚拟环境的创建使得学生在面对心理压力时能够进行无风险尝试和错误。这种环境允许他们在没有实际后果的情况下，探索不同的应对策略和方法。例如，在一个模拟的心理健康游戏中，学生可以面对虚拟的压力源，尝试不同的应对方法，如深呼吸、时间管理或寻求帮助。这种模拟练习不仅帮助学生发现最有效的应对策略，还能提高他们在现实生活中处理类似问题的自信心和能力。

游戏化教育中的虚拟环境能够有效地模拟各种情感问题，帮助学生在安全的空间内处理这些问题。通过虚拟角色和场景，学生可以经历和处理不同的情感体验，如焦虑、愤怒或抑郁。这种情感模拟不仅有助于学生理解自己的情感反应，还能让他们学会如何在现实中更好地管理和调节自己的情绪。例如，在一个情感管理游戏中，学生可能需要帮助一个虚拟角色应对焦虑，通过这一过程，他们能够更好地理解并应用情感管理技巧。虚拟环境还为学生提供了一个隐私保护的空间，使他们可以自由地表达和处理自己的情感和心理问题。许多学生在现实生活中可能因为害怕被评判或误解而不愿意表达自己的情感和心理困扰。而在游戏化教育的虚拟环境中，学生可以匿名进行练习和表达，减少了心理负担和顾虑。这种隐私保护不仅鼓励了学生更主动地参与心理健康教育，还提高了他们的学习效果。

游戏化教育的虚拟环境通过互动和反馈机制，进一步增强了学生对心理健康知识的理解和应用。游戏中的即时反馈和互动不仅使学生能够及时了解自己的表现，还能帮助他们不断调整和改进应对策略。例如，在一个关于压力管理的游戏中，学生可以根据游戏中的反馈，迅速调整自己的行为和策略，从而找到最有效的压力应对方法。这种持续的反馈和调整过程，不仅增强了学生的学习体验，还提高了他们应对现实中心理压力的能力。

二、大学生对游戏化心理健康教育的态度

（一）接受度较高

大学生对新颖和有趣的学习方式普遍持积极态度，尤其是游戏化心理健康教育。游戏化教育凭借其互动性和趣味性，已经成为吸引大学生参与和投入的一种有效方式。大学生对游戏化学习方式的接受度高，源于他们对创新和互动形式的热情。现代大学生在成长过程中，已经习惯了以多媒体和数字化的方式进行学习和娱乐。游戏化心理健康教育将传统的教育内容与游戏元素相结合，能够满足他们对新奇体验的需求。例如，许多大学生在学习心理健康知识时，发现游戏化教育提供的模拟情境和角色扮演能够将抽象的理论变得生动而具体，这种转变不仅提高了他们的学习兴趣，还增强了他们的参与感。游戏化教育的互动性大大提高了大学生的参与积极性。传统的课堂教学往往是以讲授为主，学生的参与度和互动性较低。相比之下，游戏化教育通过设计各种任务、挑战和竞赛，鼓励学生主动参与和合作。这种互动形式能够激发大学生的学习动力，让他们在轻松愉快的环境中掌握心理健康知识。例如，通过参与心理健康模拟游戏，大学生可以在虚拟环境中解决实际问题，这种体验不仅加深了他们对知识的理解，还培养了他们的实际操作能力。

游戏化教育还利用了大学生对社交互动的强烈需求。许多游戏设计包括多人合作或竞争的元素，这种设计使得学生在学习过程中能够与同学进行互动和交流。通过团队合作，学生可以共同面对挑战，分享经验，增进彼此的了解。这种社交互动不仅增强了他们对心理健康知识的掌握，还提高了他们的团队协作能力和沟通技巧。许多游戏化教育应用中设计了积分、等级和奖励系统，这些激励措施能够有效地提高学生的参与度和学习热情。大学生在游戏中完成任务或达成目标后，获得的虚拟奖励或荣誉能够激发他们的成就感和自信心，从而进一步推动他们的学习积极性。

（二）对互动性和实用性的认可

学生们普遍认为，游戏化教育显著增强了课堂互动，提高了学习效果，并且这些

技能在现实生活中具有实际应用价值。游戏化教育通过其独特的互动形式，有效地提升了课堂参与度。在传统教学中，学生往往处于被动接受知识的状态，而游戏化教育通过设计各种互动任务和活动，鼓励学生积极参与。这种方式使学生在学习过程中不仅能够与教师互动，还能够与同学进行合作或竞争，增加了课堂的互动性。例如，心理健康教育中的情景模拟游戏，可以让学生在面对虚拟情境时进行讨论和决策，这种互动式的学习方式使得学生能够更好地理解和掌握心理健康知识。

学生们认可游戏化教育的实用性，认为所学的技能可以在现实生活中应用。游戏化教育通过模拟真实情境和问题，让学生在虚拟环境中进行实践和探索。这种实践性强的学习方式，使学生能够将理论知识应用于实际情境中，从而提高了他们的实际操作能力和解决问题的能力。例如，在游戏化心理健康教育中，学生可能需要面对和处理虚拟的心理压力情境，这种体验能够帮助他们在现实生活中更好地应对类似的问题。游戏化教育中的即时反馈机制也为学生提供了明确的学习指导。许多游戏设计包括任务完成后的即时反馈和奖励系统，这种机制能够帮助学生及时了解自己的学习进展。学生不仅能够获得自我提升的动力，还能够不断优化自己的学习方法，使得学习效果更加显著。

（三）个性化需求

游戏化教育的实施中，不同学生对这种学习方式的接受程度存在差异。个性化需求的多样性使得游戏化教育必须灵活适应各种学习偏好，以满足不同学生的学习需求。一些学生可能倾向于单独学习，他们对个性化和自我节奏的学习方式表现出更高的接受度。对于这些学生，游戏化教育可以设计为提供独立任务和挑战的形式，使他们能够根据自己的学习进度和兴趣进行探索。例如，单人模式的心理健康教育游戏允许学生在没有团队干扰的情况下，专注于个人的学习目标和技能提升。这种形式可以为那些更喜欢自主学习、拥有明确学习目标的学生提供一个适合的学习平台，使他们在独立的学习过程中获得满足感和成就感。

游戏化教育可以通过设计团队合作任务和竞赛环节来满足他们的需求。例如，多人协作的心理健康模拟游戏可以让学生分组合作，解决共同面对的虚拟问题，或通过团队竞争获得游戏中的奖励。这种集体互动的形式不仅增强了他们的团队合作能力，还能够激发他们的竞争意识，从而提高学习的积极性和效果。游戏化教育还可以通过混合模式来平衡个性化需求。通过提供多种游戏模式和选择，学生可以根据自己的学习偏好进行选择。比如，设计一个游戏时，可以包含既有单人挑战也有多人合作的任务，允许学生根据自身的兴趣和需求进行选择。这种灵活的设计不仅满足了不同学生的个性化需求，还能够最大化地发挥游戏化教育的优势。

三、影响大学生对游戏化心理健康教育接受度的因素

（一）游戏设计质量

游戏设计质量在游戏化教育中扮演着至关重要的角色，其影响力体现在游戏情节的合理性、任务的挑战性以及奖励机制的合理性上，这些因素直接决定了学生的参与度和满意度。一个有吸引力且逻辑严谨的游戏情节能够有效地吸引学生的注意力，并激发他们的学习兴趣。游戏中的情节需要与教育目标紧密结合，确保学生在完成任务和解决问题的过程中，能够不断学习到相关知识。如果游戏情节设计不合理，缺乏逻辑性，或者与实际内容脱节，学生的参与热情可能会降低，进而影响他们的学习效果。

设计合理的任务挑战能够激发学生的主动性和探索欲望。当任务既具有一定的难度，又能被学生在经过努力后完成时，学生会感到成就感，这种正向反馈有助于提升他们的学习动力。例如，在心理健康教育游戏中，任务可以设置为解决各种虚拟心理问题，这些任务的难度应当随着学生的进步而逐步增加，确保他们在学习过程中始终保持挑战感和兴趣。有效的奖励机制能够增强学生的学习积极性，使他们更加投入游戏中。奖励不仅可以是游戏中的积分、等级提升或虚拟物品，还可以是实际的反馈和认可。设计合理的奖励机制需要确保奖励与学生的努力和成就相匹配，避免出现过于频繁或不切实际的奖励，这样能够保持学生的学习动机和满意度。

（二）技术支持

游戏化教育的有效实施离不开强有力的技术支持，其中硬件设备、软件平台和网络环境的保障都是关键因素。技术支持的质量直接影响到游戏化教育的顺利进行和教学效果。学生在使用游戏化教育工具时，需要具备高性能的计算机、平板电脑或其他

智能设备。高质量的硬件设备能够确保游戏运行的流畅性，避免由于设备性能不足导致的卡顿或崩溃问题。良好的硬件条件不仅提升了学生的使用体验，还能够支持更复杂和互动性强的教育游戏，从而增强学习效果。

教育游戏的设计和实施需要依赖于各种软件平台，包括游戏引擎、学习管理系统（LMS）和数据分析工具等。一个功能齐全且稳定的软件平台能够支持游戏的开发、发布和管理，同时提供必要的教学工具和数据分析功能。稳定的软件平台能够确保游戏在不同设备上的兼容性，帮助教师和学生高效地管理学习进度和成果。教育游戏往往需要实时的数据传输和交互，尤其是在多人在线游戏和云端游戏中，良好的网络环境能够确保游戏的实时性和互动性。稳定的网络连接可以减少延迟和中断，提高游戏的运行效率，保证学生能够顺畅地参与游戏活动。此外，可靠的网络环境还支持远程教学和虚拟课堂，使得学生可以在任何地点进行学习，进一步扩展了游戏化教育的应用范围。

（三）教师的引导和支持

教师在游戏化教育中的作用不可或缺，他们不仅需要引导学生如何有效参与游戏，还要提供必要的支持和反馈，以帮助学生更好地理解和应用游戏中的心理健康知识。教师的引导和支持在确保游戏化教育的成功实施和提升学生学习效果方面扮演了关键角色。游戏化学习虽然充满趣味，但也可能对一些学生而言显得陌生或复杂。教师的任务是帮助学生理解游戏的规则和目标，确保他们能够顺利地融入游戏环境。通过详细讲解和示范，教师能够帮助学生熟悉游戏操作，设定合理的学习目标，使他们能够在游戏中有效地获取知识和技能。这种引导不仅减少了学生的困惑和挫败感，还提高了他们的学习效率和积极性。

教师应通过实时的反馈机制，帮助学生了解他们在游戏中的表现和进展。这种反馈可以是针对学生在游戏中遇到的问题，提供解决方案和改进建议；也可以是对他们在游戏中取得的成绩给予认可和鼓励。及时有效反馈能够帮助学生调整学习策略，提升他们的游戏表现，同时增强他们对心理健康知识的理解和应用能力。由于学生的背景和学习需求各不相同，教师需要根据每位学生的具体情况，提供量身定制的支持。例如，对于那些在游戏中遇到困难的学生，教师可以提供额外的辅导或资源，帮助他们克服学习障碍。对于表现优异的学生，教师可以进一步挑战他们，鼓励他们探索更深层次的内容。通过这样的个性化支持，教师能够更好地满足学生的多样化需求，提高他们的学习体验。游戏化教育虽然充满趣味，但也可能引发学生的挫败感或焦虑。教师需要及时关注这些情绪变化，并提供适当的心理支持和调整建议。通过关注学生的心理状态，教师能够创造一个更加积极和支持性的学习环境，确保学生在游戏化教育中获得全面的发展和成长。

四、大学生对游戏化心理健康教育接受度面临的挑战和改进建议

（一）大学生对游戏化心理健康教育接受度面临的挑战

大学生对游戏化心理健康教育的接受度面临诸多挑战，其中如何根据不同学生的心理健康状况和学习风格，设计个性化的游戏化教育方案，是一个重要的挑战。个性化方案的设计需要综合考虑学生的多样性和差异性，以最大限度地提升教育效果。学生的心理健康状况各不相同，这对游戏化教育方案的设计提出了高度个性化的要求。一些学生可能面临较轻的心理压力，能够通过游戏中的一般性任务和活动获得帮助；而另一些学生则可能遭受更为严重的心理困扰，需要更加针对性和深度的干预。为了满足不同学生的需求，游戏化教育方案必须具备灵活性和适应性，能够根据学生的具体情况进行调整和优化。教师和设计者需要对学生进行详细的心理健康评估，以确定其适合的游戏内容和难度，从而提供有针对性支持和帮助。

不同学生在学习过程中可能表现出截然不同的偏好和习惯。一些学生更倾向于视觉化和互动性强的学习方式，他们可能更喜欢图形和动画丰富的游戏设计；而另一些学生则可能更倾向于文字和逻辑性强的内容，他们可能更适应结构清晰、步骤明确的游戏任务。为了兼顾不同学习风格的学生，游戏化教育方案需要提供多种模式和选项，允许学生根据自己的学习偏好进行选择和调整，从而提升他们的学习体验和效果。学生来自不同的文化背景，他们对心理健康的认知和接受程度也会有所不同。设计者需要在游戏内容中融入多样化的文化元素，使得游戏能够在不同文化背景的学生中产生共鸣和认可。同时，学生的个人兴趣也是影响其学习动机的重要因素。通过在游戏设计中引入学生感兴趣的元素和主题，可以增强他们的参与度和积极性，使得心理健康

教育更加有效和持久。

先进的教育技术和平台能够提供灵活设置和调整选项，支持教师和设计者根据学生的具体情况进行个性化方案的设计和实施。教育者可以及时了解学生的学习进展和效果，不断优化和改进教育方案，确保其能够最大限度地满足学生的需求。

（二）大学生对游戏化心理健康教育接受度的改进建议

1. 长效机制的建立

确保游戏化教育不仅在短期内有效果，还能在长期内持续发挥作用，需要建立长效机制，这是一项需要综合考虑多方面因素的问题。学生的需求和心理健康状况会发生变化，游戏内容需要不断更新以保持其吸引力和相关性。设计团队应定期收集学生的反馈，了解他们的兴趣点和需求变化，并据此对游戏进行调整和改进。同时，融入最新的心理健康研究成果和教育理念，可以确保游戏内容始终具有前沿性和科学性，从而持续吸引学生的参与。教师在游戏化教育中不仅是引导者和支持者，还需要扮演持续反馈和调适的角色。通过定期评估学生在游戏中的表现和心理健康状况，教师可以及时发现问题并提供针对性辅导。同时，教师应积极参与游戏内容的设计和优化，与设计团队合作，共同制定适应学生需求的长效教育方案。教师的持续参与能够确保游戏化教育与课堂教学有机结合，从而增强教育的整体效果。

通过定期的效果评估，可以了解游戏化教育在不同阶段的实际效果，并据此调整和优化教育策略。评估应包括学生的心理健康状况、学习效果以及对游戏的满意度等多个方面，确保评估结果具有全面性和准确性。同时，建立反馈机制，让学生和教师能够及时反馈问题和建议，从而促进游戏内容的不断改进和完善。稳定可靠的技术平台不仅能保证游戏的顺畅运行，还能提供灵活设置和调整选项，支持个性化的教育方案。通过数据分析和智能推荐等技术手段，可以实现对学生学习情况的动态监测和及时干预，从而提升教育的持续性和效果。同时，技术平台的安全性和隐私保护措施也需要得到重视，确保学生在安全的环境中进行游戏化学习。

学校、家庭和社区应共同参与，形成合力支持学生的心理健康教育。学校应提供必要的资源和环境支持，家庭应积极配合学校的教育计划，社区则可以通过提供心理健康服务和活动，补充和强化学校教育的效果。通过多方协同，形成全方位、持续性的支持体系，可以确保游戏化教育在长期内持续发挥作用。

2. 评估体系的完善

完善的评估体系能够全面衡量教育效果，并提供及时的反馈，以便不断改进和优化教育方案。评估体系应当具备多维度的评估标准。仅仅依靠单一的评估指标，难以全面反映游戏化教育的效果。评估体系需要包括学生心理健康状况的变化、学习效果、参与度和满意度等多个维度。例如，通过心理健康测量工具评估学生的心理健康改善情况，通过学术成绩和课堂表现评估学习效果，通过出勤率和游戏互动数据评估参与度，通过问卷调查和访谈评估学生和教师的满意度。这样的多维度评估能够全面、客观地反映教育的实际效果。

游戏化教育的效果不是一成不变的，需要在不同时间节点进行动态评估。定期的评估可以帮助教育者了解学生在不同阶段的变化和需求，从而及时调整教育策略。持续的反馈机制同样重要，学生和教师应能够随时反馈他们在使用过程中的体验和问题。通过这种动态评估和持续反馈机制，可以确保教育方案始终与学生的实际需求相匹配，不断提升教育效果。科学的评估方法包括定量和定性的结合，既要有数据支持的量化分析，也要有深入的质性研究。定量分析可以通过统计软件处理大量的评估数据，得出具有统计意义的结论；定性研究可以通过访谈、焦点小组等方法，深入了解学生和教师的具体体验和看法。科学的评估工具，如心理健康量表、学业成就测试、参与度量表等，能够提供准确、可靠的评估结果，为教育优化提供有力依据。

借助大数据分析、人工智能等技术，可以对大量评估数据进行深度分析，发现潜在的规律和趋势。例如，通过学习数据分析，可以了解学生在游戏化教育中的行为模式和学习路径，从而针对不同学生的特点进行个性化调整。技术手段不仅提高了评估的效率和准确性，还能提供更多的决策支持，帮助教育者做出科学、合理的优化决策。评估的最终目的是改进和优化教育方案，因此评估结果必须能够有效应用于教育实践中。教育者需要根据评估结果，找出教育中的不足和改进方向，制定相应的改进措施。同时，将评估结果反馈给学生和教师，增加透明度和信任感，使他们能够理解和支持教育改进的过程。通过评估结果的有效应用和反馈，可以形成一个闭环的改进机制，确保游戏化教育不断优化、持续提升。

第三节　游戏化心理健康教育的设计与实施

一、目标设定与需求分析

明确游戏化心理健康教育的目标主要包括提高学生的心理健康意识、帮助学生掌握应对心理压力的技巧以及促进学生的心理健康发展。通过清晰的目标设定，能够更好地指导游戏设计和实施，确保教育内容切合实际需求并达到预期效果。通过调查问卷，可以广泛收集学生的心理健康数据，从中发现普遍存在的问题和需求。这些问卷可以设计成涵盖多方面内容，例如压力来源、情绪状态、应对策略和心理支持等，以全面了解学生的心理健康情况。此外，通过访谈，能够更深入地探讨学生的个体差异和具体需求，获得更加详细和个人化的信息。访谈过程中，教师或心理健康专家可以与学生进行一对一交流，了解他们的心理困扰和期望，提供更加个性化的教育建议。

结合问卷调查和访谈结果，能够系统地分析学生的心理健康现状和需求，进而确定教育内容和重点。这一分析过程需要综合考虑各种因素，如学生的年龄、性别、学业压力、家庭背景等，确保教育内容的设计能够全面覆盖学生的需求。在确定教育内容时，可以根据不同学生群体的需求，设计不同层次和主题的游戏化教育内容。需求分析不仅要关注学生的当前状况，还应考虑他们的未来发展需求。游戏化教育的目标不仅是解决当前的问题，更要为学生提供持久的心理健康支持。因此，在需求分析过程中，要注重学生的长远发展，设计具有前瞻性的教育内容和策略。例如，可以结合职业规划和人生目标设置相关的心理健康教育内容，帮助学生在不同人生阶段都能保持良好的心理状态。

通过目标设定与需求分析的紧密结合，可以为游戏化心理健康教育奠定坚实的基础。明确的目标能够引导教育内容的设计和实施，确保其方向明确、重点突出；深入的需求分析则能够确保教育内容的针对性和有效性，真正满足学生的心理健康需求。通过这种科学、系统的方法，游戏化心理健康教育将能够发挥最大效能，帮助学生在游戏中学会心理健康知识，提升心理素质，实现全面发展。

二、游戏设计原则

在游戏化心理健康教育的设计中，遵循科学的设计原则是确保教育效果的关键。游戏设计应将教育内容巧妙地融入趣味性游戏中，利用情景模拟和互动体验等手段，使学生在轻松愉快的环境中掌握心理健康知识。教育内容不仅能更生动地呈现，还能增加学生的学习兴趣和参与度。在游戏设计过程中，必须考虑到不同学生的心理健康水平和学习需求。设计不同难度和层次的游戏任务，可以确保每位学生都能找到适合自己的学习内容。例如，为心理健康水平较低的学生设计基础的任务和挑战，而为心理健康水平较高的学生提供更具挑战性的任务。这样可以满足不同学生的学习需求，避免一刀切的设计，使每位学生都能在游戏中获得有效的心理健康教育。

游戏中应嵌入实时反馈功能，让学生能够立即了解自己的学习进展和问题。通过即时反馈，学生可以及时调整自己的学习策略，克服遇到的困难。这不仅能够提升学生的参与感和成就感，还能有效促进学习效果的提高。例如，游戏可以设置积分系统或评分机制，让学生在完成任务后立即获得反馈，激励他们不断进步。通过设置多种互动方式，如角色扮演、团队合作和竞争活动，可以增强学生在游戏中的参与感和沉浸感。互动体验能够促进学生之间的交流与合作，帮助他们在共同的游戏目标中学习和成长。例如，设计团队合作任务可以增强学生的合作意识，而设置竞争性任务则可以激发学生的学习动力和进取心。

游戏中的任务和情节应与心理健康知识紧密结合，确保学生在游戏过程中能够自然地学习和应用这些知识。例如，可以通过情景模拟的方式让学生在虚拟环境中体验如何应对心理压力和情感问题，使教育内容与游戏体验相辅相成，形成良好的学习效果。

三、游戏内容开发

游戏内容开发是游戏化心理健康教育的核心环节，它涉及如何设计真实的情景模拟、设置具有挑战性的任务以及设计合理的奖励机制，以提升教育的趣味性和效果。通过创建与学生生活和学习环境相符的虚拟情境，可以使学生在熟悉的环境中学习和练习心理健康知识。例如，可以设计校园生活场景、考试压力情境或社交活动模拟，让学生在这些情境中体验和解决实际问题。这种真实感不仅能够增加学生的代入感，还能让他们在游戏中更自然地应用所学的心理健康技巧。游戏中的任务应当具有一定的难度和复杂性，引导学生通过解决问题来掌握心理健康技巧。例如，可以设计关于情绪管理、压力缓解或人际沟通的任务，让学生在完成这些任务的过程中学习相应的技巧。挑战性的任务能够激发学生的兴趣和动力，同时提高他们解决实际问题的能力，使学习过程更加充实和有效。

通过设置积分、勋章等激励方式，可以鼓励学生积极参与和持续学习。例如，在游戏中完成任务后给予积分或颁发虚拟勋章，可以激励学生不断进步，并增强他们的成就感。奖励机制不仅能够提升学生的参与度，还能促进他们对心理健康知识的掌握和应用。设计奖励机制时，应确保奖励的设置与教育目标紧密相关，避免过度依赖外部奖励而忽视内在的学习动机。为了确保游戏内容的教育效果，开发过程还应注重游戏设计的平衡性和趣味性。游戏的设计需要兼顾教育和娱乐两方面，既要确保学生在游戏中能够学到心理健康知识，又要保持游戏的趣味性，使学生愿意持续参与。通过精心设计游戏情节和任务，可以实现教育内容和娱乐体验的有机结合，让学生在愉快的游戏过程中自然地学习和成长。

四、技术支持与平台选择

选择适合的教育平台，需要综合考虑学校的硬件设备和网络条件。例如，电脑游戏、手机应用和虚拟现实等平台各有优势，应根据实际情况进行合理选择。如果学校配备了较为完善的电脑设备，电脑游戏可能是一个理想的选择。电脑游戏通常具备强大的处理能力和高清显示效果，能够提供复杂的情景模拟和丰富的互动体验。如果学校的硬件条件有限，则可以选择手机应用。大多数学生拥有智能手机，通过手机应用进行游戏化教育既便捷又普及。此外，虚拟现实（VR）技术也可以应用于心理健康教育，提供沉浸式体验，但这需要较高的硬件支持和成本投入。

确保教育平台运行的稳定性，可以避免学生在使用过程中因技术问题而中断学习。为此，选择经过充分测试和广泛应用的平台是必要的，避免选择尚未成熟或存在明显缺陷的软件。此外，平台的安全性至关重要，特别是涉及学生个人数据的收集和处理时。必须确保平台具备完善的数据保护措施，防止数据泄露和滥用。在技术支持和维护方面，提供及时有效的服务是确保学生顺利使用平台的保障。学校可以建立专门的技术支持团队，负责解决学生在使用过程中遇到的问题。技术支持不仅包括日常维护和故障排除，还应提供使用指导和培训，帮助学生和教师熟悉平台的功能和操作。一个好的教育平台应具备良好的扩展性，能够根据教育需求的变化不断更新和扩展功能。兼容性方面，平台应能够在不同设备和操作系统上运行，以满足多样化的使用需求。

五、教师的角色与培训

教师不仅仅是课程的传授者，更是学生学习过程中的引导者和支持者。教师需要帮助学生理解游戏的内容和规则，并在游戏过程中提供及时的指导和反馈，确保学生能够从中获得有效的心理健康教育。教师在游戏化教育中的主要职责是引导学生理解和应用游戏内容。在游戏开始之前，教师应向学生详细解释游戏的目标、规则以及如何参与。通过清晰说明，教师能够帮助学生顺利进入游戏状态，避免由于对规则的不理解而影响学习效果。此外，教师在游戏过程中还需要进行适时引导，帮助学生在面对挑战和困难时找到解决问题的策略。通过有效引导，教师可以确保学生不仅参与游戏，还能从中学到心理健康知识。教师应在学生进行游戏的过程中，实时监控他们的表现，及时提供反馈。无论是对于游戏任务的完成情况，还是对于心理健康知识的掌握程度，教师都应给予建设性反馈。这样的反馈不仅可以帮助学生纠正错误，还能激励他们继续努力，提高他们的学习动机和效果。例如，教师可以在游戏后组织讨论，分析学生在游戏中遇到的问题和解决策略，以进一步巩固所学知识。

为了让教师更好地履行这些角色，需要为他们提供相关的培训。培训应包括游戏化教育的理论基础、操作技巧和教学策略等方面。通过培训，教师能够掌握游戏的设计和实施技巧，了解如何有效地将游戏内容与心理健康教育结合起来。培训还应包括如何使用技术平台和工具，使教师能够熟练操作和管理游戏化教育系统。此外，教师培训还应涵盖如何评估学生的表现和反馈，以帮助教师更好地理解和支持学生的学习需求。提升教师在游戏化教育中的操作能力和教学技巧，是实现教育目标的关键。教师能够提高自身的专业能力，更好地支持学生的学习过程。同时，培训还能够帮助教师应对在游戏化教育中可能遇到的各种挑战，使其在教育实践中更加游刃有余。

六、个性化教育方案

为了满足学生在心理健康状况和学习风格上的多样化需求，必须设计个性化的游戏化教育方案。这样可以确保每位学生都能获得符合自身需求的教育体验，从而有效提高教育效果。学生在心理健康上的需求可能各不相同，有些学生可能需要针对压力管理的游戏，而另一些则可能更需要情绪调节或社交技巧的训练。通过对学生心理健康状况的评估，可以为每位学生量身定制游戏任务和情境，确保他们在游戏中能够得到与自身情况相符的支持。例如，可以通过问卷调查或心理评估工具，了解学生的具体需求，并根据这些信息设计相应的游戏内容和挑战。

学生的学习进度和需求可能会有所不同，因此需要为他们提供自主选择和调整游戏内容的机会。例如，可以设计多个难度级别的游戏任务，让学生根据自身的学习进度选择适合的难度。同时，游戏中应提供个性化的设置选项，如选择任务的类型、调整游戏的节奏等，以便学生能够根据自己的需求进行调整。为了确保个性化教育方案的有效性，教师可以在游戏过程中进行定期的跟踪和评估。通过与学生的互动，了解他们在游戏中的表现和反馈，教师可以及时调整和优化教育方案。例如，教师可以根据学生在游戏中的表现数据，调整任务的难度或修改游戏情节，以更好地符合学生的学习需求。这样的调整不仅可以提高游戏的针对性，还能帮助学生在不断变化的学习环境中保持动力和参与度。

不同学生对学习的方式和节奏有不同的偏好，有些学生可能更喜欢通过合作任务来学习，而另一些学生则可能更倾向于独立完成任务。通过提供多样化的游戏任务和互动模式，可以满足不同学习风格的学生，确保他们能够在符合自己学习偏好的环境中进行有效学习。

七、多方协同与支持

家庭是孩子情感的第一课堂，学校则承担了其心理发展的重要角色。通过建立有效的家校互动平台，家长和教师可以共同关注学生的心理状态和成长需求，共同制定有针对性的教育方案，从而增强教育的针对性和实效性。这种合作不仅有助于及早发现和干预学生可能存在的心理问题，还能够建立起家庭与学校间密切的信任关系，为学生的全面发展提供坚实的支持和保障。社区不仅是学生学习和生活的场所，更是各种心理健康服务和活动的重要提供者。通过与社区心理健康机构、专家以及志愿者团体的紧密合作，学校可以为学生提供更加多样化和专业化的心理支持服务。例如，定期举办心理健康讲座、开展心理援助活动以及组织团体心理辅导等，这些举措不仅能够弥补学校教育的不足，还能够为学生提供更加全面的心理健康保障。

　　游戏化教育的引入也是当前推进心理健康教育的一种创新方式。通过将心理健康教育内容与游戏元素结合，不仅能够增加学生的学习兴趣和参与度，还能够在轻松愉快的氛围中潜移默化地培养学生的心理健康意识和能力。例如，设计基于角色扮演或者团队合作的心理健康课程，通过游戏化的互动方式，使学生更加主动地参与到心理健康教育中来，从而达到更好的教育效果和社会效益。

第四节　游戏化教育对大学生心理健康的影响

一、增强心理健康教育的吸引力和参与度

　　游戏化教育通过将传统教育内容融入游戏元素，使学习过程更加生动有趣，显著提高了大学生对心理健康教育的兴趣和参与度。游戏化的互动方式能够吸引学生主动参与到心理健康教育中，从而在轻松愉快的氛围中掌握相关知识和技能。这种教育方式可以激发学生的学习动机，提升他们对心理健康教育的接受度和积极性，从而达到更好的教育效果。

二、提供情景模拟和实践机会

　　游戏化教育可以通过虚拟情境和模拟体验，使大学生在安全的环境中进行心理健康相关的实践训练。例如，学生可以在游戏中学习如何应对压力、处理冲突和管理情绪。这种实践机会有助于学生将理论知识转化为实际技能，提高他们在现实生活中应对心理问题的能力。

三、促进社会互动和团队合作

游戏化教育通常包含团队合作和社交互动元素，这些元素有助于增强大学生之间的交流与合作，促进他们的人际关系发展。在游戏中，学生需要共同完成任务和解决问题，这不仅可以培养他们的团队合作能力，还能够增强他们的社交技能和归属感。良好的社会支持系统对大学生的心理健康有着重要的积极影响。

四、提供反馈和自我反思机会

游戏化教育能够通过即时反馈和评分系统，让大学生在学习过程中不断自我评估和改进。学生可以及时了解自己的心理状态和行为表现，从而进行自我反思和调整。这种反馈机制有助于提高学生的自我意识和自我调节能力。

五、缓解压力和焦虑

游戏化教育中的娱乐性和趣味性有助于缓解大学生的学习压力和焦虑。通过参与游戏，学生可以在紧张的学习生活中获得放松和愉悦感。此外，游戏中的挑战和成就感也能够增强学生的自信心和自我效能感，进一步促进他们的心理健康。

第十章 人工智能在心理健康教育中的应用

第一节 人工智能技术在心理健康教育中的应用现状

一、数据隐私和安全问题

随着 AI 技术在心理健康教育中的广泛应用，学生的心理测试结果、行为数据和在线交流记录等大量个人数据被收集和处理。这些数据的隐私保护和安全管理至关重要，一旦数据泄露或被滥用，将会对学生的隐私和心理健康造成严重影响。人工智能系统在收集和处理学生数据时，面临着巨大的隐私风险。许多 AI 系统在设计初期并未充分考虑数据隐私保护措施，导致数据在传输、存储和处理过程中存在安全漏洞。这些漏洞可能被恶意攻击者利用，造成数据泄露或被盗用。特别是在心理健康教育领域，学生的数据通常包含高度敏感的心理测试结果和行为记录，这些信息一旦泄露，不仅会侵犯学生的隐私权，还可能导致学生受到心理压力和社会歧视。

人工智能系统在分析和处理学生数据时，可能会被不当使用或滥用，导致学生的个人信息被不法分子获取和利用。例如，一些商业机构可能通过购买或非法获取学生的心理数据，用于商业营销或其他不正当用途。此外，学校或教育机构在使用 AI 系统时，如果缺乏严格的管理和监督，也可能导致数据滥用问题。这些问题都需要引起高度重视，并采取有效措施加以防范。数据加密技术的应用不够广泛和深入。虽然一些 AI 系统已经采用了加密技术来保护数据安全，但仍有不少系统在数据传输和存储过程中未采取有效的加密措施，导致数据容易被截获和破解。访问控制机制不够完善。许多 AI 系统在用户访问控制方面缺乏严格的权限管理，导致数据访问权限过于宽松，增加了数据泄露的风险。隐私政策的制定和实施不到位。一些教育机构和 AI 系统开发者在制定隐私政策时，未能充分考虑学生的隐私权利和数据保护需求，导致隐私政策内容空洞，缺乏实际操作性和约束力。

二、技术局限性与准确性问题

人工智能技术在心理健康评估和干预中表现出了显著的潜力，但其准确性和可靠性仍然面临一定的技术局限性。AI 系统的评估和诊断效果高度依赖于训练数据的质量。人工智能的学习和判断能力主要来源于其所接触到的数据，若训练数据存在偏差、错误或不完整，将直接影响 AI 系统的评估结果。如果数据样本不具代表性，或者在心理健康领域存在数据收集不充分的问题，那么 AI 系统可能无法准确地反映实际情况，进而导致误诊或误判。当前的 AI 技术在处理心理健康问题时，依赖复杂的机器学习算法和模型，这些算法在设计和训练过程中可能存在缺陷或局限。例如，某些算法在处理非结构化数据（如自由文本）时，可能无法充分捕捉到细微的情感变化和心理状态。因此，AI 系统可能无法准确识别学生的实际心理健康状况，从而影响干预措施的有效性。

尽管现有的情感分析技术可以对文本或语音进行情感分类，但这些技术在情感识别的准确性和深度上仍存在不足。情感和心理状态的表达往往具有多样性和复杂性，AI 系统可能无法完全理解或正确解读学生的情感细微差别。特别是在面对复杂心理问题时，AI 技术可能难以全面捕捉到人类情感的深层次特征，这就使得情感识别的结果可能不够准确或不够全面。此外，人工智能在处理复杂心理问题时也存在技术瓶颈。例如，某些心理疾病或心理障碍的诊断需要对患者的生活背景、社会关系以及个人历史进行深入了解，这些信息往往难以通过 AI 系统进行全面分析。AI 技术目前主要依赖于已有的数据和模型，难以处理那些涉及个体差异和背景信息的复杂心理问题。AI 系统的干预建议可能会显得过于泛化或不具针对性，从而影响干预效果。

人类心理健康专家具有丰富的临床经验和专业知识，他们能够从多方面考虑学生的心理状况，提供个性化的评估和干预。AI 系统可以作为辅助手段，辅助专家进行数据分析和初步筛查，但最终的诊断和干预仍需要依赖专家的判断。将人工智能与人类专家的优势结合起来，可以更好地确保评估和干预的准确性，提升心理健康教育的效果。

三、个性化与适应性问题

尽管 AI 系统有能力生成个性化的学习和干预方案，但这些方案的适应性和灵活性在实践中仍显不足。由于每个学生的心理健康状况和需求存在显著差异，AI 系统在个性化方案的制定上面临一定的局限性，可能无法全面满足所有学生的独特需求。人工智能系统在处理个性化需求时常常依赖于预设的模型和算法，这些模型和算法在设计时可能无法完全涵盖所有学生的心理健康状况。虽然 AI 技术能够通过分析大量数据生成个性化推荐，但这些推荐通常基于数据中的通用模式和趋势，对某些个体的特殊情况可能缺乏足够的敏感性。例如，一个算法可能基于普遍的心理健康标准提供干预建议，但对于具有特殊心理状态或经历的学生，可能无法提供足够个性化的支持和指导。

由于人工智能系统的处理方式主要依赖于数据和算法，其推荐的建议往往缺乏人类专家在提供情感支持和理解方面的细腻和温度。学生在接受心理健康干预时，不仅需要专业的知识和建议，还需要情感上的支持和理解。AI 系统的建议有时可能显得过于机械化和程式化，未能充分体现对学生个体感受的关注和理解，从而影响干预效果的全面性和有效性。虽然当前的 AI 系统可以根据输入数据提供调整建议，但这些调整通常是基于静态规则和算法的应用，而非动态的、实时的自适应过程。对于心理健康领域中复杂和动态的个体需求，AI 系统的自适应能力可能不足，导致在处理个体化问题时效果不佳。例如，系统可能未能及时调整对学生情绪变化的响应，或者在面对复杂心理问题时未能灵活调整干预策略。

为解决这些个性化与适应性问题，需要对人工智能系统进行不断优化和调整。首先，算法的改进是关键。AI 系统的开发者需要不断优化和升级算法，以增强系统对个体差异的识别和适应能力。可以通过引入更多样化的训练数据，考虑不同心理状况和个体差异，提升系统的个性化推荐精度。此外，结合专家知识和人工智能技术，发展混合模型，能够更好地融合人类专家的经验和 AI 的技术优势，从而提高系统的整体适应性。同时，系统设计者应注重人性化的设计，增强 AI 系统的情感交互功能。通过设计更具互动性和情感理解能力的对话系统，使 AI 能够更好地理解和回应学生的情感需求。例如，可以采用自然语言处理技术提升系统对情感表达的理解能力，使其在提供建议时能够体现更多的人性化关怀。实现这种功能不仅需要技术上的突破，还需要对心理健康领域的深刻理解，确保 AI 系统能够真正满足学生在情感上的支持需求。

加强对学生反馈的实时监测和分析也是提升系统适应性的有效方法。通过收集和分析学生对 AI 系统的使用反馈，及时调整和优化系统的服务内容，可以更好地适应个体需求的变化和发展。实现这一点需要建立有效的反馈机制，并将其与系统优化过程相结合，以确保 AI 系统能够持续适应学生的个性化需求。

四、人机交互体验问题

当前的 AI 系统在交互体验方面存在一些显著问题，这些问题可能影响学生的使用感受和系统的整体效果。首先，许多 AI 系统在对话机器人的回答自然度上仍显不足。尽管技术不断进步，但不少对话机器人在语言生成和回应方面仍然显得生硬和不自然，这种现象可能会让学生在交互过程中感到不适，进而降低他们对系统的信任感和使用意愿。一个自然流畅的对话系统能够使学生感受到更高的舒适度和参与感，从而提高心理健康干预的效果。尽管现有技术能够对一些情感状态进行基本识别，但对复杂情感和心理状态的理解仍然不够深入。AI 系统往往难以准确捕捉学生的微妙情感变化和复杂心理状态，这种不足可能会使得系统的反馈显得不够贴切和关怀。学生在使用 AI 系统时，可能希望得到更具人性化的支持和理解，而现有的情感理解技术可能无法满足这种需求，从而影响了系统的效果和学生的满意度。

还有一部分学生可能对人工智能系统持有心理抵触或排斥的态度。这种心理抵触可能来源于对技术的不信任、对数据隐私的担忧或对人工智能系统的能力和准确性的质疑。当学生对 AI 系统存在排斥心理时，他们的接受度和使用效果自然会受到影响。为了改善这一状况，需要对学生进行充分的教育和宣传，提升他们对人工智能技术的理解和信任，同时在系统设计中注重用户的反馈和需求，以逐步消除他们的顾虑。在提升人机交互体验方面，首先需要注重对话系统的自然度和流畅性。通过采用更先进的自然语言处理技术和生成模型，可以显著提高对话机器人的语言生成质量，使其在与学生交流时表现得更加自然和贴切。例如，可以引入深度学习模型，以更好地理解和生成与学生情感状态相符的回应，从而提高交互的自然度和流畅性。此外，系统设计者还应关注对话的上下文关联，确保系统能够根据学生的交流历史和当前情境提供恰当的回应。

为了使 AI 系统能够更好地理解和回应学生的情感，开发者可以引入多模态感知技术，例如结合语音、文本和视觉数据，以全面捕捉学生的情感状态。这种多模态的情感分析方法能够提供更准确和丰富的情感信息，使系统能够提供更具个性化的支持和反馈。除了技术手段，还应加强对心理健康领域的专业知识学习，使 AI 系统能够更好地处理复杂的心理问题和情感需求。为了解决学生对人工智能系统的心理抵触问题，需要从多个方面入手。提升系统的透明度和可信度。通过明确告知学生数据的使用方式、隐私保护措施和系统的工作原理，可以增强他们的信任感。系统的设计应体现出对用户隐私和数据安全的高度重视，建立起对用户信息的保护机制。进行用户教育和培训。通过向学生介绍人工智能的实际应用效果和优势，可以帮助他们正确理解和接受这一技术。同时，可以通过逐步引导和体验，增加他们对系统的信任和适应度。

五、伦理与道德问题

人工智能在心理健康教育中的应用虽然为个性化和高效干预提供了可能性，但也带来了诸多伦理与道德挑战。AI 系统在处理学生心理数据时面临着如何确保数据使用的合理性和合规性的问题。人工智能技术依赖于大量的个人数据，包括学生的心理测试结果和行为数据，这些数据的收集和使用必须遵循严格的隐私保护标准。如何在不侵犯学生隐私的前提下使用这些数据，是一个亟待解决的问题。对于数据的存储、处理和共享，必须建立严格的访问控制和数据加密措施，同时制定明确的数据使用政策，确保数据仅用于合法和合规的目的。任何数据泄露或滥用的情况都可能对学生造成严重的心理影响，并对其个人权益构成威胁。

AI 系统在制定干预措施时需要遵循伦理道德标准，确保其不会对学生造成不必要的心理压力或伤害。人工智能在提供干预建议时，往往基于算法和数据模型，这可能导致建议缺乏对个体差异的敏感性。如果 AI 系统未能充分考虑学生的心理状态和情感需求，提供的干预措施可能会对学生造成额外的压力或困扰。例如，一些自动化的干预策略可能未能准确判断学生的实际情感状态，结果可能产生误导或产生负面影响。因此，在制定干预措施时，必须确保其符合伦理和道德标准，充分考虑学生的心理健康和情感需求，避免对学生造成潜在的伤害。

技术开发者和教育机构需要建立健全的伦理审查机制，对 AI 系统的设计和应用过程进行全面审查。伦理审查不仅应包括对数据隐私和保护措施的评估，还应考虑系统设计的伦理性，确保系统在干预过程中不会产生负面效果。审查过程应涵盖从系统开发到实际应用的各个环节，确保每一个环节都符合伦理标准。需要在技术应用过程中设立专门的监督机构，对 AI 系统的实际效果和应用情况进行监测。监督机构应定期评估系统的运行情况，收集用户反馈，及时发现并纠正可能存在的伦理和道德问题。建立公开透明的监督机制，可以增强社会对人工智能系统的信任，同时保证系统在使用过程中符合社会的伦理和道德要求。

技术开发者和教育工作者需要接受有关伦理和道德的培训，提升对伦理问题的认识和处理能力。通过加强伦理教育，可以确保技术开发和应用过程中充分考虑社会责任，减少可能的伦理风险。同时，培养具备伦理意识的专业人才，可以推动技术的发展与应用更加符合社会的伦理标准。

六、教师与 AI 系统的协同问题

人工智能系统在心理健康教育中的应用必须与教师形成有效的协同关系，而非完全替代教师的作用。要实现这种有效的协同，需要解决如何在实际工作中协调 AI 系统与教师的关系，确保两者能够相互补充和配合的问题。这一目标的实现不仅涉及教师的培训和 AI 系统的设计，还包括如何在实际应用中充分发挥两者的优势。教师需要了解和掌握 AI 系统的使用方法，包括系统的功能、操作流程以及如何将其有效地应用于心理健康教育中。为此，教育机构应提供相关的培训课程，帮助教师熟悉 AI 系统的基本操作和应用场景。在培训过程中，应重点讲解如何解读 AI 系统提供的数据和建议，以及如何将这些信息融入实际的教学和干预过程中。此外，培训还应包括对 AI 系统潜在局限性的了解，使教师能够合理使用系统，并在遇到技术问题时进行有效处理。通过系统化的培训，教师可以更加自信和高效地利用 AI 系统，提升其在心理健康教育中的工作效率和效果。

为了确保教师能够顺利使用 AI 系统，系统设计应注重用户友好性和操作简便性。例如，AI 系统的界面应简洁明了，操作步骤应尽可能减少，以降低教师的使用门槛。此外，系统应提供详细的操作指南和帮助文档，确保教师在使用过程中能够获得及时支持和指导。通过优化系统设计，可以减少教师在使用过程中遇到的困难，提高系统的实际应用效果。AI 系统和教师的协同不仅体现在操作层面，还体现在工作内容的配合上。教师应充分利用 AI 系统提供的数据和建议，来支持其教学和心理健康干预工作。例如，教师可以根据 AI 系统提供的学生心理健康评估结果，制定更加有针对性干预措施。此外，教师还可以利用 AI 系统的实时反馈功能，及时了解学生的心理状态变化，从而调整教学策略和干预方案。AI 系统可以为教师提供数据支持和决策参考，而教师则根据实际情况对系统建议进行调整和优化，实现两者的有效配合。

AI 系统的应用也需要与学校的整体教育目标和计划相一致。AI 系统应能够与学校的教育资源和教学策略相结合，为教师提供实际可用的支持。例如，AI 系统可以根据学校的教学安排和心理健康教育目标，提供个性化的建议和干预方案。此外，学校应鼓励教师将 AI 系统的应用成果与学校的教学和心理健康目标进行对照，确保 AI 系统的使用能够有效支持学校的整体教育计划。教师在使用 AI 系统的过程中，应定期提供反馈，报告系统的实际效果和存在的问题。学校和 AI 系统开发者应根据教师的反馈，持续优化系统功能和改进设计。通过建立良好的反馈机制，可以不断提升 AI 系统的实用性和教师的满意度，从而进一步促进两者的有效协同。

第二节　AI 心理咨询与干预的实践与效果

一、AI 心理咨询的应用实践

（一）虚拟咨询师的实施

人工智能技术在心理健康领域的应用已经显著拓展，其中虚拟咨询师的开发和应用是一个重要的创新方向。虚拟咨询师利用先进的自然语言处理（NLP）技术，与用户进行实时互动。这些系统通过模拟与心理咨询师的对话，旨在为用户提供即时的情感支持和心理建议。虚拟咨询师能够处理用户的情感困扰，提供适当的建议，帮助他们应对诸如焦虑、抑郁和压力等常见心理问题。虚拟咨询师的核心技术依赖于自然语言处理（NLP），这一技术使得系统能够理解和生成自然语言，与用户进行流畅的对话。NLP 技术使虚拟咨询师能够识别用户的情感状态，并根据用户的表达生成合适的反馈。这种对话模拟能力，使虚拟咨询师能够在情感支持方面发挥作用，通过对话提供情感支持、心理安慰和干预建议。

虚拟咨询师的设计通常基于认知行为疗法（CBT）等心理治疗模型。CBT 是一种被广泛认可的心理治疗方法，旨在帮助个体识别和改变负面思维模式。虚拟咨询师利用 CBT 的原理，为用户提供结构化的干预方案，帮助他们应对心理困扰。这些系统通过提供自助工具和情绪调节技巧，帮助用户有效管理焦虑、抑郁等情绪问题。虚拟咨询师不仅限于提供情感支持，还集成了各种自助工具和心理健康资源。用户可以通过这些工具进行自我评估，获得个性化的建议和干预措施。例如，系统可能提供情绪记录工具、认知重建练习以及压力管理策略，帮助用户更好地了解和管理自己的心理健康。

为了确保虚拟咨询师的有效性，这些系统在开发过程中会经过大量的测试和优化。开发者通常会利用大量的心理健康数据进行训练，以提高系统对各种心理问题的识别和处理能力。此外，虚拟咨询师还会定期更新，以适应新的心理健康研究成果和用户反馈，从而持续改进其服务质量。虚拟咨询师已经被广泛部署于不同的心理健康平台和应用程序中，服务于各种人群，包括学生、职场人士以及普通公众。这些系统通过全天候的服务和即时的反馈，为用户提供了便捷的心理健康支持。虚拟咨询师的普及和应用，不仅扩展了心理咨询服务的可及性，还为心理健康干预提供了新的途径和方式。

（二）在线心理测评工具的应用

在线心理测评工具是人工智能技术在心理健康领域的重要应用，这些工具通过先进的数据处理和分析技术，为用户提供快速、准确的心理健康评估。这些工具利用 AI 技术设计和实施标准化的心理测评问卷，能够系统地评估用户的情绪状态和整体心理健康水平。设计这些工具的核心在于利用 AI 系统的高效数据处理能力。通过输入用户的回答和数据，AI 系统能够快速分析大量信息，并生成详尽的个性化反馈报告。这种数据处理能力大大提高了测评的效率，使得用户可以在短时间内获得全面的心理健康分析结果。相比传统的心理测评方法，这种 AI 驱动的工具不仅节省了时间，还提高了分析的准确性和可靠性。

在线心理测评工具通常依托于深度学习和自然语言处理技术。深度学习模型能够从大量的心理健康数据中提取出复杂的模式和趋势，从而更准确地评估用户的心理状态。自然语言处理技术则使系统能够理解用户在回答问卷时的语言表达，进一步提升测评的精度和个性化。结合这两种技术，在线测评工具能够提供更加细致和有效的心理健康评估。生成的个性化反馈报告是在线心理测评工具的一个重要功能。这些报告通常包括对用户心理健康状况的详细分析、情绪波动的趋势以及可能存在的心理问题。报告还会提供针对性的建议和干预措施，帮助用户理解自己的心理状态，并采取相应的行动。例如，报告可能会建议用户进行特定的情绪调节练习、寻求专业的心理咨询，或者调整生活方式以改善心理健康。

为了确保在线心理测评工具的有效性和科学性，这些工具通常会遵循严格的心理测评标准和实践指南。设计者会依据心理学的理论和研究成果，制定标准化的问卷和评分系统。这种基于科学的设计确保了测评工具的可信度和有效性，使得用户能够获得准确、可靠的心理健康信息。

（三）特定人群的应用

人工智能心理咨询系统在特定人群中的应用日益增多，尤其是在大学生群体中。针对大学生的心理健康平台不仅提供了基本的心理咨询服务，还整合了学习压力管理工具和情感支持功能。这种综合性平台旨在帮助学生应对学业压力、社交困扰以及情感问题，充分利用 AI 技术提供实时的支持和干预。在大学生心理健康平台中，AI 系统通过整合多种功能来满足学生的多样化需求。平台提供的心理咨询服务能够帮助学生处理各种心理困扰，包括焦虑、抑郁和压力等常见问题。AI 系统通过自然语言处理技术模拟心理咨询师的对话，提供即时的情感支持和建议。用户可以随时与虚拟咨询师进行对话，获得针对性的心理干预，从而在心理压力较大的时候得到及时帮助。

平台还配备了学习压力管理工具，帮助学生应对来自学业的压力。这些工具通常包括时间管理应用、学习技巧推荐和压力管理练习等功能。AI 系统能够根据学生的学习进度和压力水平，提供个性化的建议和策略，帮助他们优化学习计划、调整学习节奏，并减轻因学业产生的心理负担。AI 系统通过分析学生的情感表达和互动模式，提供个性化的情感支持和调节建议。这些功能不仅帮助学生处理日常的情感波动，还能在面对复杂的情感问题时提供及时的支持。例如，系统可以识别学生的情绪变化，主动推送相关的工具或引导他们进行适当的情绪调节练习。通过对学生的心理健康数据进行持续监测，AI 系统能够及时发现潜在的心理问题，并提供相应的反馈和建议。这种实时的监测能力帮助学生及时了解自身的心理状态，并在问题变得严重之前采取有效的干预措施。

二、 AI 干预的效果评价

（一）心理健康改善效果

研究表明，AI 驱动的心理咨询和干预工具在减轻用户的心理压力、焦虑和抑郁症状方面表现出显著的效果。虚拟咨询师等 AI 系统通过提供一系列针对性的干预措施，帮助用户缓解负面情绪并改善心理健康。例如，使用虚拟咨询师的用户常常报告称，其焦虑水平和抑郁症状显著减轻。这一成果表明，AI 系统在心理健康领域的应用具有实际的改善作用。AI 心理咨询工具的有效性主要体现在情绪调节技巧和认知重建等方面。这些系统通过提供具体的情绪调节策略，如深呼吸练习、正念冥想和情绪记录工具，帮助用户有效管理和减轻负面情绪。同时，认知行为疗法（CBT）模型的应用，使得用户能够识别和纠正不合理的思维模式，从而改变对压力和焦虑的反应。这些干预措施在实际应用中证明了其对心理健康的积极影响。

通过分析用户的行为数据和心理测评结果，AI 系统能够提供量身定制的建议和干预措施。这种个性化的支持有助于满足用户的具体需求，从而更有效地改善其心理健康状态。个性化干预还能够提高用户的参与感和依从性，使他们更积极地参与到心理健康管理中。研究还指出，AI 驱动的心理咨询工具在长期干预中展现了持续的效果。许多用户在使用这些系统一段时间后，报告称其心理健康状况有了显著的改善。这表明，AI 系统不仅能够提供即时的情绪支持，还能在长期的心理健康管理中发挥作用，从而帮助用户维持良好的心理状态。

（二）效果的局限性

尽管人工智能系统在心理健康干预中展现了显著的积极效果，但其应用也存在一定的局限性。特别是在面对复杂的心理问题和个体化需求时，AI 系统的干预效果可能无法与传统的面对面心理咨询相媲美。AI 系统在处理复杂情感状态时的能力仍有待提升，这限制了其在某些情况下的有效性。虽然人工智能技术可以通过自然语言处理（NLP）技术进行对话模拟，但在面对深层次、复杂的情感问题时，AI 系统可能无法完全理解用户的情感表达。例如，对于那些有深度创伤、长期心理问题或复杂心理冲突的用户，AI 系统可能无法提供足够准确或有效的干预建议。这是因为 AI 系统通常依赖于预设的模型和算法，而这些模型可能未能完全捕捉到个体情感的复杂性。

尽管 AI 可以根据用户输入的数据提供个性化的建议，但这种个性化仍然基于系统的算法和已有的心理健康数据，而不是基于深度的个体了解和专业判断。在处理高度个性化的心理健康问题时，AI 系统可能无法提供足够的灵活性和精准度，导致干预效果受到限制。面对特别复杂或稀有的心理健康问题时，AI 系统的预设方案可能不足以满足用户的独特需求。AI 系统的干预效果在长期和深入的心理治疗中可能不如面对面的专业心理咨询。传统的心理咨询师不仅能够提供技术性干预，还能够通过专业的判断和人际互动来支持用户，这种支持是 AI 系统难以完全替代的。特别是在需要持续关注和细致调整干预策略的情况下，AI 系统可能无法提供与专业心理咨询师相媲美的支持和干预效果。

在处理复杂心理问题或需求高度个性化的案例时，AI 干预系统应与专业心理咨询师的服务相结合。这种结合能够发挥 AI 系统的高效数据处理优势，同时利用心理咨询师的专业知识和经验，从而获得更为全面和有效的干预效果。综合利用 AI 和传统心理咨询资源，可以更好地满足用户的多样化需求，提高心理健康干预的整体效果。

三、用户接受度和满意度

（一）用户体验的影响

用户对 AI 心理咨询的接受度受到多种因素的影响，其中包括系统的互动体验、隐私保护和技术信任度等关键因素。首先，虚拟咨询师的对话自然度和情感理解能力对用户体验有着直接影响。如果 AI 系统在模拟对话时显得机械化或情感理解不足，用户可能会感到互动不够真实或不够关怀，这会影响他们的满意度和信任感。虚拟咨询师如果无法有效捕捉和回应用户的情感需求，可能导致用户在使用过程中产生困惑或不满，进而影响对整个心理咨询服务的接受度。一个设计良好的 AI 心理咨询平台应具备简洁直观的界面和操作流程，使用户能够轻松上手并顺利进行心理咨询。在系统的用户体验设计中，易于导航和操作的界面可以减少用户的学习成本，提高使用效率。如果平台的功能复杂或操作烦琐，用户可能会感到沮丧或放弃使用，从而降低对服务的接受度。

用户在使用 AI 心理咨询服务时，通常需要提供个人心理数据和情感信息。因此，确保数据的隐私和安全至关重要。如果用户对系统的数据保护措施感到不放心，可能会对平台的信任度降低，进而影响他们的使用意愿。AI 系统需要在数据加密、访问控制和隐私政策等方面做出充分的保障，以增强用户的信任感。用户对 AI 心理咨询系统的信任程度通常取决于系统的技术成熟度和可靠性。如果系统在运行中频繁出现故障或表现不稳定，可能会导致用户对其有效性产生疑虑，从而影响他们的使用体验和满意度。因此，确保技术的稳定性和可靠性是提升用户接受度的关键。

优化系统设计和提升用户体验是提高 AI 心理咨询服务接受度的有效途径。通过增强虚拟咨询师的对话自然度和情感理解能力，简化系统的操作流程，强化隐私保护措施，以及提升技术稳定性，可以显著改善用户体验，进而提高用户对 AI 心理咨询服务的接受度和满意度。关注用户的实际需求和反馈，不断改进和完善系统设计，将有助于提升整体服务质量和用户满意度。

（二）隐私保护和信任问题

用户对数据隐私的担忧在很大程度上影响了他们对 AI 心理咨询服务的接受度。人工智能系统在处理心理数据时，涉及大量的个人信息和敏感数据，因此，如何有效保护用户隐私是一个关键问题。为了增强用户的信任，AI 系统需要采取明确且严格的数据使用政策和隐私保护措施。通常需要输入大量个人心理数据，这些数据包括心理测试结果、情感状态和行为记录等。确保这些数据不被未经授权访问或泄露是至关重要的。采用先进的数据加密技术和安全存储方案，可以有效保护用户数据免受潜在的网络攻击和数据泄露风险。此外，实施严格的访问控制措施，确保只有经过授权的人员能够访问用户数据，也是保护数据隐私的必要步骤。

用户需要清楚了解他们的数据将如何被使用、存储和管理。AI 心理咨询平台应提供明确的数据使用声明和隐私政策，详细解释数据收集的目的、处理流程以及用户的权利。通过透明的信息披露，用户可以了解他们的数据如何被保护和利用，从而减少对隐私泄露的担忧。此外，平台还应提供简便的方式让用户能够随时查看、修改或删除他们的数据，以增强对系统的控制感。一个高效的 AI 系统应当具备强大的数据保护功能，包括数据加密、数据匿名化和安全传输等技术。隐私保护技术的成熟度和有效性直接影响用户的信任度。如果 AI 系统在这些方面存在缺陷，用户可能会对数据保护产生疑虑，进而影响他们对心理咨询服务的接受度。平台应定期进行隐私保护审核和安全评估，确保隐私保护措施的持续有效性。通过公开披露安全评估结果和隐私保护实践，平台可以向用户展示其对隐私保护的承诺，从而进一步增强用户的信任感。

四、伦理和道德考量

（一）数据隐私与安全

在 AI 心理咨询应用中，数据隐私和安全问题构成了主要的伦理挑战。用户的个人数据在存储、传输和处理过程中必须得到充分保护，以防止数据泄露或滥用。这些数据通常包括用户的心理测试结果、情感状态和行为记录等，具有高度的敏感性。因此，AI 系统的设计和实施需要特别重视数据安全，以确保用户的信息不会被未经授权的第三方访问。数据加密技术是保护数据安全的基础。通过对用户数据进行加密，即使数据在传输过程中被截获，也难以被解读或滥用。现代加密技术能够提供强大的数据保护，减少数据泄露的风险。此外，数据存储也需要采取安全措施。使用安全的服务器和存储设施，并定期进行系统安全审计，以确保数据的存储环境是受保护的，能够有效抵御潜在的安全威胁。

加密通信协议可以有效保护数据在网络传输过程中的安全，防止数据被截获或篡改。对数据传输的每个环节进行加密，能够大大降低数据在传输过程中的泄露风险。这不仅包括用户与 AI 系统之间的通信，也包括 AI 系统与其他相关系统之间的数据交换。一个明确的隐私政策应详细说明数据的收集、使用和存储方式，并告知用户他们的数据如何被处理。用户应有权了解其数据的使用目的、处理方式以及如何保护他们的隐私。透明的数据处理过程可以增加用户对 AI 系统的信任，同时为用户提供对其数据的控制权，包括查看、修改或删除他们的数据。通过对 AI 系统进行定期的安全审查，能够发现潜在的隐私漏洞并及时进行修复。这不仅能提高系统的安全性，也能够增强用户对系统的信任。确保系统在不断变化的网络环境中保持有效的隐私保护水平是持续保障数据安全的关键。

（二）伦理审查与监督

确保 AI 系统的使用符合伦理道德标准，并不会对用户造成心理伤害，是设计和应用过程中不可忽视的关键环节。为此，建立健全的伦理审查机制是必不可少的。这一机制应包括系统的全面伦理评估，涵盖从系统设计、开发到实际应用的各个阶段。在设计 AI 心理咨询系统时，必须评估其对用户的潜在影响，特别是对心理健康的影响。伦理评估应涵盖系统可能引发的各种风险，例如用户隐私侵犯、错误诊断或不当干预等。评估应由具有相关领域经验的伦理专家进行，以确保所有可能的伦理问题得到充分考虑。通过预先识别和解决潜在的伦理风险，可以有效减少在实际应用中可能出现的问题。

即使在系统上线后，仍需定期对其进行伦理审查，确保其操作符合伦理道德标准。这种监督不仅包括对系统功能的检查，还应对用户反馈进行分析。通过收集用户的反馈和建议，能够及时发现和解决实际应用中出现的伦理问题。此外，建立用户反馈机制，使用户能够主动报告他们在使用过程中遇到的伦理问题或不适，也有助于维护系统的道德合规性。在 AI 系统的生命周期中，技术和应用环境不断变化，新的伦理问题可能会随之出现。因此，每当系统进行更新或功能调整时，都应进行相应的伦理审查，以确保新的功能不会引发新的伦理问题。这种动态的伦理监督能够保证系统在长期使用中始终保持道德合规。

建立透明的伦理审查和监督机制也是增强用户信任的重要措施。向用户公开伦理审查的过程和结果，让他们了解系统在伦理方面的管理措施，有助于提高用户对系统的信任感。透明的管理和监督过程能够让用户看到系统对伦理问题的重视，增加其对 AI 心理咨询服务的接受度和满意度。

第三节 人工智能在心理健康监测中的应用

一、实时情绪监测

人工智能技术在实时情绪监测方面发挥着重要作用。AI 系统通过分析用户的语音、文本或面部表情，能够实时检测和评估情绪变化。例如，情绪识别算法可以分析用户的语音语调、语速及语义内容，准确地识别出其情绪状态，如焦虑、抑郁或快乐。这些技术的应用可以帮助及时识别情绪波动，提供即时的心理支持或干预建议，预防情绪问题的恶化。此外，通过实时监测情绪变化，AI 系统还能为用户提供个性化的情绪调节建议，提升心理健康管理的精准度。

二、行为模式分析

AI 技术在心理健康监测中的另一个重要应用是行为模式分析。通过分析用户的行为数据，如社交媒体活动、日常生活记录和在线互动，AI 系统能够识别出用户的行为模式和潜在的心理健康问题。例如，突然的社交隔离、活动减少或睡眠模式变化，可能是心理健康问题的早期迹象。AI 系统可以利用机器学习算法分析这些行为数据，检测异常模式，并生成相应的预警信息。这样的分析能够帮助专业人员及早发现心理健康问题，并采取适当的干预措施。

三、心理健康预警系统

心理健康预警系统是人工智能在心理健康监测中的一个重要应用领域。这些系统利用 AI 技术分析用户的行为数据、情绪指标和生理信号，实时生成心理健康预警。例如，通过分析用户的语音和面部表情变化，AI 系统能够识别出抑郁症的早期迹象，并及时发出警报。预警系统不仅能够提醒用户注意自己的心理健康状态，还能通知相关的心理健康专业人员，以便于提供必要的帮助和支持。这种预警机制能够有效预防心理健康问题的加重，并提升干预的及时性和有效性。

四、个性化干预建议

人工智能在个性化干预建议方面也展示了显著的应用价值。基于对用户的实时监测数据和行为分析，AI 系统能够提供个性化的心理健康干预建议。例如，对于识别出的焦虑症状，AI 系统可以推荐相应的放松技巧、认知行为疗法练习或心理支持资源。这些建议根据用户的具体情况量身定制，能够更有效地满足用户的个体化需求。通过结合用户的个人数据和心理健康目标，AI 系统能够提高干预措施的适应性和有效性。

五、长期趋势分析

AI 技术还可以进行长期心理健康趋势分析，通过对用户的长期数据进行综合分析，揭示心理健康变化的长期趋势。例如，分析用户多年来的情绪数据和行为模式，可以帮助识别出心理健康的长期发展趋势，并预测未来可能出现的心理问题。这种长期趋势分析能够为心理健康干预提供科学依据，帮助制定更有效的预防和干预策略。此外，通过趋势分析，AI 系统能够识别出潜在的心理健康风险，为用户和专业人员提供前瞻性的建议和支持。

第四节 人工智能在大学生心理健康教育中的未来展望

一、增强个性化心理干预

未来，人工智能将在个性化心理干预方面展现更大的潜力。AI 系统将能够结合大学生的个人心理数据、行为模式和情绪状态，为每位学生提供量身定制的心理健康干预方案。例如，AI 技术可以根据学生的心理健康历史和当前状态，自动调整干预策略，包括提供个性化的情绪调节技巧、认知行为疗法练习和心理支持资源。这种高度个性化的干预将能够更有效地满足每位学生的独特需求，提高心理健康教育的精准度和效果。

二、智能化心理健康监测

未来的 AI 技术将使心理健康监测更加智能化。通过集成更多传感器和数据来源，AI 系统将能够实时监测大学生的心理健康状态。例如，结合可穿戴设备的数据、社交媒体活动和在线行为分析，AI 系统可以全面了解学生的心理健康状况。这种智能化的监测将帮助及早识别心理健康问题的迹象，提供及时的干预建议，并帮助学生更好地管理和维持心理健康。

三、虚拟现实与增强现实的结合

人工智能与虚拟现实（VR）和增强现实（AR）的结合将为大学生心理健康教育提供全新的体验。例如，虚拟现实技术可以创建沉浸式的心理干预环境，帮助学生进行情绪调节和压力管理。同时，增强现实技术可以在现实环境中提供实时的心理支持和互动体验。这种结合将为心理健康教育提供更为生动和沉浸的体验，帮助学生更好地应对心理挑战。

四、情感智能技术的发展

情感智能技术的进步将推动 AI 系统在心理健康教育中的应用向更高水平发展。未来的 AI 系统将能够更准确地理解和回应学生的情感需求。例如，通过改进的情感识别算法和自然语言处理技术，AI 系统可以更加自然地进行情感交流，提供更具同理心的支持。这种技术进步将使 AI 系统能够更好地与学生建立信任关系，提高心理健康教育的有效性。

五、整合多学科知识

未来的 AI 系统将在心理健康教育中整合更多的多学科知识。通过融合心理学、数据科学、医学和教育学等领域的知识，AI 系统将能够提供更为全面的心理健康支持。例如，结合心理学理论与数据分析技术，AI 系统可以开发出更为科学和实用的干预措施。此外，与医学领域的结合将使 AI 系统能够在心理健康干预中考虑生理因素，提供综合性的健康管理方案。

六、伦理与隐私保护的创新

随着人工智能在大学生心理健康教育中的应用不断深化，对伦理和隐私保护的关注也将成为未来发展的重要方向。未来的 AI 系统将需要在技术设计中嵌入更严格的伦理标准和隐私保护措施。例如，采用先进的加密技术和数据保护机制，确保用户数据的安全性和隐私性。同时，建立完善的伦理审查和监督机制，以确保系统的应用符合社会伦理和道德标准。

七、教育与培训的普及

未来，AI 在大学生心理健康教育中的应用将促进教育和培训的普及。随着 AI 技术的普及和应用，相关的培训和教育将成为重要组成部分。例如，大学生将接受如何使用 AI 心理健康工具的培训，以便更好地利用这些资源进行自我管理和干预。同时，心理健康教育工作者也需要接受 AI 技术的培训，以便有效地将 AI 系统融入日常的教育和干预工作中。

参考文献

［1］朱军，王慧．大学生就业指导与实务［M］．北京：中国水利水电出版社，2022：10.

［2］格桑泽仁主编．大学生心理健康［M］．成都：四川大学出版社，2019：06.

［3］刘静洋主编；赵苗苗，鑫鑫副主编．大学生人文素养教育［M］．北京：冶金工业出版社，2018：07.

［4］何杰民，王梦梅编．大学生心理健康与积极成长［M］．重庆：重庆大学出版社，2021：09.

［5］李爱娟，张艳．心灵之约大学生心理健康教程［M］．苏州：苏州大学出版社，2019：01.

［6］汤健主编．大学生人文素养［M］．武汉：中国地质大学出版社，2016：07.

［7］崔淑琴，李艇主编；戴璐，黄伟，高美玲副主编．大学生人文素养与人生［M］．广州：暨南大学出版社，2012：06.

［8］李培培，田帅，乌日娜．大学生心理健康教育与心理咨询研究［M］．长春：吉林人民出版社，2021：08.

［9］刘佳．大学生心理健康实用教程［M］．西安：陕西科学技术出版社，2020：08.

［10］齐斯文，贺一明，吴迪主编．大学生心理健康［M］．长春：吉林出版集团股份有限公司，2018：01.

［11］张龙，苗金霞，李朝阳主编．大学生人文与素养［M］．天津：天津科学技术出版社，2018：06.

［12］孙霞、寇延．自助与成长——大学生心理健康教育（师范版）［M］．大连：中国海洋大学出版社，2018.

［13］阳志平．积极心理学团体活动课操作指南［M］．北京：机械工业出版

社，2009.

[14] 冉龙彪．大学生心理健康［M］．北京：人民出版社，2019.

[15] 肖红．高校大学生求职择业心理困扰及其调适［J］．高教高职研究．2007
（11）：176-177.

[16] 马晓慧，岑瑞庆，余媚．大学生网恋的心理成因及干预措施［J］．校园心理，
2011（6）：414-415.

[17] 尹怀玉．马斯洛需要层次理论对大学生心理健康工作的启示［J］．知识经济，
2013（9）：164-164.

[18] 吴凡．大学生心理健康教育在就业指导中的效用探析［J］．黑龙江人力资源和
社会保障，2021（17）：154-156.

[19] 王春艳，齐海群，张建交，张红晨，尹志娟．高校大学生心理健康教育、职业
规划与就业指导的实践与成效［J］．黑龙江工程学院学报，2019（3）：70-
72，76.

[20] 王春艳，齐海群，张建交．高校大学生心理健康教育、职业规划与就业指导的
实践与成效［J］．黑龙江工程学院学报（自然科学版），2019（3）：70-
72，76.